REINHARD MÜNZBERG

# Die Schranken der Parteivereinbarungen in der privaten internationalen Schiedsgerichtsbarkeit

Schriften zum Prozessrecht

Band 15

# Die Schranken der Parteivereinbarungen in der privaten internationalen Schiedsgerichtsbarkeit

Von

Dr. Reinhard Münzberg

DUNCKER & HUMBLOT / BERLIN

Gedruckt 1970 bei Berliner Buchdruckerei Union GmbH., Berlin 61
Printed in Germany
D 29

# Vorwort

Die vorliegende Dissertation wurde im Sommersemester 1969 von der juristischen Fakultät der Universität Erlangen-Nürnberg angenommen.

Für die Anregung zur Bearbeitung des Themas und für seine wohlwollende Unterstützung danke ich meinem verehrten Lehrer, Herrn Prof. Dr. Schwab. Dank schulde ich auch Herrn Prof. Dr. Henke für seine Hilfe bei der Drucklegung der Arbeit und Herrn Ministerialrat a. D. Dr. J. Broermann für die Aufnahme der Dissertation in die Reihe der Schriften zum Prozessrecht.

# Inhalt

## Zweiter Teil

## Die Freie Schiedsgerichtsbarkeit

## Dritter Teil

## Die Anerkennung schrankenloser Parteivereinbarungen in den internationalen Konventionen

### Erster Abschnitt

### Die Ansatzpunkte der supranationalen Schiedsgerichtsbarkeit in den internationalen Konventionen



### Zweiter Abschnitt

### Die völkerrechtlichen Konventionen

**Dritter Abschnitt**

**Die rechtliche Einordnung der schrankenlosen Parteivereinbarungen**

## Vierter Teil

## Parteiwille und Völkerrecht

# Abkürzungsverzeichnis

| | |
|---|---|
| AcP | = Archiv für die civilistische Praxis |
| AIC | = Arbitrage international commercial (herausgegeben von der Union Internationale des Avocats; Herausgeber *Sanders*), 3 Bände, Paris, 1956 (Bd. 1), Den Haag, 1960, (Bd. 2), Den Haag, 1965 (Bd. 3) |
| AJCL | = The American Journal of Comparative Law |
| AJIL | = The American Journal of International Law |
| Ann. Fac. Liège | = Annales de la Faculté de Liège |
| Ann, fr. dr. int. | = Annuaire français de droit international |
| Annuaire | = Annuaire de l'Institut de droit international |
| Arb. Journ. | = Arbitration Journal |
| AWD | = Außenwirtschaftsdienst des Betriebsberaters |
| BB | = Der Betriebsberater |
| BGBl. | = Bundesgesetzblatt |
| BGE | = Entscheidungen des schweizerischen Bundesgerichts |
| BGH | = Bundesgerichtshof |
| BYBIL | = The British Year Book of the International Law |
| Can. YBIL | = Canadian Yearbook of International Law |
| CC | = code civil |
| Clunet | = Journal du droit international |
| CPC | = code de procédure civile |
| D. | = Recueil Dalloz |
| D. Ges. VR | = Deutsche Gesellschaft für Völkerrecht |
| DR | = Deutsches Recht |
| EMS | = *Eisemann* (Frédéric) — *Mezger* (Ernst) — *Schottelius* (D. J.), Internationale Schiedsgerichtsbarkeit in Handelssachen, Frankfurt—Berlin, 1958 |
| Europäisches Übereinkommen | = Europäisches Übereinkommen über die internationale Handelsschiedsgerichtsbarkeit |
| Genfer Abkommen | = Genfer Abkommen zur Vollstreckung ausländischer Schiedssprüche |
| Genfer Protokoll | = Genfer Protokoll über Schiedsklauseln im Handelsverkehr |
| Harv. L. R. | = Harvard Law Review |
| h. M. | = herrschende Meinung |
| ICLQ | = The International and Comparative Law Quarterly |
| IHK | = Internationale Handelskammer |
| ILA | = International Law Association |

| | |
|---|---|
| ITA | = International Trade Arbitration. A Road to World-wide Cooperation, (herausgegeben von *Domke*), New York, 1958 |
| JBl. | = Juristische Blätter |
| J. Bus. L. | = Journal of Business Law |
| J. C. P. | = Juris classeur périodique |
| JW | = Juristische Wochenschrift |
| JZ | = Juristenzeitung |
| KTS | = Konkurs-, Treuhand- und Schiedsgerichtswesen |
| MDR | = Monatsschrift für Deutsches Recht |
| NJW | = Neue Juristische Wochenschrift |
| Nouv. rev. | = Nouvelle revue de droit international privé |
| N. Y. Univ. L. Rev. | = New York University Law Review |
| RabelsZ | = Zeitschrift für ausländisches und internationales Privatrecht (begründet von *Rabel*) |
| Recueil | = Recueil des cours de l'Académie de Droit international de la Haye |
| Rev. Arb. | = Revue de l'arbitrage |
| Rev. crit. | = Revue critique de droit international privé |
| Rev. int. dr. comp. | = Revue internationale de droit comparé |
| Rev. trim. dr. com. | = Revue trimestrielle de droit commercial |
| RG | = Reichsgericht |
| RGBl. | = Reichsgesetzblatt |
| Riv. dir. comm. | = Rivista di diritto commerciale |
| Riv. dir. int. | = Rivista di diritto internazionale |
| Riv. trim. dir. proc. civ. | = Rivista trimestrale di diritto e procedura civile |
| RiW | = Recht der internationalen Wirtschaft |
| *Schönke*, Schiedsgerichtsbarkeit | = *Schönke*, Die Schiedsgerichtsbarkeit in Zivil- und Handelssachen in Europa, Bd. I 1944, Bd. II 1948, Bd. III (bearbeitet von *Kielwein*) 1956 |
| SchwJB | = Schweizerisches Jahrbuch für internationales Recht |
| SchwJZ | = Schweizerische Juristenzeitung |
| SJZ | = Süddeutsche Juristenzeitung |
| Sources | = The Sources of the Law of International Trade (herausgegeben von Clive M. *Schmitthoff*), London, 1964 |
| UN-Übereinkommen | = New Yorker Übereinkommen über die Anerkennung und Vollstreckung ausländischer Schiedssprüche |
| Yale L. J. | = Yale Law Journal |
| ZaöRV | = Zeitschrift für ausländisches öffentliches Recht und Völkerrecht |
| ZfRV | = österreichische Zeitschrift für Rechtsvergleichung |
| ZHR | = Zeitschrift für das gesamte Handelsrecht und Konkursrecht |
| ZSR | = Zeitschrift für schweizerisches Recht |
| ZZP | = Zeitschrift für Zivilprozeß |

## Einleitung

Die Überprüfung der rechtlichen Schranken der Parteivereinbarungen in der internationalen privaten Schiedsgerichtsbarkeit befaßt sich mit einer Problematik, die man in Anlehnung an die Formulierung des Berichtes zum Vorentwurf der Internationalen Handelskammer für ein Übereinkommen über die Vollstreckung internationaler Schiedssprüche aus dem Jahre 1953 als „détachement de l'arbitrage de toute législation nationale" charakterisiert. Auf eine wörtliche Übersetzung wurde in der Themenstellung der Arbeit verzichtet, weil diese Formulierung losgelöst aus ihrem Zusammenhang weit mehr umfaßt als mittels des „détachement des législations étatiques" erreicht werden sollte[1]. Das Ziel, den zwingenden Vorschriften der staatlichen Rechte ihren hemmenden Einfluß auf die internationale Schiedsgerichtsbarkeit zu nehmen, sollte durch Freistellung der Parteivereinbarungen von der Beachtung zwingender Vorschriften des staatlichen Rechts erreicht werden.

Wer sich an der Diskussion über die Lösung der Schiedsgerichtsbarkeit vom staatlichen Recht beteiligen will, ist verpflichtet, über den Standort seines Beitrages Auskunft zu geben. Wir haben die Absicht zu prüfen, inwieweit es Parteien und Schiedsrichtern heute rechtlich zusteht, die Orientierung ihrer Rechtshandlungen an den Schranken zwingender staatlicher Normen zu vernachlässigen. Am Maßstab geltender Rechtsnormen soll die Zulässigkeit der Lösung der privaten internationalen Schiedsgerichtsbarkeit vom staatlichen Recht gemessen werden. Dabei verstehen wir unter Rechtsnormen die Normen des staatlichen Rechts[2], die Vorschriften internationaler Konventionen und kraft Delegation staatlicher Satzungsbefugnis von privaten Stellen gesetzte Normen[3]. Wir gehen insoweit von der herrschenden Rechtsquellenlehre aus[4].

---

[1] Vgl. dazu unten § 3 I 2, V 1.

[2] Zu den Quellen des staatlichen Rechts gehört auch das Gewohnheitsrecht. Gewohnheitsrecht außerhalb positiver Rechtsordnungen, seien sie staatlich oder völkerrechtlich, gibt es nicht (vgl. *Schmitthoff*, RabelsZ 1964, 61; *Eisemann*, Incoterms, S. 51 f.; *Kegel*, Recueil 1964 [II], 261; *Gentinetta*, ZSR 1965, 171). Das Gewohnheitsrecht beruht auf der Duldung des positiven Rechts und ist durch den Gesetzgeber abänderbar.

[3] Vgl. *Lehmann-Hübner*, Allgemeiner Teil, § 3 II 3.

[4] Vgl. *Eisemann*, Incoterms, S. 33.

Der in der Diskussion um eine Reform der rechtlichen Behandlung der Schiedsgerichtsbarkeit vor Abschluß des UN-Übereinkommens de lege ferenda aufgestellten Forderung nach einem „détachement de l'arbitrage des législations nationales" tritt die Frage gegenüber, inwieweit die angestrebte Lösung vom staatlichen Recht heute rechtlich zulässig ist. Der Blickwinkel eines Vorschlages de lege ferenda bleibt außer Betracht.

Die Arbeit verzichtet aber weiterhin auf Erörterungen der tatsächlichen Möglichkeit, zwingende Vorschriften staatlicher Rechte im Rahmen der internationalen Schiedsgerichtsbarkeit zu umgehen, ohne daß deren Nichtbeachtung rechtlich zulässig wäre. Lediglich soweit aus der Existenz einer solchen Möglichkeit auch rechtliche Konsequenzen zu ziehen sind, werden wir sie in unsere Betrachtungen einbeziehen.

Schließlich sei noch eine Bemerkung zur Terminologie vorangestellt. Unter Parteivereinbarungen verstehen wir nicht die Rechtswahl durch die Parteien, sondern allein die inhaltliche Gestaltung der Rechtsbeziehungen durch die Parteien unmittelbar durch konkret vereinbarte Bestimmungen oder mittelbar durch Aufnahme bereits bestehender Bestimmungen (z. B. von Schiedsordnungen einer Schiedsorganisation) in die Vereinbarungen.

*Erster Teil*

# Private internationale Schiedsgerichtsbarkeit

## § 1. Private Schiedsgerichtsbarkeit

### I. Schiedsgerichtsbarkeit

#### *1. Definition des privaten Schiedsgerichts*

a) Ein Schiedsgericht ist „ein privates, aus einem oder mehreren Schiedsrichtern bestehendes Gericht, dem die Parteien die Entscheidung ihres Streites freiwillig übertragen haben“[1]. Das private Schiedsgericht leitet seine Entscheidungsbefugnis nicht aus der Justizhoheit eines Staates her[2]. Sie beruht vielmehr auf der Vereinbarung der Parteien, den Streit durch ein Schiedsgericht entscheiden zu lassen[3].

b) Es gehört ferner zum Wesen des Schiedsgerichts, daß ihm ein „Anspruch mit Tat- und Rechtsfragen“ zur Entscheidung übertragen ist[4]. Aus § 1040 ZPO[5], der dem Schiedsspruch die Wirkung eines rechtskräftigen Urteils beilegt, wird man schließen müssen, „daß Gegenstand der Entscheidung nur ein „Anspruch“ sein kann, der auch gerichtlich geltend gemacht werden könnte“[6]. Personen, die lediglich über gewisse Elemente der Entscheidung zu befinden haben, sind Schiedsgutachter[7].

c) Für den Begriff des Schiedsgerichts ist es schließlich wesentlich, daß seine Entscheidung über den geltend gemachten Anspruch den

---

1 *Baumbach-Schwab*, S. 49; vgl. auch *Lent-Jauernig*, § 94 I.

2 *Baumbach-Schwab*, S. 49; *Eisemann*, EMS, S. 7; *Kornblum*, Unabhängigkeit, S. 106.

3 Die Übertragung der Entscheidungsbefugnis beruht auf dem Schiedsvertrag, nicht auf dem Schiedsrichtervertrag. Vgl. dazu *Baumbach-Schwab*, S. 92; *Baumgärtel*, S. 234.

4 *Baumbach-Schwab*, S. 51.

5 Und den entsprechenden Vorschriften anderer Rechtsordnungen.

6 *Nikisch*, § 143 II 2. Vgl. auch *Baumbach-Schwab*, S. 56: „Es ist ein Unding, einen Schiedsspruch, dem doch Vollstreckungswirkung gegeben werden kann, zuzulassen, wo keine gerichtliche Entscheidung möglich wäre ...“; *Habscheid*, Festschrift für *Lehmann*, Bd. 2, S. 797: „Wo kein Richter tätig werden kann, kann auch (an seiner Stelle) kein Schiedsrichter amtieren.“

7 *Nikisch*, § 143 II 2; BHG 6, 335; 48, 25. Vgl. aber zu den verschiedenen Arten von Schiedsgutachten *Habscheid*, Festschrift für *Lehmann*, Bd. 2, S. 789.

Rechtsstreit der Parteien abschließend regeln soll[8]. Der vom Schiedsgericht erlassene Schiedsspruch muß dazu bestimmt sein — bei Verweigerung der freiwilligen Vollstreckung —, in dem für seine zwangsweise Vollstreckung vorgesehenen vereinfachten Verfahren durchgesetzt zu werden[9].

Nicht zu einem echten Schiedsspruch in dem definierten Sinne führen das „arbitrato libero" des italienischen Rechts[10] und die ihm vergleichbaren Institute anderer Rechtsordnungen[11], da die in diesen Verfahren erlassenen Entscheidungen erst mittels einer „actio ex contractu" vor den staatlichen Gerichten durchsetzbar sind. Neuerdings versucht man, durch Übertragung der Grundsätze des „arbitrato libero" auf andere staatliche Rechte eine im staatlichen Obligationenrecht verankerte Schiedsgerichtsbarkeit zu schaffen. Diese Vorschläge verstehen sich als Beitrag zu den Bemühungen um eine Reform der rechtlichen Regelung der internationalen Schiedsgerichtsbarkeit[12]. Sie stellen jedoch den anderen Reformvorschlägen keine vergleichbare Alternative gegenüber, da sie sich nicht auf die Regelung echter Schiedsgerichtsbarkeit beziehen. Verzichtet man auf die Vollstreckung des Schiedsspruchs in dem dafür in den einzelstaatlichen Regelungen der Schiedsgerichtsbarkeit und den internationalen Konventionen[13] vorgesehenen vereinfachten Verfahren, so bietet man keine vergleichbare Lösung an.

---

[8] Vgl. *Marx*, bei *Schönke*, Schiedsgerichtsbarkeit, Bd. 2, S. 19; *Schiedermair*, S. 106 f.; *Baur*, JZ 1965, 165 (unter Hinweis auf § 1040 ZPO); *Herbert*, IHK-Broschüre, Nr. 160, S. 8: Die Schiedsgerichtsbarkeit „tend au règlement définitif du litige par l'arbitre"; *Habscheid*, Festschrift für *Lehmann*, Bd. 2, S. 797.

[9] Vgl. auch *Blomeyer*, § 124 I 2: Zwar wäre es nicht „zu beanstanden, wenn streitige Rechtsfolgen eingeräumt würde ... Damit würde der Dritte die im Umfang der Privatautonomie einem Dritten auch die Entscheidung über gleiche Entscheidung treffen wie das ordentliche Gericht auf Feststellungsklage. Aber die materiellrechtliche Bindung der Parteien an seinen Spruch *vereinfacht* nur die zur Vollstreckung von Leistungsansprüchen erforderliche Verurteilung, sie *ersetzt sie nicht* (hervorgehoben durch Verf.). Das Interesse der Parteien richtet sich aber auf die Endgültigkeit des Spruchs sowie auf die Möglichkeit einer beschleunigten Vollstreckung von Leistungsansprüchen. Diesem Interesse kommt das Schiedsgerichtsverfahren der §§ 1025—1048 entgegen."

[10] Vgl. dazu insbesondere *Wenger*, S. 16 ff.

[11] Vgl. *Wenger*, S. 77 ff.

[12] Vgl. *Klein*, SchwJZ 1961, 230; SchwJB 1967, 101 ff. und die Durchführung dieser Idee bei *Wenger*, insbes. S. 180 ff. Danach übersprangen die Vorschläge der Lösung der Schiedsgerichtsbarkeit vom staatlichen Recht zu Unrecht die „zwischen den nationalen Schiedsverfahrenskodifikationen und dem Naturrecht liegende Möglichkeit, die Grundlage für das Schiedsverfahren im allgemeinen Vertragsrecht zu sehen" (*Wenger*, S. 181). Vgl. aber zur Qualifizierung der Reformvorschläge und der Beurteilung des Vorranges der Parteivereinbarungen in internationalen Konventionen unten §§ 10, 11.

[13] Daß ein italienischer „freier Schiedsspruch" weder unter das Genfer Abkommen noch unter das UN-Übereinkommen fällt, gibt auch *Wenger* S. 184, zu.

### 2. *Keine Ausübung staatlicher Hoheitsbefugnisse*

a) Daß die schiedsrichterliche Entscheidungskompetenz sich aus der freiwilligen Vereinbarung der Parteien ableitet, ist aber nicht unbestritten. Die Gegenmeinung sieht ihre Grundlage in der vom Staat auf die Schiedsgerichte delegierten Hoheitsgewalt[14]. Die Begründung dieser Auffassung hat ihren Ausgangspunkt in der Zuordnung jeglicher Rechtsprechungsfunktion an die staatlichen Gerichte. Sie stellt einen Versuch dar, die Tätigkeit der Schiedsgerichte mit dieser Zuordnung in Einklang zu bringen[15]. Schiedsrichterliche Tätigkeit sei Rechtsprechung. Wegen des staatlichen Rechtsprechungsmonopoles stehe die Ausübung rechtsprechender Gewalt allein den staatlichen Gerichten zu; „sie (sei) hoheitliche Staatsgewalt“[16]. Läßt man die schiedsrichterliche Tätigkeit überhaupt zu, kann man sie folglich allein als Ausübung delegierter staatlicher Hoheitsgewalt erklären. Der Staat überlasse „dem Schiedsgericht einen Teil seiner Hoheitsgewalt zur Ausübung; dieses (werde) gleichsam als beliehener Unternehmer tätig“[17].

b) Sicherlich erfüllen die Schiedsgerichte Rechtsprechungsfunktionen[18]. Ihre Aufgabe — die Entscheidung von Rechtsstreitigkeiten der Parteien[19] — ist mit der von staatlichen Gerichten auszuübenden Funktion identisch.

Es ist auch nicht abzustreiten, daß die Funktion der Rechtsprechung heute den staatlichen Gerichten zusteht[20]. Diesen Sachverhalt mit dem Begriff des Rechtsprechungsmonopoles des Staates zu kennzeichnen, ist aber nur gerechtfertigt, wenn man den Umfang des „Monopoles“ präzisiert. Zwei Aspekte sollte man dabei unterscheiden: die alleinige Ausübung der Rechtsprechungsfunktionen durch die staatlichen Gerichte und die Frage, ob die Rechtsprechungsfunktionen an sich den staatlichen Gerichten zustehen.

---

[14] Vgl. *Niboyet*, Bd. 6, Nr. 2145, 1981: „... délégation du souverain territorial“ (bezogen auf Schiedsverfahren und Schiedsspruch).

[15] Vgl. zur Kritik dieser Argumentation *Balladore-Pallieri*, Recueil 1935 (I), 299 ff.

[16] So *H. J. Hellwig*, S. 55.

[17] *H. J. Hellwig*, S. 55.

[18] Vgl. dazu *Habscheid*, KTS 1955, 34; *ders.*, KTS 1959, 113 ff.; *ders.*, NJW 1962, 5 ff.; *ders.*, Anm. zu BGH, ZZP 79, 451 (453); *ders.*, KTS 1966, 10; *Roth*, S. 123 ff.; *Eisemann*, EMS, S. 7; *Kornblum*, Unabhängigkeit, S. 106; *Schiedermair*, S. 106; *Baumbach-Schwab*, S. 92; *Schwab*, ZZP 82, 320; *Heimann-Trosien*, Ehrengabe für *Heusinger*, S. 282; *Mann*, ZHR 132, 198; *v. Heymann*, S. 197, 101; BGH, NJW 1969, 750.

[19] Vgl. im einzelnen zum umstrittenen Begriff der Rechtsprechung im materiellen Sinn *Kornblum*, Unabhängigkeit, S. 106 f.

[20] Vgl. *Schwab*, Liber Amicorum for *Domke*, S. 306: „Today the exercise of judicial power is surely the genuine domain of the courts.“ Vgl. auch *Nikisch*, § 143 I: „... der Staat (sei) der eigentliche Träger der Gerichtsbarkeit.“

Ein Rechtsprechungsmonopol in der ersten Bedeutung gibt es nicht. Selbst jene Autoren, die ein Rechtsprechungsmonopol des Staates ausdrücklich anerkennen, halten die Ausübung von Rechtsprechungsfunktionen durch die Schiedsgerichte für zulässig. Für das deutsche Verfassungsrecht nehmen sie trotz der Monopolstellung der staatlichen Gerichte auf dem Gebiet der Rechtsprechung nach Art. 92 und 101 I GG an, die Schiedsgerichte bildeten eine verfassungsmäßig zulässige Ausnahme[21]. Das Rechtsprechungsmonopol des Staates läßt sich nur mit der Einschränkung vertreten, daß die Rechtsprechungsfunktionen an sich den staatlichen Gerichten zustehen, obwohl sie nicht nur von staatlichen Gerichten ausgeübt werden.

c) Nach dieser Klarstellung der Ausgangspunkte läßt sich die Diskussion auf die Fragen beschränken, ob jegliche Rechtsprechungsfunktion, weil sie an sich den staatlichen Gerichten zusteht, staatliche Hoheitsgewalt ist[22], und ob ferner die Annahme des staatlichen Rechtsprechungsmonopoles dazu zwingt, die schiedsrichterliche Tätigkeit als Ausübung delegierter staatlicher Hoheitsgewalt zu erklären[23].

Der Begriff der Rechtsprechung läßt sich neutral fassen. Eine Funktion, die ihrer Art nach Rechtsprechung ist, kann eine private[24] oder staatliche Funktion sein[25]. Bereits die Tatsache, daß man ein Rechtsprechungsmonopol für den Staat fordern kann, setzt voraus, daß sich der Begriff der Rechtsprechung ohne das staatliche Element formulieren läßt. Denn diese Forderung richtet sich ihrem Ziel nach gegen die Rechtsprechung anderer als staatlicher Rechtsprechungsorgane.

Die Aussage, Rechtsprechung „sei" wegen des Rechtsprechungsmonopols des Staates staatliche Hoheitsgewalt, ist aber schon in ihrer Formulierung unklar. Die völlig neutrale Funktion der Rechtsprechung ändert allein durch das staatliche Rechtsprechungsmonopol nicht ihre

---

[21] Vgl. *Baur*, JZ 1965, 164 (unter Hinweis aus Art. 2 I GG); *H. J. Hellwig*, S. 55. Dagegen nimmt *Bettermann*, Grundrechte, Bd. 3, 2. Halbbd., S. 629, 563 an, Art. 92 GG erstrecke sich von vornherein nur auf die staatlichen Gerichte. Zustimmend *Roth*, S. 124; ebenso BAG, KTS 1965, 57; *Habscheid*, KTS 1966, 1. Daß das Rechtsprechungsmonopol des Staates der privaten Schiedsgerichtsbarkeit nicht entgegensteht, vertreten auch *Nikisch*, § 143 I, und *A. Blomeyer*, § 124 II 3.

[22] So *H. J. Hellwig*, S. 55.

[23] Darin sieht *K. Blomeyer*, Festgabe für *Rosenberg*, S. 51, der selbst Anhänger der privatrechtlichen Theorie ist, die notwendige Konsequenz aus der Annahme des staatlichen Rechtsprechungsmonopoles. Dieses habe zur Folge, die Schiedsgerichtsbarkeit nur insoweit zuzulassen, als ihr der Staat hoheitliche Befugnisse übertragen habe.

[24] Von der Ausübung privater Rechtsprechung durch die Schiedsgerichte spricht zu Recht *Schwab*, ZZP 82, 320.

[25] Vgl. *Balladore-Pallieri*, Recueil 1935 (I), 300: „Aucune matière, aucune activité, n'est par sa nature publique ou privée." Vgl. auch *Bruns*, ZZP 70, 20: Nahezu jede Funktion, „die wir geneigt sind, der öffentlichen Hand zuzuerkennen", läßt sich „mit den Mitteln privater Gestaltung" bewirken. Vgl. auch *Roth*, S. 124.

Natur. Sie kann allenfalls, je nach der Fassung des Rechtsprechungsmonopols, den staatlichen Gerichten, welche Rechtsprechung hoheitlich ausüben, an sich zustehen oder allein von staatlichen Gerichten hoheitlich ausgeübt werden. Da die herrschende Lehre aber zu Recht auch die Ausübung von Rechtsprechungsfunktionen durch Schiedsgerichte — also durch nichtstaatliche Stellen — als verfassungsmäßig ansieht[26] und somit das Rechtsprechungsmonopol beschränkt, läßt sich die Fragestellung dahin präzisieren, ob die an sich den staatlichen Gerichten zustehende Rechtsprechungsfunktion auch durch die Schiedsgerichte hoheitlich ausgeübt wird. Das „Rechtsprechungsmonopol" des Staates ist dafür notwendigerweise irrelevant, da es im Ansatz der Frage verwertet wird.

Allein die gesetzliche Normierung der Schiedsgerichtsbarkeit kann darüber Aufschluß geben[27], in welchem Sinn der Gesetzgeber seine Wahl zwischen einer Beleihung der Schiedsgerichte mit Hoheitsgewalt oder einem Verzicht auf die hoheitliche Ausübung von Rechtsprechung für einen sachlich umgrenzten Bereich unter bestimmten Voraussetzungen getroffen hat. Warum er gezwungen sein sollte, die Tätigkeit der Schiedsgerichte nur als Ausübung delegierter Hoheitsgewalt zuzulassen, ist nicht einzusehen. Allein wenn die den schiedsrichterlichen Akten beigelegten Wirkungen einer kraft staatlicher Hoheitsgewalt ausgeübten Tätigkeit entsprechen, ist ein Rückschluß auf die Delegation von Hoheitsgewalt gerechtfertigt.

Gerade ein Vergleich zwischen Schiedsrichtern und privaten Rechtsträgern, auf die der Staat die Ausübung hoheitlicher Befugnisse delegiert hat (beliehene Unternehmer)[28], widerspricht der Annahme der Delegation hoheitlicher Gewalt auf die Schiedsrichter. Die Befugnisse der beliehenen Unternehmer bestehen unabhängig von einem auf ihre Ausübung gerichteten Willen der der Hoheitsgewalt Unterworfenen, während der Schiedsrichter nicht tätig werden kann, wenn die Parteien die Errichtung des Schiedsgerichtes nicht vereinbart haben[29].

---

26 Vgl. oben b.

27 Vgl. dazu *Balladore-Pallieri*, Recueil 1935 (I), 302. Die Frage aus der abstrakten Rechtsnatur der Rechtsprechungsfunktion zu beantworten, „ce serait soulever une question de droit naturel, ce serait rechercher comment une institution, suivant sa nature, devrait être définie; ce ne serait pas rechercher comme elle est, en fait, définie par les règles en vigueur dans un système donné de droit".

28 Diese Parallele zieht *H. J. Hellwig*, S. 55.

29 Wenn man aber die Tätigkeit der Schiedsrichter als Ausübung delegierter Hoheitsgewalt auffaßt, sollte man nicht von einer Übertragung staatlicher Hoheitsgewalt auf das Schiedsgericht durch die Parteien sprechen (so aber *H. J. Hellwig*, S. 56). Zu einer solchen Übertragung wären Privatpersonen nicht in der Lage. So kennzeichnet *Gentinetta*, ZSR 1965, 172, die hier abgelehnte Ansicht treffend dahin, daß dem Parteiwillen bei der Errichtung des Schiedsgerichtes keine wesentliche selbständige Bedeutung zukomme. Die Parteien seien „bestenfalls Nominatoren der Schiedsrichter" und nicht „Creatoren" des Schiedsgerichts.

Entscheidend ist aber letztlich der Unterschied in den Wirkungen der Akte der mit hoheitlicher Gewalt ausgestatteten Privatpersonen und derjenigen der Schiedsrichter. So ist die Eheschließung durch einen mit dieser Befugnis ausgestatteten Schiffskapitän[30] der Eheschließung vor dem Standesbeamten gleichgesetzt[31], ohne daß es ihrer besonderen nachträglichen Anerkennung bedürfte. Ebenso wäre es konsequent, wenn die Akte der mit hoheitlicher Gewalt ausgestatteten Schiedsgerichte die gleichen Wirkungen[32] hätten wie die der staatlichen Gerichte. Zwar verleiht das deutsche Recht den Schiedssprüchen die Wirkung eines rechtskräftigen Urteils (§ 1040 ZPO), die Eigenschaft eines zur Zwangsvollstreckung geeigneten Titels wird auch inländischen — somit nach der abgelehnten Auffassung kraft eigener delegierter Hoheitsgewalt erlassenen — Schiedssprüchen erst durch die Vollstreckbarerklärung vom staatlichen Gericht erteilt (§§ 1042 ff. ZPO). Eine Vorsichtsmaßnahme, deren Berechtigung gegenüber einem rechtskräftigen Hoheitsakt nicht einleuchten will. Sie hat ihren Grund gerade darin, daß der Schiedsspruch anders als das Urteil seine Wirkung nicht aus der Justizhoheit entnimmt[33].

Die Unterschiede zwischen den Wirkungen der Akte der mit hoheitlicher Staatsgewalt beliehenen Privatpersonen und der Akte der Schiedsrichter lassen es nicht als vertretbar erscheinen, dem staatlichen Gesetzgeber zu unterstellen, er habe an die privaten Schiedsgerichte die Ausübung staatlicher Hoheitsgewalt delegiert. Vielmehr liegt in der gesetzlichen Zulassung der Schiedsgerichte ein Verzicht auf die hoheitliche Ausübung der den staatlichen Gerichten an sich zustehenden Rechtsprechungsfunktionen zugunsten der privaten Schiedsgerichte. Das Gesetz gestattet den Parteien unter bestimmten Voraussetzungen, die bei Fehlen einer Parteivereinbarung an sich zuständigen staatlichen Gerichte auszuschließen.

### *3. Prozessuale Rechtsnatur*

a) Von dieser Interpretation der Zulassung der Schiedsgerichtsbarkeit aus läßt sich die Rechtsnatur der Vereinbarung, die das Schiedsgericht bestellt, bestimmen. Da die Parteien in ihr die an sich zuständigen Gerichte ausschließen[34], liegt ihre unmittelbare Hauptwirkung auf pro-

---

[30] Vgl. zu diesem Beispiel *Balladore-Pallieri*, Recueil 1935 (I), 303 f.

[31] Nur für englische und amerikanische Schiffe. Vgl. dazu im einzelnen *Kegel*, IPR, S. 268.

[32] Die fehlende Befugnis zur Zeugenvernehmung kann im Gegensatz zur Ansicht von *Balladore-Pallieri*, Recueil 1935 (I), 303, nicht als entscheidender Unterschied angesehen werden, da sie dem Gegenargument, die hoheitlichen Befugnisse seien eben nur partiell übertragen, nicht standhalten würde.

[33] *Baumbach-Schwab*, S. 151; vgl. auch *Köhn*, KTS 1956, 171.

[34] A. M. aber *Balladore-Pallieri*, Recueil 1935 (I), 324.

zessualem Gebiet[35]. Sie ist folglich Prozeßvertrag[36]. Prozessualer Natur sind auch das Schiedsverfahren und der es abschließende Schiedsspruch, dessen unmittelbare Hauptwirkung in der Rechtskraftwirkung liegt[37].

b) Die Schiedsgerichtsbarkeit wird somit dem prozessualen Bereich zugeordnet, weil Schiedsvertrag und Akte der Schiedsrichter ihre unmittelbaren Hauptwirkungen auf prozessualem Gebiet haben, nicht jedoch wegen der Ausübung delegierter Hoheitsgewalt durch die Schiedsgerichte. Hierin liegt der Unterschied zwischen zwei Theorien, die man zuweilen einheitlich als prozessual bezeichnet. Wir wollen im folgenden auch terminologisch differenzieren. Prozessual nennen wir allein die hier vertretene Auffassung, während wir unter Jurisdiktionstheorie die eine Ausübung staatlicher Hoheitsgewalt durch die Schiedsgerichte annehmende Meinung verstehen.

Der Sache nach wurde diese Unterscheidung bereits von *J. Kohler* vorgenommen, der den Schiedsvertrag als prozessualen Vertrag „mit direkten prozessualischen Rechtsfolgen" bezeichnet[38], die Befugnisse der Schiedsrichter aber allein aus der Parteivereinbarung und nicht aus der Übertragung staatlicher Hoheitsgewalt herleitet[39]. Zur Möglichkeit einer Trennung zwischen Jurisdiktionstheorie und prozessualer Theorie formuliert *Klein* treffend, man könne „sehr wohl die Schiedsgerichtsbarkeit unter die Institutionen des Prozeßrechts einordnen, ohne aus dem Blick zu verlieren, daß die Schiedsrichter nur kraft der ihnen durch die Parteivereinbarungen übertragenen Entscheidungskompetenz tätig werden"[40].

---

[35] Vgl. *Baumbach-Schwab*, S. 54: „Die Hauptwirkung (des Schiedsvertrages) liegt im Ausschluß der staatlichen Gerichtsbarkeit und in der Entstehung einer prozeßhindernden Einrede."

[36] Ebenso *Baumbach-Schwab*, S. 54; *Lent-Jauernig*, § 94 II; *Nikisch*, § 143 III; *Baumgärtel*, S. 230 ff.; *J. Kohler*, S. 144. Die materiellrechtliche Theorie vertreten *K. Blomeyer*, Festgabe für *Rosenberg*, S. 51 ff.; *Lorenz*, AcP 157, 265 ff. Die Rechtsprechung des RG und des BGH kennzeichnet den Schiedsvertrag in eigenartiger Verbindung zweier unvereinbarer Momente als materiellrechtlichen Vertrag mit prozessualen Folgen (vgl. RG 144, 98; 156, 104; BGH 23, 118; 40, 320; allerdings ohne den Hinweis auf die prozessualen Folgen BGH, KTS 1966, 246). Von einem materiellrechtlichen Vertrag über prozessuale Beziehungen spricht auch Bruns, Zivilprozeßrecht, § 64 II 3.
Als gemischtrechtlichen Vertrag sehen den Schiedsvertrag *Kisch*, ZZP 51, 332; *Habscheid*, KTS 1955, 36 ff., an.
Daß der Schiedsvertrag keine materiellrechtlichen oder prozeßrechtlichen Pflichten begründet, hat *Schiedermair*, S. 105 (109), treffend nachgewiesen. Vgl. auch *Rosenberg-Schwab*, 10. Aufl., § 174 VII 2; a. A. für prozessuale Pflichten *H. J. Hellwig*, S. 57.

[37] Vgl. dazu *Habscheid*, KTS 1955, 34; *Schiedermair*, S. 103.

[38] *J. Kohler*, S. 144.

[39] *J. Kohler*, S. 239; vgl. dazu *Klein*, Considérations, S. 197, 64 f.

[40] *Klein*, Considérations, S. 197 f.: « On peut fort bien ranger l'arbitrage parmi les institutions de procédure sans perdre de vue, que les arbitres n'agissent qu'en vertu de la volonté des parties. » Vgl. auch *Nußbaum*, IPR S. 470 Anm. 1.

c) An die Zuordnung der die Schiedsgerichtsbarkeit beherrschenden Normen zum Prozeßrecht[41] kann man die Frage nach der Zugehörigkeit des Prozeßrechts zum öffentlichen oder privaten Recht anschließen. Die herrschende Meinung ordnet das Prozeßrecht in seiner Gesamtheit dem öffentlichen Recht zu[42], auch soweit es die Prozeßhandlungen der Parteien normiert[43]. Praktische Bedeutung könnte dieser Frage für die Zulässigkeit der kollisionsrechtlichen Verweisung im Rahmen der Schiedsgerichtsbarkeit zukommen. Jedoch wird sie sich dort im Ergebnis[44] als nicht entscheidend erweisen.

## II. Private und völkerrechtliche Schiedsgerichte

Unsere Untersuchungen beschränken sich auf private Schiedsgerichte. Nach welchem Kriterium sie von völkerrechtlichen Schiedsgerichten, die ebenfalls auf freiwilliger Vereinbarung der Parteien beruhen, abzugrenzen sind, ist umstritten.

### 1. *Abgrenzung nach der Art der Parteien*

Die Tatsache allein, daß ein Staat als Partei an einem Schiedsverfahren beteiligt ist, reicht nicht aus, um das Schiedsgericht als völkerrechtliches zu qualifizieren[45]. Allerdings hielt sich das Schiedsgericht im Aramco-Fall[46], für ein völkerrechtliches, weil auf einer Seite ein Staat als Partei beteiligt war. Dieser könne als Träger völkerrechtlicher Immunität nicht vor einem privaten Schiedsgericht auftreten, das einem fremden staatlichen Recht unterliegt. «Il en résulte que l'institution de l'arbitrage comme telle ne peut que relever directement du droit des gens . . .» Überzeugend ist dieses Argument nicht, da der Staat auf seine Immunität verzichten kann[47].

---

[41] Die Anwendung von Vorschriften des materiellen Rechts steht der prozessualen Natur nicht entgegen, da sie nur mittelbar und entsprechend berücksichtigt werden. (Vgl. *Baumbach-Schwab*, S. 54, 77; *Baumgärtel*, S. 241; *Habscheid*, KTS 1955, 36; *ders.*, KTS 1967, 2.)

[42] Vgl. *Rosenberg*, § 2 V; *Enneccerus-Nipperdey*, Allgemeiner Teil, § 34 IV 1 c; *Lent-Jauernig*, § 2 VI; *A. Blomeyer*, § 1 II; *H. J. Hellwig*, S. 46 ff.

[43] Vgl aber *Goldschmidt*, S. 148, 299.

[44] Zu der für das Kollisionsrecht bedeutsamen Frage, ob die prozessuale Natur der Schiedsgerichtsbarkeit die Parteiautonomie dogmatisch verwehrt, vgl. unten § 13 I.

[45] Vgl. auch *Schottelius*, Schiedsgerichtsbarkeit, S. 44.

[46] Rev. crit. 1963, 272 ff.

[47] Vgl. *Schlesinger-Gündisch*, RabelsZ 1964, 17 f.; *Klein*, SchwJB 1963, 57; *Vedel*, Rev. Arb. 1961 (congrès de Paris), 127; vgl. auch die Untersuchungen von *Carabiber*, Rev. Arb. 1967, 50 ff.

### 2. *Abgrenzung nach der Art der Rechtsbeziehungen zwischen den Parteien*

Zum Teil sieht man das Kriterium der Unterscheidung „nicht in der Art der Parteien, sondern in der Art der Rechtsbeziehungen“[48]. Aus der Verpflichtung zur Anwendung materiellen privaten Rechts oder Völkerrechts schließt man auf die private oder völkerrechtliche Natur des Schiedsgerichts. *Schottelius* begründet die Tragfähigkeit dieses Kriteriums damit, daß nur „bei der völkerrechtlichen Schiedsgerichtsbarkeit das Verfahren der Gerichtshöfe *und* das angewandte Völkerrecht selbst echtes internationales Recht darstellt“, während diese Einheit bei der privaten Schiedsgerichtsbarkeit fehle[49].

Zwar kann man gegen das vorgeschlagene Kriterium nicht einwenden, es sei unscharf, denn die Schiedsinstanzen des Londoner Schuldenabkommens wendeten Völkerrecht an, „ohne daß ihr Status als privatrechtliche Schiedsgerichte eine Änderung erführe“[50]. Die Tragfähigkeit einer Definition läßt sich nicht unter Bezugnahme auf die Einordnung eines bestimmten Schiedsgerichts als privates oder völkerrechtliches beweisen. Das setzt die Richtigkeit der eigenen Definition bereits voraus, da auch die eigene Einordnung nur nach einem bestimmten Kriterium vorgenommen werden kann[51].

Die Definition von *Schottelius* ist aber nicht tragfähig, wenn ein Schiedsgericht sowohl nach Völkerrecht als auch nach staatlichem privatem Recht zu entscheiden hat, denn die Einordnung dieses Schiedsgerichts wäre mit ihrer Hilfe nicht möglich. Damit versagt das Kriterium bei dem durch das Übereinkommen der Weltbank zur Beilegung von Investitionsstreitigkeiten vorgesehenen Schiedsgericht, das nach Art. 42[52] nationales Recht und Völkerrecht anzuwenden hat[53].

---

[48] *Schottelius*, Schiedsgerichtsbarkeit, S. 44.

[49] *Schottelius*, Schiedsgerichtsbarkeit, S. 44.

[50] *Hallier*, S. 19 Anm. 88.

[51] Die gleichen Einwände bestehen gegen die Ausführungen von *Heise*, S. 7, der seine Definition der völkerrechtlichen Schiedsgerichtsbarkeit daran orientiert, daß das durch Art. 32 des Londoner Schuldenabkommens und Art. 17 der Anlage IV eingesetzte Schiedsgericht „eindeutig privatrechtlichen Charakter trägt“. Selbst wenn die zweite Entscheidung der Gemischten Kommission vom 7. März 1961 dieses Schiedsgericht als privatrechtliches bezeichnet (zitiert nach Heise, S. 121 Anm. 229), ist es nicht zulässig, an dieser Aussage die eigene Definition zu orientieren.

[52] Vgl. zu dieser Bestimmung insbesondere *Roulet*, SchwJB 1965, 148 f.; *Rodley*, Can. YBIL 1966, 57 ff.; *Schwarzenberger*, Liber Amicorum for *Domke*, S. 317; Delaume, Clunet 1966, 45 ff.

[53] Gerade das Abstellen auf das anzuwendende Recht verhindert bei *Schwarzenberger*, Liber Amicorum for *Domke*, S. 318, eine verbindliche Aussage über die Rechtsnatur des in der Weltbankkonvention vorgesehenen Schiedsgerichts.

### *3. Abgrenzung nach der Art der Errichtung und Kompetenzübertragung*

Für den Rechtscharakter des Schiedsgerichts kommt es vielmehr allein darauf an, auf welchem Akt seine Errichtung und seine Entscheidungskompetenz beruhen. Wie ein staatliches Gericht als solches zu qualifizieren ist, weil es durch einen Akt staatlicher Hoheitsgewalt errichtet ist und seine Entscheidungsgewalt sich aus der staatlichen Justizhoheit herleitet, so kommt es auch für die Unterscheidung völkerrechtlicher und privater Schiedsgerichte darauf an, wie der sie konstituierende Akt und die Einräumung der Entscheidungskompetenz zu beurteilen sind. Ein Schiedsgericht ist ein völkerrechtliches, wenn seine Errichtung und Entscheidungsbefugnis auf völkerrechtlichem Vertrag beruhen[54]. Damit sind mittelbar die Rechtsbeziehungen der Parteien bedeutsam, allerdings nicht die materiellen Rechtsbeziehungen, sondern die Rechtsnatur der die Errichtung des Schiedsgerichts betreffenden Vereinbarungen. Auch die Art der Parteien ist mittelbar von Interesse, da nur Völkerrechtssubjekte völkerrechtliche Verträge schließen können[55].

Errichtung und Kompetenzübertragung beziehen sich stets auf das konkrete zur Entscheidung berufene Schiedsgericht. Die Tatsache, daß ein völkerrechtlicher Vertrag die spätere Bildung eines Schiedsgerichts vorsieht, reicht allein nicht aus, das von den Parteien gebildete Schiedsgericht zu einem völkerrechtlichen zu machen, wenn die Vereinbarung der Parteien selbst nicht als völkerrechtlicher Vertrag zu qualifizieren ist[56].

Diese konkrete Betrachtungsweise muß auch dort angewendet werden, wo ein völkerrechtlicher Vertrag die Errichtung einer völkerrechtlichen Institution vorsieht, die während des Verfahrens oder nach Abschluß des Verfahrens Hilfsfunktion auszuüben hat[57]. Maßgebend kann allein die Rechtsnatur des tatsächlich in der Sache entscheidenden Schiedsgerichtes sein, nicht aber die völkerrechtliche Natur eines Hilfsorganes, das den Streit selbst nicht entscheidet.

---

[54] Vgl. *Hallier*, S. 14 f.; *Dahm*, Bd. 2, S. 455; *Heise*, S. 7 (der allerdings zusätzlich auf die Rechtsbeziehungen der Parteien abstellt); *Baumbach-Schwab*, S. 49; *Nußbaum*, IPR, S. 466.

[55] Vgl. dazu § 13 II.

[56] So ist auch ein nur auf Betreiben der Regierungen von zwei Privatpersonen vereinbartes Schiedsgericht ein privates Schiedsgericht (vgl. *E. Wolff*, Landesreferate, S. 977).

[57] Diese Feststellung ist insbesondere im Hinblick auf die von *Carabiber* vorgeschlagene Errichtung eines „greffe international pour enregistrer et authentifier les sentences“ bedeutsam (vgl. *Carabiber*, Rev. Arb. 1964, 8 f.; *ders.*, ITA, S. 157; vgl. auch *van Ommeren*, Rev. Arb. 1961 (congrès de Paris), 107 ff.; *Minoli*, ITA, S. 188). Die völkerrechtliche Natur der zu errichtenden Institution würde an der privaten Natur der registrierten Schiedssprüche nichts ändern.

### III. Die Errichtung völkerrechtlicher Gerichte zur Entscheidung über privatrechtliche Streitigkeiten

Internationale private Schiedsgerichte unterscheiden sich schließlich von völkerrechtlichen Gerichten, die über privatrechtliche Streitigkeiten entscheiden sollen. Allein wegen des behaupteten Einflusses ihrer Existenz oder ihres Fehlens auf die private internationale Schiedsgerichtsbarkeit sind sie in unserem Zusammenhang von Interesse.

#### *1. Völkerrechtliche Gerichte zur Entscheidung über privatrechtliche Streitigkeiten*

Seit langem bestehen Bestrebungen, den Mängeln des Rechtsschutzes durch die staatlichen Gerichte im Bereich des internationalen Handels[58] zu begegnen und die Rechtsschutzgarantien durch Errichtung völkerrechtlicher Gerichte, die über privatrechtliche Streitigkeiten entscheiden sollen, zu verbessern[59]. Diese Gerichte wären durch bilaterale oder multilaterale völkerrechtliche Verträge zu errichten. Die einzelnen Staaten müßten Teile ihrer Rechtsprechungshoheit an sie abtreten und damit eine unmittelbare Zuständigkeit dieser Gerichte für eine bestimmte Kategorie von Streitigkeiten begründen. Errichtung und Entscheidungskompetenz würden damit auf einem völkerrechtlichen Vertrag beruhen. Da ihre Zuständigkeit somit nicht aus der Vereinbarung der Parteien hergeleitet wird, sondern unabhängig von ihr besteht, bilden sie das Gegenstück zu den Gerichten im staatlichen Bereich. Sie unterscheiden sich ferner aber auch von den übrigen völkerrechtlichen Gerichten oder Schiedsgerichten, die ihre Entscheidungskompetenz aus einer völkerrechtlichen Vereinbarung der am Streit beteiligten Parteien herleiten[60].

#### *2. Beispiele*

Gerichte, die man unter diese Kategorie einordnen könnte, sind selten. Die Staaten haben sich den de lege ferenda vorgetragenen Bestrebungen nur vereinzelt angeschlossen.

a) Das Musterbeispiel liefert eine heute nicht mehr bestehende Gerichtsbarkeit. Die nach dem ersten Weltkrieg durch völkerrechtliche

---

[58] Vgl. dazu unten 3 a.

[59] Vgl. dazu *Carabiber*, Juridictions, S. 297 ff.; *ders.*, Nouv. rev. 1936, 469 ff., insbes. 477 ff.; *van den Kerckhove*, Clunet 1935, 775 ff.; *Sohn*, ITA, S. 63 ff. mit weiterer Literatur S. 66 Anm. 10.

[60] Zur Unterscheidung zwischen völkerrechtlichen Gerichten und Schiedsgerichten vgl. *Wemmer*, S. 6, 9.

Verträge errichteten gemischten Schiedsgerichte standen dem Zugang von Privatpersonen offen und hatten über deren Klagen zu entscheiden[61].

b) Auch die in den Verträgen von Evian vorgesehenen „Schiedsgerichte" gehören in den völkerrechtlichen Bereich. Die Verträge von Evian vom März 1962 behandeln im Titel IV die Zusammenarbeit zwischen Frankreich und Algerien auf dem Gebiet der Ausbeutung des Bodens der Sahara und sehen zur Beilegung von Streitigkeiten ein Schiedsgericht vor. Dieses wurde im Juni 1963 durch völkerrechtlichen Vertrag zwischen Frankreich und Algerien gebildet[62]. Dabei handelt es sich entgegen der Bezeichnung[63] nicht um ein Schiedsgericht, da die Zuständigkeit des Gerichts unabhängig von einem zwischen den Streitparteien geschlossenen Schiedsvertrag gegeben ist. Die Zuständigkeit des Gerichts ist der Materie nach auf Streitigkeiten zwischen dem konzessionsgebenden Staat und privaten Konzessionsnehmern beschränkt, insoweit aber auch ausschließlich. Dem Gericht steht die Kompetenz-Kompetenz zu. Darüber hinaus verpflichten sich beide Regierungen, die Vollstreckung der „Schiedssprüche" des Gerichts ohne besonderes Exequaturverfahren zu garantieren[64].

### *3. Fehlen völkerrechtlicher Gerichte und internationale Schiedsgerichtsbarkeit*

Aus dem Fehlen völkerrechtlicher Gerichte zur Entscheidung über Klagen auf dem Gebiet des Privatrechts leitet man zuweilen eine Erklärung für die Entwicklung[65] der privaten internationalen Schiedsgerichtsbarkeit und die Bewertung ihrer Funktionen ab. Die Bedeutung der internationalen Schiedsgerichtsbarkeit erkläre sich aus ihrer Aufgabe, die durch das Fehlen völkerrechtlicher Gerichte entstandene Lücke im Rechtsschutzsystem auszufüllen[66]. Man darf aber nicht über-

---

[61] Vgl. dazu insbesondere *Carabiber*, Juridictions, S. 161 ff.; *ders.*, Recueil 1950 (I), 243 ff.; vgl. auch *Spofford*, Recueil 1964 (III), 171 ff.; *Hallier*, S. 25 ff.; *Guradze*, S. 51; *Gormley*, S. 36 ff.; *Wiebringhaus*, S. 138 f.

[62] Vgl. zum Inhalt des Vertrags Rev. Arb. 1963, 105 ff.

[63] Völkerrechtliche Schiedsinstanzen werden häufig mit unpassenden Bezeichnungen versehen. Vgl. dazu *Seidl-Hohenveldern*, Liber Amicorum for *Domke*, S. 322 f.

[64] Vgl. dazu *Robert*, Liber Amicorum for *Domke*, S. 234 f., und Arbitrage, S. 505, 525, der hier ein Beispiel für einen anationalen Schiedsspruch sieht. Vgl. auch *Carabiber*, Rev. Arb. 1964, 8; *Spofford*, Recueil 1964 (III), 180.

[65] Vgl dazu die statistischen Angaben bei *Langen*, S. 9 f.

[66] Vgl. insbesondere *Rubellin-Devichi*, S. 123. Die Entwicklung der internationalen Schiedsgerichtsbarkeit erkläre sich daraus, daß sie die Aufgabe habe, „à suppléer à l'inexistence de juridictions internationales de droit privé, à combler ... le vide juridictionnel". Vgl auch *Carabiber*, Arbitrage, S. 9; *Kaiser*, S. 14 f.; *Fouchard*, Arbitrage, S. 1; *Lalive*, Recueil 1967 (I), 574.

sehen, daß diese Bemerkung allenfalls zum Ausdruck bringen kann, daß die staatlichen Gerichte, dem internationalen Handel einen effektiven Rechtsschutz zu garantieren, nicht in der Lage sind. Eine völkerrechtlichen Gerichten an sich zustehende Rechtsprechungsfunktion auf privatrechtlichem Gebiet gibt es dagegen nicht.

a) Es ist richtig, daß der Rechtsschutz der staatlichen Gerichte für den internationalen Handel dessen Bedürfnissen nicht angepaßt ist. Ganz unabhängig davon, daß die Durchführung von Prozessen in manchen Ländern schwierig und langwierig ist[67], ist in jedem Falle diejenige Partei im Nachteil, die vor einem fremden Gericht um ihr Recht streiten muß[68], sei dieser Nachteil auch nur psychologischer Natur[69]. Entscheidend ist aber letztlich, daß die Urteile staatlicher Gerichte, sofern keine ihre Vollstreckung sichernden Abkommen bestehen, im Ausland schwer zu vollstrecken sind[70]. Damit läßt sich in vielen Fällen eine vor Gericht erstrittene Entscheidung nicht realisieren. Die Einstellung der Staaten gegenüber ausländischen Schiedssprüchen ist dagegen entgegenkommender[71].

Darin liegt einer der Gründe für das Anwachsen der Schiedsgerichtsbarkeit auf internationaler Ebene[72]. Es entstanden große Schiedszentren[73], deren Dienste allen am Welthandel Beteiligten offenstehen und die sich auf die Entscheidung von Streitigkeiten internationalen Charakters spezialisiert haben. Das Musterbeispiel dieser als „Welt-

---

[67] Vgl. *Baumbach-Schwab*, S. 229.

[68] Vgl. *Mezger*, EMS, S. 20; *Baumbach-Schwab*, S. 229; *Kaiser*, S. 3; *Scelle*, im Vorwort zu *Carabiber*, Juridictions, S. 24; *Fouchard*, Arbitrage, S. 3; *Motulsky*, Rev. Arb. 1959, 4; *Riezler*, S. 601; *K. Kohler*, S. 118; *Domke*, Arbitration, S. 101; *Bruns*, Zivilprozeßrecht, § 64 VIII; *Cohn*, ICLQ 1965, 133.

[69] Vgl. *Nußbaum*, IPR, S. 466; *Köhn*, KTS 1956, 130; *Robert*, Ann. Fac. Liège, 1964, 29. Die Zurückhaltung, der die Unterwerfung unter ein fremdes staatliches Gericht begegnet, besteht gegenüber der internationalen Schiedsgerichtsbarkeit nicht. *Motulsky*, Rev. Arb. 1959, 4, fogert gerade daraus, es gebe ein Zusammengehörigkeitsgefühl innerhalb einer internationalen Gemeinschaft der Kaufleute. «...il faut croire que les milieux économiques d'un pays donné font plus volontiers confiance à leurs pairs qu'aux magistrats étrangers. Le phénomène est lourd de signification, car il prouve que l'économique prend le pas sur le politique et que le commerce international tend vers la formation d'une communauté interétatique à laquelle l'arbitrage offre un régime aisé à manier...»

[70] Vgl. *Mezger*, EMS, S. 20; *Baumbach-Schwab*, S. 229; *Nußbaum*, IPR, S. 466; *K. Kohler*, S. 118; *Lalive*, Recueil 1967 (I), 575.

[71] Vgl. *Mezger*, EMS, S. 21 f.; a. A. aber zu Unrecht *Bertheau*, S. 2 f.

[72] Vgl. zur historischen Entwicklung der modernen Schiedsgerichtsbarkeit von den Gelegenheitsschiedsgerichten über die Branchenschiedsgerichtsbarkeit zur „Weltschiedsgerichtsbarkeit“: *Eisemann*, EMS, S. 9 ff. Zur historischen Entwicklung der Schiedsgerichtsbarkeit vgl. allgemein *Krause*, Int. Jahrbuch, Bd. 3, S. 220 ff.

[73] Vgl. zu den Schiedszentren *Baumbach-Schwab*, S. 230; *Marx*, bei *Schönke*, Schiedsgerichtsbarkeit, Bd. 2, S. 8 ff.

schiedsgerichtsbarkeit“[74] zu kennzeichnenden Einrichtung bildet die Schiedsorganisation der Internationalen Handelskammer[75].

b) Daß die Staaten den neuen Aufgaben, die der internationale Handel ihnen gestellt hat, nicht gewachsen sind, ändert aber nichts daran, daß die Funktion zur Entscheidung der Streitigkeiten auf privatrechtlichem Gebiet an sich bei den staatlichen Gerichten liegt[76], und daß durch die Vereinbarung eines Schiedsgerichts die staatlichen Gerichte ausgeschlossen wären. Deshalb ist es auch nicht unbedenklich zu argumentieren, die private Schiedsgerichtsbarkeit nehme eine Funktion wahr, die an sich völkerrechtlichen Gerichten zustehe[77]. Eine Funktion völkerrechtlicher Gerichte zur hoheitlichen Streitentscheidung auf privatrechtlichem Gebiet setzt die Übertragung von staatlichen Hoheitsbefugnissen auf völkerrechtliche Gerichte voraus, an der es so lange fehlt, als diese Gerichte nicht bestehen.

c) Sieht man aber in dem Fehlen völkerrechtlicher Gerichte einen der Gründe für den Aufschwung der Schiedsgerichtsbarkeit, so ist es eine logische Konsequenz dieser Argumentation, daß man bei einer Errichtung dieser Gerichte zumindest einen Rückgang in der Zahl der von den Schiedsgerichten zu entscheidenden Streitigkeiten erwarten müßte[78].

Zu einer völligen Auflösung des internationalen Schiedswesens würde sie sicher nicht führen, ebenso wie trotz der Existenz staatlicher Gerichte Schiedsgerichte in internen Streitigkeiten vereinbart werden. Das Fehlen einer völkerrechtlichen Gerichtsbarkeit ist nicht der einzige Grund für die Entwicklung der internationalen privaten Schiedsgerichtsbarkeit. Daneben stehen das Bedürfnis nach einer schnellen und verhältnismäßig billigen Entscheidung und die spezielle Sachkenntnis der

---

[74] *Eisemann,* EMS, S. 11. Vgl. auch *Nußbaum,* IPR, S. 466; *Robert,* Ann. Fac. Liège 1964, 35.

[75] Vgl. *Nußbaum,* IPR, S. 466. Vgl. zu den technischen Bestimmungen dieser Schiedsorganisation *Eisemann,* EMS, S. 11; *ders.,* ICLQ 1966, 726 ff. Vgl. die Vergleichs- und Schiedsordnung der Internationalen Handelskammer bei *Baumbach-Schwab,* S. 355 ff.

[76] Nicht unbedenklich ist es deshalb, wenn *Eisemann,* EMS, S. 9, ausführt, „der modernen Schiedsgerichtsbarkeit des Welthandels, wie sie sich im 19. Jahrhundert entwickelte, (liege) tatsächlich jede irgendwie geartete Konkurrenz mit der staatlichen Rechtspflege fern. Sie verdankt ihren Aufschwung vielmehr der Entstehung neuer Aufgaben, die neuer Organe zu ihrer Lösung bedurften“. Soweit darin die Idee zum Ausdruck kommen soll, eine Zuständigkeit staatlicher Gerichte werde durch die internationale Schiedsgerichtsbarkeit nicht ausgeschlossen, kann diese Annahme nicht unwidersprochen bleiben. Gegen die Bemerkung von *Motulsky,* Ann Fac. Liège 1964, 145 — „En matière internationale, la juridiction à suppléer n'existe pas; l'arbitrage ne l'évince pas, il la crée — bestehen die gleichen Einwände.

[77] Deshalb müssen auch alle Versuche scheitern, die aus der Ausübung einer an sich den völkerrechtlichen Gerichten zustehenden Funktion auf die völkerrechtliche Natur der „Weltschiedsgerichtsbarkeit“ schließen wollten.

[78] Vgl. *Carabiber,* Juridictions, S. 154.

herangezogenen Schiedsrichter[79]. Nicht zu übersehen ist aber auch, daß eine bestimmte Kategorie von Schiedsgerichten als Instrument der wirtschaftlichen Macht von Verbänden dient. In dieser Funktion sind sie durch ein völkerrechtliches Gericht nicht zu ersetzen.

Andererseits erwartet sich *Carabiber* von der Errichtung völkerrechtlicher Gerichte aber Impulse für die internationale Schiedsgerichtsbarkeit. « Dans la mesure même où les parties litigantes sauront qu'il existe une juridiction compétente dont elles sont justiciables et à laquelle elles ne peuvent se dérober, elles estimeront qu'il vaut mieux pour elles recourir à l'arbitrage dans les cas où les raisons spéciales qui le rendent plus accessible, plus rapide et moins onéreux, militent en faveur de cette solution de préférence aux tribunaux internationaux de droit commun[80].»

### IV. Zusammenfassung

Ein Schiedsgericht ist ein privates, wenn es seine Entscheidungskompetenz nicht aus der Justizhoheit eines Staates, sondern aus der gültigen Vereinbarung der Parteien ableitet. Diese Definition beinhaltet die Ablehnung der Auffassung, Schiedsgerichte übten delegierte staatliche Hoheitsgewalt aus. Das Abgrenzungskriterium zwischen privaten und ebenfalls auf der freiwilligen Vereinbarung der Parteien beruhenden völkerrechtlichen Schiedsgerichten ist in der Art der Errichtung der Schiedsgerichte und der Übertragung der Entscheidungskompetenz zu suchen. Nur die durch völkerrechtlichen Vertrag errichteten Schiedsgerichte sind als völkerrechtliche zu qualifizieren. Die in der Rechtswirklichkeit nur in wenigen Fällen nachzuweisenden völkerrechtlichen Gerichte zur Entscheidung über Klagen auf dem Gebiet des Privatrechts scheiden aus unseren Betrachtungen aus. Rechtsprechungsfunktionen völkerrechtlicher Gerichte bestehen erst, wenn sie errichtet sind. Im übrigen verbleibt die Rechtsprechungshoheit bei den staatlichen Gerichten. Folglich werden die staatlichen Gerichte durch die wirksame Vereinbarung eines Schiedsgerichts von der Entscheidung über den Rechtsstreit ausgeschlossen.

## § 2. Internationale oder nationale Schiedsgerichtsbarkeit

### I. Die verschiedenen Bezugspunkte des Begriffes „international"

Der Begriff internationale Schiedsgerichtsbarkeit hat sich zur Bezeichnung des Gegenstandes unserer Untersuchungen weitgehend eingebürgert. Ein Erfolg, den nicht die Klarheit des Ausdruckes, sondern

[79] Vgl dazu *Baumbach-Schwab*, S. 50.
[80] *Carabiber*, Juridictions, S. 159.

allenfalls das Bedürfnis nach einer kurzen Umschreibung eines komplizierten Sachverhaltes rechtfertigen mag. Dem Begriff kommen in seinen unterschiedlichen Funktionen verschiedene Inhalte zu.

### *1. Internationalität der rechtlichen Regelung*

Das Kriterium international kann sich auf die rechtliche Regelung der Schiedsgerichtsbarkeit beziehen. Damit bezeichnet der Begriff die von einer internationalen — im Gegensatz zu einer nationalen — rechtlichen Ordnung geregelte Schiedsgerichtsbarkeit. Eine internationale rechtliche Regelung wollen wir im folgenden als supranational bezeichnen.

Diese Bedeutung hat der Begriff etwa in der Definition von *Fouchard,* der als international eine internationalen Normen und Autoritäten unterworfene Schiedsgerichtsbarkeit bezeichnet. « L'arbitrage commercial international serait alors un arbitrage détaché de tous les cadres étatiques, soumis à tous égards à des normes et à des autorités véritablement internationales . . .[1].»

### *2. Voraussetzung der Anwendung einer Konvention*

Der Begriff der internationalen Schiedsgerichtsbarkeit kann aber auch die Aufgabe haben, den Anwendungsbereich einer völkerrechtlichen Konvention zu umschreiben, ohne selbst die Art der durch die Konvention getroffenen Regelung zu kennzeichnen. Mit wechselnder Funktion ändert sich die Bedeutung des Begriffes.

a) Als Beispiel soll die Definition des Anwendungsbereiches des Europäischen Übereinkommens in Art. I Abs. 1 a dienen. Nach dieser Vorschrift bezieht sich das Europäische Übereinkommen unter anderem auf Schiedsvereinbarungen, „die zum Zweck der Regelung von . . . Streitigkeiten aus internationalen Handelsgeschäften . . . geschlossen wurden . . .". Der Begriff der Streitigkeit aus internationalen Handelsgeschäften macht lediglich die Internationalität des Sachverhaltes, aus dem die Streitigkeiten entstehen, zur Voraussetzung der Anwendung der Konvention. Ob die in der Konvention enthaltene rechtliche Regelung des zur Beilegung dieser Streitigkeiten eingesetzten Schiedsgerichts supranational oder einzelstaatlich ist, wird durch die Definition des Anwendungsbereiches nicht vorweggenommen[2].

b) Dennoch bestehen Beziehungen zwischen der Definition des Anwendungsbereiches einer völkerrechtlichen Konvention und der in ihr

---

[1] *Fouchard,* Arbitrage, S. 23.
[2] Vgl. zu dieser Folgerung *Mann,* Liber Amicorum for *Domke,* S. 159.

enthaltenen rechtlichen Regelung der Schiedsgerichtsbarkeit. Nur in einer Kombination allerdings sind Definition und rechtliche Regelung unvereinbar.

Eine sich an der Internationalität des zu regelnden Sachverhaltes orientierende Definition des Anwendungsbereiches ist sowohl mit einer einzelstaatlichen wie mit einer supranationalen rechtlichen Regelung der Schiedsgerichtsbarkeit vereinbar[3].

Unterstellen wir dagegen, es gebe eine supranationale Schiedsgerichtsbarkeit, und eine internationale Konvention erkenne in ihrer rechtlichen Regelung diese supranationale Schiedsgerichtsbarkeit an. Damit ist es unvereinbar, wenn die gleiche Konvention ihren Anwendungsbereich nach Kriterien abgrenzt, deren Existenz sich aus der einzelstaatlichen Regelung der Schiedsgerichtsbarkeit ableitet. Mit der Anerkennung des supranationalen Schiedsspruchs durch die Konvention ist es damit unvereinbar, daß sie in ihrem Anwendungsbereich auf den Begriff des ausländischen Schiedsspruchs zurückgreift. Bestimmt man diesen Begriff nach dem Ort des Erlasses[4] des Schiedsspruchs, so ist der Grund für eine differenzierende Behandlung innerhalb oder außerhalb des Vollstreckungsstaates erlassener Schiedssprüche nicht ersichtlich. Sie kann allein in der Verschiedenheit der einzelstaatlichen Regelung der Schiedssprüche ihren Grund haben. Der supranationale Schiedsspruch ist aber stets supranational, sei er im Inland oder im Ausland erlassen. Vollends unmöglich ist es, das Vorliegen eines ausländischen Schiedsspruchs nach dem angewandten in- oder ausländischen Verfahrensrecht zu bestimmen, da ein supranationaler Schiedsspruch keinem staatlichen Verfahrensrecht unterworfen ist[5].

c) Die verschiedene Bedeutung des Begriffes der Internationalität je nach seinem Bezugspunkt übersieht *Fouchard*. Er will in der Definition der Internationalität in Art. I Abs. 1 Europäisches Übereinkommen, die sich auf die Internationalität des zu regelnden Sachverhaltes bezieht, und seiner eigenen Definition, welche die rechtliche Regelung der Schiedsgerichtsbarkeit betrifft, zwei verschiedene Entwicklungsstufen der Schiedsgerichtsbarkeit erblicken. «... toute l'évolution récente que nous aurons à dégager consiste à passer de la première, la plus large, la moins significative, à la seconde; à donner à l'arbitrage dans le commerce international une nature véritablement internationale[6].» Bereits die Tatsache, daß die Definition des Anwendungsbereiches des Europäischen Übereinkommens eben nur diesen Anwendungsbereich

---

[3] Vgl. oben a.
[4] Vgl zu den Ansichten über die Bestimmung des ausländischen Schiedsspruchs *Baumbach-Schwab*, S. 230 f.
[5] Vgl. dazu unten § 8 IV 1.
[6] *Fouchard*, Arbitrage, S. 27.

abgrenzt und die rechtliche Regelung der Schiedsgerichtsbarkeit offenläßt, während die Definition von *Fouchard* nur die rechtliche Regelung der Schiedsgerichtsbarkeit betrifft, läßt erkennen, daß es sich hier nicht um zwei Stufen einer Entwicklung der Schiedsgerichtsbarkeit handeln kann[7].

### *3. Umschreibung einer bestimmten Kategorie von Schiedsverfahren*

Der Begriff der internationalen Schiedsgerichtsbarkeit kann sich schließlich auf die Umschreibung einer bestimmten Kategorie von Schiedsverfahren beschränken. Er betrifft insoweit weder die rechtliche Regelung der Schiedsgerichtsbarkeit noch wird sein Inhalt durch den besonderen Zweck, den Anwendungsbereich einer völkerrechtlichen Konvention abzugrenzen, mitbestimmt.

Für eine Diskussion über die rechtliche Regelung der internationalen Schiedsgerichtsbarkeit sollte man den Begriff auf alle Gegenstände ausdehnen, die Anlaß zu Fragen über das anzuwendende Recht geben können. Man sollte darunter eine Schiedsgerichtsbarkeit erfassen, die irgendwelche internationalen Aspekte[8] aufweist[9]. Als Umschreibung einer bestimmten Kategorie der Schiedsgerichtsbarkeit, die irgendwelche internationalen Aspekte aufweist, soll der Begriff „internationale Schiedsgerichtsbarkeit" in unseren Untersuchungen verwendet werden. Dagegen geben wir zur Bezeichnung der nicht vom nationalen Recht geregelten Schiedsgerichtsbarkeit dem Begriff „supranationale Schiedsgerichtsbarkeit" den Vorzug.

## II. Die rechtliche Regelung der internationalen Schiedsgerichtsbarkeit und die herrschende Lehre

### *1. Anknüpfung an nationale Rechtsordnung*

Nach der herrschenden Auffassung ist die private Schiedsgerichtsbarkeit, auch wenn es sich um einen Sachverhalt mit internationalen Anknüpfungspunkten handelt, notwendigerweise dem nationalen Recht

---

[7] Daß darüber hinaus eine internationale Konvention eine ganz andere Art von Schiedsgerichtsbarkeit regeln will als die, auf welche *Fouchard* abstellt, kann hier vorerst dahinstehen. Es sei aber angemerkt, daß auch eine sich an rechtlichen Normen orientierende Schiedsgerichtsbarkeit und die freie Schiedsgerichtsbarkeit nicht im Verhältnis zweier Entwicklungsstufen zueinander stehen. Vgl. dazu *Eisemann*, EMS, S. 8. Vgl. im einzelnen §§ 4, 5.

[8] Vgl. *Mann*, Liber Amicorum for *Domke*, S. 159: „... where international aspects of some kind arise"; *Riedberg*, S. 7.

[9] Vgl. zu den internationalen Aspekten *Renggli*, S. 6; *Lalive*, Recueil 1967 (I), 580.

unterworfen[10]. Die Gründe dieser Auffassung sind teils theoretischer, teils praktischer Natur[11].

a) Um rechtliche Wirkungen hervorbringen zu können, bedürften Schiedsvertrag, Schiedsverfahren und Schiedsspruch der Unterwerfung unter eine bestimmte Rechtsordnung[12]. Diese verleihe ihnen Rechtswirkungen nur bei Erfüllung der Tatbestandsvoraussetzungen für den Abschluß des Schiedsvertrages und Beachtung der zwingenden Normen für Schiedsverfahren und Schiedsspruch[13]. Da eine überstaatliche Rechtsordnung zur Regelung der Schiedsgerichtsbarkeit nicht bestehe, sei diese Rechtsordnung notwendigerweise einzelstaatlich[14].

b) Das Schiedsgericht bedarf weiter der Anknüpfung an eine bestimmte Rechtsordnung und — damit verbunden — der Anknüpfung an die Organe dieser Rechtsordnung, um funktionsfähig zu sein[15]. Zu Recht nimmt man an, daß die staatlichen Gerichte nur in einem Verfahren tätig werden, das ihrer Rechtsordnung unterliegt[16]. Ohne die Hilfe der staatlichen Gerichte komme das Schiedsgericht aber nicht aus[17].

c) Ferner stützt man sich auf das Argument, man könne der Anknüpfung der Schiedsgerichtsbarkeit an ein bestimmtes staatliches Recht nicht entbehren, weil dieses noch den besten Schutz einer Partei vor der Willkür eines mächtigen Vertragspartners darstelle. „Bei einem

---

[10] Vgl. dazu insbesondere *Klein*, Festgabe, S. 147; *ders.*, SchwJB 1963, 49; *ders.*, Rev. crit. 1958, 477 ff.; *Mann*, Liber Amicorum for *Domke*, S. 159 f. Vgl. von den Vertretern der h. M., soweit sie ausdrücklich zu dem Problem einer rechtlich supranationalen Schiedsgerichtsbarkeit Stellung nehmen: *Baumbach-Schwab*, S. 231 f.; *Bruns*, ZZP 70, 22; *Bülow*, RiW 1956, 39; *Gentinetta*, ZSR 1965, 169, 172; *Habscheid*, ITA, S. 201; *Lorenz*, AcP 157, 269; *Martin*, AIC, Bd. 1, S. 4; *Panchaud*, Rev. Arb. 1966, 7; *Raape*, § 54 II 1; *Renggli*, S. 5; *Roth*, S. 135; *Schlesinger-Gündisch*, RabelsZ 1964, 15; *Schottelius*, S. 63 ff.; *Matteucci*, Atti, S. 231.

[11] Vgl. auch *Rubellin-Devichi*, S. 117 f.

[12] Diese Rechtsordnung ist nicht notwendigerweise für alle Teile der Schiedsgerichtsbarkeit einheitlich. Vgl. dazu im einzelnen § 8 II.

[13] Vgl. *Klein*, Festgabe, S. 147 f.; *ders.*, SchwJB 1963, 49; *Mann*, Liber Amicorum for *Domke*, S. 159 f.; *Habscheid*, ITA, S. 201. Der viel zitierte Satz *Raapes* — „Das Schiedsgericht thront nicht über der Erde, es schwebt nicht in der Luft, es muß irgendwo landen, irgendwo ‚erden'" (§ 54 II 1) — bringt diese Auffassung der h. M. treffend zum Ausdruck.

[14] Vgl. *Renggli*, S. 5.

[15] Vgl. *Schlesinger-Gündisch*, RabelsZ 1964, 15, 18; *Bülow*, RiW 1956, 39; *Gentinetta*, ZSR 1965, 168; *Panchaud*, Rev. Arb. 1966, 4, 7.

[16] Vgl. *Roth*, S. 133 Anm. 14; *Habscheid*, ZZP 70, 32 f.; *Klein*, Considérations, S. 262 ff.; *Panchaud*, Rev. Arb. 1966, 4, 7; *Mezger*, RabelsZ 1965, 275; vgl. auch *Schottelius*, EMS, S. 74.

Davon zu trennen ist die Frage, ob staatliche Gerichte nur in Schiedsverfahren auf ihrem Territorium Hilfe leisten. So für England *Mann*, Liber Amicorum for *Domke*, S. 167. Das deutsche Recht verlangt dagegen nicht, daß ein nach deutschem Recht geregeltes Schiedsverfahren in Deutschland stattfindet, um die Hilfe der deutschen Gerichte zu erlangen. Vgl. dazu *Raape*, S. 559; *Mezger*, ITA, S. 235 f.; *Klein*, SchwJB 1967, 92.

[17] Vgl. *Panchaud*, Rev. Arb. 1966, 4, 7.

solchen Widerstreit der Interessen (erweise) sich noch immer der Schutz des Staates" als wirksamste Garantie für die Wahrung der Interessen der schwächeren Partei[18].

### *2. Der Einfluß des Theorienstreites über die Rechtsnatur der Schiedsgerichtsbarkeit*

Wenn wir uns mit den Auswirkungen des Theorienstreites[19] über die Rechtsnatur der Schiedsgerichtsbarkeit auf ihre Unterwerfung unter das staatliche Recht befassen, so sind wir uns bewußt, daß wir die Fragestellung der Rechtsnatur insoweit vereinfachen, als sie sich nicht global auf die Schiedsgerichtsbarkeit beziehen kann, sondern Schiedsvertrag, Schiedsverfahren und Schiedsspruch in Hinblick auf ihre Rechtsnatur zu prüfen sind[20]. Die Vereinfachung ist hier erlaubt, da materiellrechtliche, prozessuale und gemischtrechtliche Theorie und die Annahme einer Delegation staatlicher Hoheitsgewalt zur Unterwerfung unter ein staatliches Recht führen, gleich ob sie sich auf Schiedsvertrag, Schiedsverfahren oder Schiedsspruch beziehen. Drei Probleme sind zu trennen, wenn man sich über diese Frage Klarheit verschaffen will.

a) Die erste — und in unserem Zusammenhang allein entscheidende — Frage geht dahin, ob die Schiedsgerichtsbarkeit überhaupt einem staatlichen Recht unterworfen ist oder ob sie einem supranationalen Recht unterliegt.

Davon ist die Problematik zu trennen, welchen Normen des staatlichen Rechts — prozessualen oder materiellrechtlichen — die Schiedsgerichtsbarkeit unterworfen ist. Hier hat der Theorienstreit seine hauptsächliche Bedeutung.

Ob die Schiedsgerichtsbarkeit überhaupt einem staatlichen Recht unterliegt, ist ferner von der Frage zu scheiden, wie sich das die

---

[18] *Bülow*, RiW 1956, 39; vgl. auch *Habscheid*, ZZP 70, 32; *Roth*, S. 135. Mit dem Argument der Notwendigkeit des Schutzes vor Willkür wendet sich auch *David*, Festschrift für *Ficker*, S. 136, gegen die Idee der Lösung der Schiedsgerichtsbarkeit vom staatlichen Recht durch die Anerkennung des „principe souverain de l'autonomie de la volonté". Ein solches Prinzip könne nur zu einer „exploitation du plus faible" führen. « La volonté des parties doit être contrôlée par le droit, lequel doit veiller à en prévenir et à en réprimer les abus. » *David* selbst versucht eine Lösung der Probleme der internationalen Schiedsgerichtsbarkeit durch die Wiederbelebung der vergessenen Idee eines jus gentium, aus dem sich die Grenzen des rechtlich Zulässigen entnehmen ließen. Da er somit einen rechtlichen Bewertungsmaßstab für die Parteivereinbarungen aufstellt, fällt sein Vorschlag nicht in den Rahmen unserer Betrachtungen (vgl. zu dieser Abgrenzung unten § 3 I 2, II).

[19] Vgl. zum Theorienstreit *Baumbach-Schwab*, S. 54 f.; *Kornblum*, Unabhängigkeit, S. 82 ff.; *H. J. Hellwig*, S. 52 ff.; *Roth*, S. 118 ff.

[20] Vgl. *Mezger* Mélanges *Maury*, Bd. 1, S. 282.

Schiedsgerichtsbarkeit beherrschende staatliche Recht im konkreten Fall bestimmt. Auch für diese Frage sollte man aber den Einfluß des Theorienstreites nicht überschätzen[21].

b) Daß die Schiedsgerichtsbarkeit einem staatlichen Recht[22] zu unterstellen ist, ist nach allen Theorien über die Rechtsnatur anzunehmen.

Ordnet man Schiedsvertrag, Schiedsverfahren und Schiedsanspruch dem materiellen Recht zu, so ist mit der herrschenden Auffassung davon auszugehen, daß auch Rechtshandlungen von Privatpersonen auf dem Gebiet des materiellen Rechts der Unterwerfung unter eine bestimmte Rechtsordnung bedürfen, um rechtliche Wirkungen hervorrufen zu können[23].

Legt man Schiedsvertrag, Schiedsverfahren und Schiedsspruch prozessuale Natur bei, weil ihre unmittelbaren Hauptwirkungen auf prozessualem Gebiet liegen[24], so ändert sich allein die Natur der sie beherrschenden Normen, nicht aber die Tatsache ihrer Unterwerfung unter eine nationale Rechtsordnung[25]. Vom Ausgangspunkt der staatlichen Gestattung des Ausschlusses der an sich zuständigen staatlichen Gerichte durch die Vereinbarung der Parteien ist diese Folgerung zwingend. Der Schiedsvertrag, durch den die Parteien dem Schiedsgericht die Kompetenz zur Entscheidung ihres Rechtsstreits übertragen, leitet seine rechtliche Wirksamkeit aus der staatlichen Gestattung her[26], deren Voraussetzungen das staatliche Recht im einzelnen normiert.

Die Auffassung von der gemischtrechtlichen Rechtsnatur der Schiedsgerichtsbarkeit verbindet lediglich materiellrechtlichen und prozessualen Charakter und beseitigt folglich die Unterwerfung unter ein bestimmtes staatliches Recht nicht.

Von der prozessualen Theorie ist eine andere Auffassung zu trennen, die gelegentlich mit ihr identifiziert wird. Sieht man in der schiedsrichterlichen Tätigkeit die Ausübung delegierter Hoheitsgewalt[27], so ist ihre Verbindung mit dem delegierenden Staat offensichtlich. Das Schiedsgericht ist nicht nur kraft hoheitlicher Gewalt erlassenen Normen unterworfen, sondern nimmt selbst an der Ausübung der Hoheitsgewalt teil.

---

[21] Vgl. dazu § 13 I.

[22] Vgl. zur Frage der einheitlichen Rechtsordnung für Schiedsvertrag, Schiedsverfahren und Schiedsspruch unten § 8 II.

[23] Vgl. von den Vertretern der materiellrechtlichen Theorie *Klein*, SchwJZ 1961, 230; *ders.*, Festgabe, S. 147 f.; *ders.*, SchwJB 1963, 49; *Gentinetta*, ZSR 1965, 169, 171; *Lorenz*, AcP 157, 269.

[24] Vgl. die Argumentationen bei *Schiedermair*, S. 105 ff.

[25] Vgl. dazu *Baumbach-Schwab*, S. 231 f.; s. o. § 1 I 3 a und b.

[26] Vgl. *Schwab*, Liber Amicorum for *Domke*, S. 306.

[27] Vgl. *H. J. Hellwig*, S. 54 f.; *Niboyet*, Bd. 6, Nr. 2145, 1981: Er spricht von einer „délégation du souverain territorial". Vgl. zur Kritik § 1 II.

### *3. Die Identität der rechtlichen Regelung internationaler und nationaler Schiedsverfahren*

Mit der notwendigen Anknüpfung der internationalen Schiedsgerichtsbarkeit an das nationale Recht in seiner jeweiligen Ausgestaltung ist an sich die Identität der rechtlichen Regelung eines internen und eines internationalen Schiedsverfahrens verbunden[28]. Diese Identität ist allerdings aufgehoben, wenn ein einzelstaatliches Recht selbst der besonderen Situation der internationalen Schiedsgerichtsbarkeit Rechnung trägt und besondere Sachnormen für internationale Sachverhalte bildet.

Die Berücksichtigung der Besonderheiten der internationalen Schiedsgerichtsbarkeit in der rechtlichen Regelung bildet heute aber noch die Ausnahme. Das Musterbeispiel dafür finden wir in der französischen Rechtsprechung, die für eine bestimmte Kategorie der von französischen Gerichten zu entscheidenden Fälle aus dem Gebiet der Schiedsgerichtsbarkeit besondere Sachnormen aufstellt. Die rechtliche Lösung dieser Sachnormen weicht von der des französischen Rechts für interne Fälle ab. Insoweit ist es berechtigt, wenn *Motulsky* feststellt, die internationale Schiedsgerichtsbarkeit sei auf dem Wege „de devenir autre chose que l'arbitrage interne projeté sur le plan international“[29]. Allerdings folgen nicht alle von *Motulsky* angeführten Urteile der Technik der unmittelbaren Anwendung besonderer französischer Sachnormen (a). Auch für die übrigen Fallgestaltungen ist die Frage, ob wirklich modifizierte französische Normen angewendet werden, umstritten (b).

a) Urteile, die von einer Anknüpfung internationaler Schiedsverfahren an eine unmodifizierte ausländische Rechtsordnung ausgehen, ohne der den zwingenden Normen des internen Rechts widersprechenden rechtlichen Lösung der ausländischen Rechtsordnung die Anerkennung zu verweigern, modifizieren die das Schiedsverfahren beherrschende Rechtsordnung nicht. Denn das Schiedsverfahren ist dem unmodifizierten fremden staatlichen Recht unterworfen.

Für diese Fallgestaltung sei auf die Vollstreckung nicht-begründeter ausländischer Schiedssprüche in Frankreich verwiesen. In einer Reihe von Urteilen hat die französische Rechtsprechung entschieden, daß Schiedssprüchen, die nach ihrem Heimatrecht keiner Begründung bedürfen, nicht wegen Fehlens der für französische Schiedssprüche zwin-

---

[28] Zwar mag wegen der internationalen Berührungspunkte des Sachverhalts vorweg die Frage nach dem anwendbaren Recht aufgetaucht sein, deren Beantwortung aber zu einer unmodifizierten staatlichen Rechtsordnung führt (vgl. *Klein*, Festgabe, S. 147; zur Bedeutung des internationalen Sachverhalts vgl. auch *ders.*, SchwJB 1967, 89).

[29] Motulsky, Rev. Arb. 1967, 103.

gend verlangten Begründung die Vollstreckung in Frankreich zu verweigern ist. Das Erfordernis der Begründung gehöre nicht zum ordre public international[30]. Aus dieser Argumentation ergibt sich, daß es sich nicht um eine Modifizierung des das Schiedsverfahren beherrschenden Rechts handelt, sondern um eine Frage der Auslegung des Umfanges des französischen ordre public international[31], an welchem der dem fremden, unmodifizierten Recht unterliegende Schiedsspruch gemessen wird[31a].

b) Dagegen hat die Aussage von *Motulsky* ihre Berechtigung, wenn das französische Gericht seine Argumentation nicht auf die Anknüpfung des Schiedsverfahrens an ein bestimmtes ausländisches Recht und dessen rechtliche Lösung stützt, sondern unmittelbar für eine bestimmte Kategorie von Sachverhalten besondere Sachnormen aufstellt, deren Inhalt von Normen für interne Sachverhalte abweicht.

Als Beispiel sei auf den arrêt Gosset verwiesen. Die französische Cour de Cassation hat im Urteil vom 7. Mai 1963[32] entschieden, internationale Schiedsverträge seien vom Bestand des Hauptvertrages unabhängig. Folglich berühre ein Mangel des Hauptvertrages die Wirksamkeit des Schiedsvertrages nicht. Allerdings sieht das Gericht — nicht näher bezeichnete — Ausnahmen vor. Jedoch bilde es keinen Unterschied, ob der Schiedsvertrag zugleich mit dem Hauptvertrag oder getrennt ab-

[30] Ausgangspunkt der Rechtsprechung zu den „sentences arbitrales non motivées" ist der arrêt Elmassian, Cour de cassation vom 14. Juni 1960, Rev. crit. 1960, 393 = Clunet 1961, 168 = Rev. Arb. 1960, 97; vgl. dazu *Francescakis*, Rev. crit. 1960, 297 ff. Das Urteil bestätigt den arrêt der Cour de Nancy vom 29. Januar 1958, Rev. crit. 1958, 148 mit Anm. *Mezger;* vgl. *Loussouarn*, Rev. Arb. 1958, 114. Neuerdings vgl. Cour de cassation vom 2. November 1966, Rev. crit. 1967, 372 mit Anm. *Francescakis* = Clunet 1967, 631 mit Anm. *Goldmann* = Rev. Arb. 1967, 9 (Bestätigung der Cour de Paris vom 30. Mai 1963, Rev. Arb. 1963, 45). Dieses Urteil stellt die in der Literatur umstrittene Frage klar, daß eine fehlende Begründung dem französischen ordre public international nicht nur dann nicht widerspricht, wenn das staatliche Gericht Eingriffsmöglichkeiten in das schiedsrichterliche Verfahren hatte. Vgl. zur Entwicklung der Rechtsprechung insbesondere *Motulsky*, Rev. Arb. 1967, 107 ff., der auch hier von einer „règle spéciale française" spricht (107).

[31] Vgl. zur Unterscheidung zwischen ordre public interne und ordre public international *Robert*, Liber Amicorum for *Domke*, S. 230; *Neuhaus*, S. 257.

[31a] Vgl. *Robert*, Arbitrage, S. 567: „Indubitablement ici la Cour de cassation ne fait qu'une application négative du fonctionnement classique de l'ordre public..." Allerdings sieht auch *Robert* das hinter dieser Argumentation stehende Motiv der Sonderbehandlung internationaler Schiedssprüche.

[32] Arrêt Gosset/Carapelli, Rev. crit. 1963, 615 mit Anm. *Motulsky* = Rev. Arb. 1963, 60 mit Anm. *Goldmann* = D. 1963, 1, 543 mit Anm. *Robert* = Clunet 1964, 82 mit Anm. *Bredin;* vgl. auch *Fouchard*, Arbitrage, S. 149. *Klein*, SchwJB 1963, 58 Anm. 49; *Motulsky*, Rev. Arb. 1963, 115 ff.; *Habscheid*, KTS 1966, 3; *Robert*, Liber Amicorum for *Domke*, S. 232.

Dem arrêt Gosset folgen die Urteile Cour d'appel de Paris, 21. Februar 1964, Rev. Arb. 1964, 55; Cour d'appel de Paris, 4. April 1968, Rev. Arb. 1968, 19; Cour d'Orléans, 15. Februar 1966, Rev. Arb. 1966, 109. Vgl. zu diesen Entscheidungen *Motulsky*, Rev. Arb. 1967, 105.

geschlossen wurde. Während die französische Rechtsprechung für die dem französischen Recht unterliegenden Fälle ohne internationale Bezugspunkte aus Art. 83, 1004 CPC die Abhängigkeit des Schiedsvertrages vom Hauptvertrag ableitet, spricht sie im arrêt Gosset die Unabhängigkeit des Schiedsvertrages vom Hauptvertrag für internationale Schiedsverfahren als positive Regel aus.

Von Interesse ist insbesondere der Weg, auf dem diese Regel gefunden wurde. Das Gericht verzichtet darauf, aus einer ausländischen Rechtsordnung die Unabhängigkeit des Schiedsvertrages abzuleiten und gegen diese Lösung des ausländischen Rechts den ordre public international einzuwenden mit dem Argument, die dem französischen Recht angehörenden Normen der Art. 83, 1004 CPC seien keine Bestandteile dieses ordre public international[33]. Es stellt vielmehr eine besondere Regel für einen internationalen Sachverhalt auf. Die Frage nach der anzuwendenden Rechtsordnung bleibt offen[34]. Diese besondere Norm ist eine staatliche, unmittelbar anwendbare Sachnorm für internationale Sachverhalte, die von französischen Gerichten zu entscheiden sind. Zwei Momente sind dabei von besonderer Bedeutung.

Die Anwendbarkeit der Norm ist orientiert an dem internationalen Charakter des Sachverhaltes, sie ist nicht beschränkt auf Fälle, die dem französischen Recht nach französischem Konfliktsrecht unterliegen. Die Frage des Konflikts zwischen mehreren möglicherweise anwendbaren Rechtsordnungen wird durch die Anwendung einer besonderen Sachnorm für eine bestimmte Fallgruppe gerade vermieden[35].

Weiterhin ist diese besondere Regel eine Norm des französischen Rechts[36]. Manche Autoren wollen in ihr allerdings eine supranationale Regel sehen[37]. An der Tatsache, daß ein staatliches Organ diese Norm schafft, kann man aber nicht vorbeigehen. Allein weil ein staatliches Gericht eine dahingehende besondere Regel bildet, wird der Schieds-

---

[33] Vgl. dazu Anm. *Motulsky*, Rev. crit. 1963, 622.

[34] Vgl. Anm. *Goldmann*, Rev. Arb. 1963, 64; *Robert*, Liber Amicorum for *Domke*, S. 232.

[35] Vgl. dazu *Francescakis*, Théorie, S. 13: „Leur mise en oeuvre écarte de la sorte toute intervention d'une règle de conflit" und „L'existence des règles d'application immédiate du droit interne doit par conséquent être reconnue à côté des règles de conflit" (S. 15). Vgl. auch *Motulsky*, Rev. Arb. 1963, 112. Deshalb ist die Bemerkung *Kleins*, SchwJB 1963, 58 Anm. 49 mißverständlich, es handle sich dabei um eine Änderung des staatlichen Rechts für „arbitrages régis par cette même loi".

[36] *Motulsky*, Rev. Arb. 1963, 115: „... norme française applicable dans les relations internationales".

[37] Vgl. dazu die Diskussion der die Schiedsfähigkeit des französischen Staates betreffenden Urteile bei *Fouchard*, Arbitrage, S. 100 ff.; *Rubellin-Devichi*, S. 77 f.; *Robert*, Liber Amicorum for *Domke*, S. 233 f. (Anerkennung einer vom staatlichen Recht abweichenden vertraglichen Ordnung); *ders.*, Anm. zu arrêt Galakis, D. 1966, 575.

vertrag in internationalen Fällen als vom Hauptvertrag unabhängig behandelt. Damit kann man nicht die Staatlichkeit der Norm bestreiten, sondern allenfalls die Qualifizierung der Norm innerhalb des staatlichen Rechts. Gerade weil es sich um eine französische Norm für eine besondere Kategorie von Schiedsverfahren handelt, ist man berechtigt, von einer speziellen Regelung internationaler Fälle durch eine nationale Rechtsordnung zu sprechen. Den Regeln dieser Rechtsordnung für interne Fälle steht eine liberalere rechtliche Regelung für internationale Sachverhalte gegenüber[38].

### III. Die herrschende Lehre und die Terminologie

#### *1. International*

Mißt man den Begriff der internationalen Schiedsgerichtsbarkeit an der herrschenden Lehre, so ist er als Kennzeichnung der rechtlichen Regelung der Schiedsgerichtsbarkeit eine Fehlbezeichnung[39], da die zur Regelung berufene Rechtsordnung eben keine supranationale, sondern eine nationale ist.

Für die herrschende Meinung hat der Begriff seine Berechtigung nur, soweit er hinsichtlich der rechtlichen Regelung der Schiedsgerichtsbarkeit neutral ist. Diese Neutralität wahrt er sowohl als Umschreibung des Anwendungsbereiches einer völkerrechtlichen Konvention[40] als auch in dem hier verwendeten Sinne[41].

#### *2. Inländische und ausländische Schiedssprüche*

a) Dagegen sind die Bezeichnungen inländische und ausländische Schiedssprüche nicht nur mit der Auffassung der herrschenden Lehre vereinbar[42]; die differenzierende Behandlung beider Kategorien von Schiedssprüchen hat ihren Grund vielmehr gerade in der Verknüpfung der Schiedsgerichtsbarkeit mit einem einzelstaatlichen Recht[43]. Die Anhänger einer supranationalen Schiedsgerichtsbarkeit können ihr nicht

---

[38] Vgl. dazu *Klein*, SchwJB 1963, 58 Anm. 58: „... la jurisprudence déroge à la loi du for en faveur d'arbitrages ... considérés comme internationaux en raison des circonstances dans lesquelles ils se déroulent".

[39] *Mann*, Liber Amicorum for *Domke*, S. 159: „... the phrase is a misnomer. In the legal sense no international commercial arbitration exists". Vgl. auch *Renggli*, S. 5; *Schottelius*, Schiedsgerichtsbarkeit, S. 15; *ders.*, EMS, S. 78 und S. 62 „... nationale Schiedssprüche über internationale Rechtsbeziehungen".

[40] Vgl. oben I 2.

[41] Vgl. oben I 3.

[42] Vgl. aber die Einwände gegen den Begriff des ausländischen Schiedsspruches unten 3.

[43] Vgl. *Carabiber*, ITA, S. 156: „The terminology „foreign arbitral awards" evokes the concept of an arbitral award made within the frame-

folgen, da ein supranationaler Schiedsspruch nirgends ein inländischer oder ausländischer, sondern überall ein supranationaler ist[44].

b) Allerdings meint *Fouchard*, die praktische Anwendung des Begriffes „ausländischer Schiedsspruch durch den Richter des Vollstreckungslandes könne zur Konsequenz haben, auch einen in der rechtlichen Regelung internationalen (d. h. supranationalen) Schiedsspruch zu erfassen. Denn die Gerichte werden sich häufig auf die Aussage, es liege ein ausländischer Schiedsspruch vor, beschränken. «... mais une telle qualification ne préjugera pas la question de savoir si cet arbitrage est ‹étranger-national› ou ‹étranger-international», c'est à dire s'il peut aux yeux de tous être rattaché exclusivement à un Etat donné, ou si cet arbitrage n'est, en réalité, national nulle part, qu'il est étranger partout[45].»

Diese praktische Gleichsetzung zwischen ausländischen und supranationalen Schiedssprüchen in der Definition ausländischer Schiedssprüche könnte — abgesehen von der theoretischen Anknüpfung an einen bestimmten Staat — nur dann von Bedeutung sein, wenn nicht auch für die rechtliche Prüfung des ausländischen Schiedsspruchs durch Anknüpfung die fremde Rechtsordnung zu bestimmen ist, der der Schiedsspruch unterliegt. Vergleicht man etwa § 1044 ZPO, so wäre die von *Fouchard* bemerkte Praxis schon deshalb eine Nachlässigkeit ohne Folgen, da von einem ausländischen Schiedsspruch, „der nach dem für ihn maßgebenden Recht verbindlich geworden ist", die Rede ist. Damit kann der Richter die Feststellung eines bestimmten fremden Rechts endgültig nicht umgehen[46]. Ähnlich verweist auch das UN-Übereinkommen über die Vollstreckung ausländischer Schiedssprüche auf das auf den Schiedsspruch anwendbare staatliche Recht und leitet aus diesem Recht rechtliche Konsequenzen ab (vgl. Art. V Abs. 1 e UN-Übereinkommen)[47].

### 3. *Einwendungen gegen den Begriff des ausländischen Schiedsspruchs*

Allerdings wird die Berechtigung, Schiedssprüche als ausländische zu bezeichnen, auch von Anhängern der Unterwerfung der Schiedssprüche unter eine staatliche Rechtsordnung bestritten.

work of the country wherein it was handed down and where it has the character of a domestic decision ...". Vgl. auch *Goldmann*, Anm. zu Cour de cassation, Clunet 1967, 631; *Eisemann*, EMS, S. 15.

[44] Die differenzierende Behandlung des ausländischen Schiedsspruches führt dazu, dem einer fremden Rechtsordnung unterliegenden Schiedsspruch „extranationale" Wirkungen beizulegen. Vgl. *Klein*, Festgabe, S. 148; *Carabiber*, ITA, S. 156; *Kronstein*, Kartelle, S. 331.

[45] *Fouchard*, Arbitrage, S. 19.

[46] Vgl. auch *Schottelius*, Schiedsgerichtsbarkeit, S. 63 f.

[47] Vgl. aber zur rechtlichen Umdeutung der Definition des UN-Abkommens durch *Wetzmüller* unten § 8 IV 2.

a) Der Begriff ist anfechtbar, soweit er eine Parallele zwischen ausländischen Urteilen und Schiedssprüchen zum Ausdruck bringen will[48]. Über den Unterschied zwischen der Anerkennung ausländischer gerichtlicher Urteile, die sich aus der auf das staatliche Territorium beschränkten Hoheitsgewalt eines Staates[49] ableiten, und der Anerkennung von Schiedssprüchen, die von nicht mit hoheitlichen Befugnissen ausgestatteten Schiedsrichtern erlassen werden, darf man nicht hinweggehen[50]. Allein die mit dem Wesen der privaten Schiedsgerichtsbarkeit nicht zu vereinbarende[51] Theorie, die im Erlaß des Schiedsspruchs die Ausübung delegierter Hoheitsgewalt erblickt[52], könnte diese Parallele für berechtigt halten.

b) Zur Kennzeichnung einer bestimmten Kategorie von Schiedssprüchen, die einer fremden Rechtsordnung unterliegen, hat der Begriff des ausländischen Schiedsspruchs selbst in den Ländern, deren Gesetze ihn nicht verwenden, der Sache nach eine Funktion.

Die französische Rechtsprechung[53] hat Bedenken gegen den Begriff des ausländischen Schiedsspruchs, da sie nach der von *Bartin*[54] geprägten Formulierung davon ausgeht, es gebe ebensowenig einen ausländischen Schiedsspruch wie einen ausländischen Vertrag. Die Rechtsprechung zieht damit in der Terminologie die Konsequenz aus ihrer Auffassung über die schuldrechtliche Natur des Schiedsspruchs[55]. In der rechtlichen Regelung kann sie aber den Verzicht auf eine besondere Behandlung der einer fremden Rechtsordnung unterliegenden Schiedssprüche nicht durchhalten. Diese werden in verschiedener Hinsicht einer anderen rechtlichen Regelung unterworfen als französische Schiedssprüche[56]. Man muß deshalb *Mezger* Recht geben, wenn er gerade in dieser differenzierenden Behandlung der einer fremden Rechtsordnung unterworfenen Schiedssprüche den Beweis dafür sieht, daß die Natur der

---

[48] Vgl. *Bülow*, KTS 1959, 5 Anm. 42.

[49] Vgl. zur territorialen Begrenzung der Gerichtsgewalt *Nagel*, ZZP 75, 418 ff.

[50] Vgl. *Baumbach-Schwab*, S. 151: „Man darf aber nie aus dem Auge verlieren, daß der Schiedsspruch seinem Wesen nach im Schiedsvertrag, in einer Einigung der Parteien wurzelt, während das Urteil seine Wirkung der Justizhoheit entnimmt, die vom Parteiwillen unabhängig ist". Vgl. auch *Nußbaum*, IPR, S. 470; *Robert*, Arbitrage, S. 491, 497.

[51] *Gentinetta*, ZSR 1965, 172, stellt zu Recht fest, man könne bei dieser Ansicht überhaupt nicht von privater Schiedsgerichtsbarkeit sprechen.

[52] Vgl. zur Kritik oben § 1 I 2.

[53] Vgl. dazu *Mezger*, bei *Schönke*, Schiedsgerichtsbarkeit, Bd. 3, S. 63; *ders.*, EMS, S. 21; *ders.*, Mélanges *Maury*, Bd. 1, S. 274.

[54] *Bartin*, Bd. 1, § 217. *Bartin* selbst folgt dieser Ansicht nicht. Vgl. auch die Einwendungen von *Fragistas*, Rev. crit. 1960, 1 ff.

[55] Auch für die schuldrechtliche Auffassung bestehen aber Unterschiede zwischen Schiedssprüchen und anderen Verträgen. „Le fait même d'un régime spécial le prouve". *Mezger*, Mélanges *Maury*, Bd. 1, S. 277.

[56] Vgl. *Mezger*, Mélanges *Maury*, Bd. 1, S. 276 ff.

Sache — zumindest in gewissem Umfang — die Kennzeichnung einer bestimmten Kategorie von Schiedssprüchen als ausländische verlangt[57].

Verwenden staatliche Regelungen der Schiedsgerichtsbarkeit[58] und internationale Konventionen[59] aber den Begriff des ausländischen Schiedsspruchs, so ist eine Diskussion über die Berechtigung dieses Begriffes lediglich de lege ferenda von Interesse[60].

### IV. Zusammenfassung

Nach der herrschenden Lehre ist die private Schiedsgerichtsbarkeit notwendigerweise an ein bestimmtes einzelstaatliches Recht angeknüpft. Diese Aussage ist unabhängig von der Auffassung über die Rechtsnatur der Schiedsgerichtsbarkeit. Zur Begründung dienen teils theoretische Erwägungen, teils Argumente der Praktikabilität und das Bedürfnis nach einem wirksamen Schutz der schwächeren Partei vor der Willkür eines mächtigen Partners. Der Begriff internationale Schiedsgerichtsbarkeit ist folglich zur Kennzeichnung der rechtlichen Regelung der Schiedsgerichtsbarkeit für die herrschende Lehre eine Fehlbezeichnung. Dagegen hat der Begriff des ausländischen Schiedsspruchs so lange seine Berechtigung, als staatliche Rechte oder internationale Konventionen inländische und einer fremden staatlichen Rechtsordnung unterliegende Schiedssprüche der Sache nach unterschiedlich behandeln.

## § 3. Supranationale Schiedsgerichtsbarkeit

### I. Rechtsvereinheitlichung oder Lösung vom staatlichen Recht

#### *1. Die Konsequenzen der nationalen Anknüpfung der Schiedsgerichtsbarkeit*

a) Verbindet man die drei Momente Sachverhalt mit internationalen Anknüpfungspunkten, notwendige Anknüpfung an das staatliche Recht und Verschiedenheit der staatlichen Rechte, so kommt man zu der typischen Situation, in der der staatliche Richter, wenn er mit der Schiedsgerichtsbarkeit befaßt ist, zum Instrumentarium seines Konfliktsrechts greift. Er beantwortet die Anknüpfungsfrage an Hand seines staatlichen

---

[57] *Mezger*, Mélanges *Maury*, Bd. 1, S. 279: „... ce qui prouve, que la distinction est quand' même, dans une certaine mesure au moins, exigée par la nature des choses"; *Batiffol*, Droit international privé, S. 810.

[58] Vgl. § 1044 ZPO.

[59] Vgl. das UN-Übereinkommen über die Vollstreckung ausländischer Schiedssprüche. Vgl. dazu unten § 8 IV.

[60] Vgl. *Fouchard*, Arbitrage, S. 17; *Roth*, S. 133 Anm. 14; *Niboyet*, Bd. 6, Nr. 1981; *v. Beringe*, NJW 1959, 77 Anm. 1.

Konfliktsrechts, das von dem anderer Staaten abweichen kann. Dadurch entsteht für Parteien und Schiedsrichter ein Element der Unsicherheit, da nicht immer vorhersehbar ist, am Maßstab welcher rechtlicher Normen die Schiedsgerichtsbarkeit gemessen werden wird. Diese Tatsache wirkt sich besonders nachteilig aus, weil die einzelnen staatlichen Rechte nicht nur die Schiedsgerichtsbarkeit verschieden behandeln[1], sondern zum Teil auch eine schiedsfeindliche Haltung einnehmen[2]. „International arbitration however, can develop only if it is freed as far as possible of the restrictions of the national laws, which in many countries are not only old fashioned but also differ widely in procedural provisions[3].“

b) Die Verschiedenheit der einzelstaatlichen Rechte behindert aber weiterhin die Tätigkeit der großen Schiedszentren, wenn sie auf die Möglichkeit der staatlichen Vollstreckung Wert legen und sich deshalb an staatlichen Normen orientieren, bei der Bildung einheitlicher Verfahrensregeln für alle ihnen übertragenen Schiedsverfahren. Das angestrebte Ziel, „die Schiedsordnungen einheitlich den überall gleichen Bedürfnissen der Weltwirtschaft anzupassen“[4], läßt sich so lange nicht verwirklichen, als die staatlichen Rechte die Schiedsgerichtsbarkeit verschieden regeln, und aus ihnen der Bewertungsmaßstab des rechtlich Zulässigen entnommen wird.

### 2. *Rechtsvereinheitlichung oder Lösung vom staatlichen Recht*

Auf zwei Wegen kann man den Auswirkungen der Verschiedenheit staatlicher Rechte auf die internationale Schiedsgerichtsbarkeit begegnen[5].

a) Der langwierigere Weg besteht in der Beseitigung der Verschiedenheiten der Regelung der Schiedsgerichtsbarkeit in den einzelstaatlichen Rechten[6]. Damit bleibt die Schiedsgerichtsbarkeit einer vereinheitlichten

---

[1] Vgl. *David*, Rev. int. dr. comp. 1959, 6 ff.; *Klein*, Considérations, S. 39 ff.

[2] Auf die Behinderung der internationalen Schiedsgerichtsbarkeit durch die Verschiedenheit der staatlichen Rechte verweisen: *Arnold*, NJW 1967, 143; *Mezger*, EMS, S. 28; *Kaiser*, S. 18; *Robert*, Rev. Arb. 1967, 88; *Rubellin-Devichi*, S. 125: aus der Verschiedenheit der Rechte „résulte évidemment ... un risque de paralysie pour l'arbitrage“.

[3] *Carabiber*, ITA, S. 156.

[4] *Eisemann*, RiW 1956, 5: „Die Handelsschiedsgerichtsbarkeit basiert auf dem Wirken großer Schiedszentren, deren Verfahrensordnungen nach „coordination“ im Sinne ihre Auswechselbarkeit bzw. Gleichförmigkeit streben“.

[5] Vgl. dazu *Minoli*, ITA, S. 185 ff.; *Herbert*, IHK-Broschüre, Nr. 160, S. 9; *Roth*, S. 133; *Bruns*, ZZP 70, 10, 20; *Eisemann*, RiW 1956, 5; *Rubellin-Devichi*, S. 125; *Robert*, Arbitrage, S. 343.

[6] Die Vereinheitlichung der Kollisionsnormen bleibt hier außer Betracht, da sie an der Verschiedenheit der Regelungen der Schiedsgerichtsbarkeit in den einzelstaatlichen Rechten nichts ändert (vgl. dazu *Sausser-Hall*, Annuaire 1952 (I), 514; *Vischer*, S. 14 ff.).

rechtlichen Regelung unterworfen, die einen den Parteivereinbarungen übergeordneten Maßstab der rechtlichen Zulässigkeit aufstellt. Eine kollisionsrechtliche Frage ist zwischen verschiedenen vereinheitlichten Rechten — jedenfalls theoretisch — ohne Interesse[7], da die verschiedenen Rechte einheitliche rechtliche Lösungen enthalten[8].

b) Die Idee der Lösung der Schiedsgerichtsbarkeit vom staatlichen Recht hat einen anderen Ausgangspunkt. Die Verschiedenheit der einzelstaatlichen Rechte wird als eine Tatsache hingenommen. Da die staatlichen Rechte ihre hemmende Wirkung aber nur ausüben können, wenn ihre Normen die Schiedsgerichtsbarkeit beherrschen[9], soll ihnen die Funktion entzogen werden, einen für die Parteien zwingenden Maßstab des rechtlich Zulässigen zu liefern[9a].

Über den Weg, auf dem die Beseitigung des Bewertungsmaßstabes zu erreichen ist, gehen die Vorstellungen im einzelnen auseinander. Unter dem zu ihrer Kennzeichnung verwendeten Begriff des „détachement de l'arbitrage des législations étatiques" verbergen sich verschiedene Vorstellungen. Das sie einende Kriterium besteht aber nach dem dargelegten Gedankengang im Fehlen eines den Parteivereinbarungen übergeordneten rechtlichen Zulässigkeitsmaßstabes. Deshalb haben andere Meinungen[10], welche die Begriffe „détachement" und „supranationale Regelung" von dieser Grundidee lösen, mit der hier zu behandelnden Problematik nur die Terminologie gemeinsam. Eine durch völkerrechtliche Verträge geschaffene „nicht-staatliche, supranationale" Regelung befreit die Schiedsgerichtsbarkeit nicht von der Anwendung eines übergeordneten rechtlichen Zulässigkeitsmaßstabes, sondern ersetzt eine rechtliche Bewertung durch eine andere.

c) Daß die Idee der Lösung der Schiedsgerichtsbarkeit vom staatlichen Recht nach den Vorstellungen ihrer Schöpfer als Mittel gedacht war, der Verschiedenheit der staatlichen Regelungen ihre hemmende Wirkung zu nehmen, ist eindeutig feststellbar[11]. Im Laufe der Entwick-

---

[7] Vgl. dazu *Vischer*, S. 14 ff.; *Jonasco-Nestor*, Sources, S. 184 f.; *Sausser-Hall*, Annuaire 1952 (I), 514; *Economopoulos*, Rev. Arb. 1963, 144.

[8] In der Praxis ergeben sich aber Verschiedenheiten, die aus der unterschiedlichen Auslegung der in den Zusammenhang eines einzelstaatlichen Rechts gestellten vereinheitlichten Normen herrühren (vgl. dazu *Motulsky*, Rev. Arb. 1963, 111). Vgl. zu den Vorschlägen für eine einheitliche Auslegung vereinheitlichter Rechtsnormen *Bayer*, RabelsZ 1955, 603 ff.; *Schmitthoff*, Sources, S. 22 f.; vgl. aber auch *Neuhaus*, S. 31.

[9] Vgl. zur Vermeidung der Auswirkungen der Rechtsverschiedenheiten durch den Parteiwillen *Tallon*, Sources, S. 156; *Renggli*, S. 71.

[9a] Vgl. *Robert*, Arbitrage, S. 502: „... le problème du conflit de loi disparaîtrait, faute de lois applicables..."

[10] Vgl. dazu im einzelnen unten V.

[11] Vgl. *Herbert*, IHK-Broschüre, Nr. 160, S. 9 f.; *Eisemann*, RiW 1956, 5: Die Geltung der von den Parteien vereinbarten Schiedsordnung solle „nicht

lung wurde sie aber von manchen Autoren mit neuen Zielen verbunden. Aus einer Anerkennung des Vorranges der Parteivereinbarungen vor staatlichen Vorschriften, der gerade bei Rückgriff auf einzelstaatliche Institutionen seine Wirkung entfalten sollte, wurde eine auch institutionelle Trennung der Schiedsgerichtsbarkeit vom Staat, welche den Bestrebungen wirtschaftlicher Verbände nach einer außerhalb des Staates stehenden rechtlichen Regelung auf prozessualem und materiellrechtlichem Gebiet entgegenkommt[12].

## II. Das Fehlen der rechtlichen Bewertung

Das den Umfang unserer Betrachtungen eingrenzende Kriterium des Fehlens der rechtlichen Bewertung für Parteivereinbarungen und Handlungen der Schiedsrichter im Rahmen der Schiedsgerichtsbarkeit verbindet verschiedenartige Vorstellungen über ein „détachement de l'arbitrage des législations étatiques" miteinander. Wir wollen sie zunächst nach der Funktion ordnen, die ihnen in der Diskussion um die Reform der rechtlichen Situation der internationalen Schiedsgerichtsbarkeit zugewiesen ist. Vorschlägen für eine Änderung der rechtlichen Normierung lassen sich Anregungen gegenüberstellen, die den Parteien bereits bestehende, aber nicht erkannte Möglichkeiten für eine Lösung der Schiedsgerichtsbarkeit vom staatlichen Recht aufzeigen wollen. Als Bestandsaufnahme der verwirklichten Trennung der Schiedsgerichtsbarkeit vom staatlichen Recht und Ausblick auf eine künftige Entwicklung wollen andere Beiträge verstanden werden. Daneben sei hier bereits vorweggenommen, daß wir dem Begriff des „détachement de l'arbitrage des législations étatiques" auch in der Kommentierung von Bestimmungen internationaler Konventionen begegnen.

### *1. Vorschläge de lege ferenda*

a) Die Internationale Handelskammer hat das Verdienst, die Diskussion um eine Reform des Genfer Protokolls und des Genfer Abkommens neu belebt zu haben. In ihrem Vorentwurf eines Abkommens über die Vollstreckung internationaler Schiedssprüche schlug sie eine „sentence internationale" vor, die der beigefügte Bericht als „détachée de toute législation nationale" definierte[13]. Die Lösung der Probleme der internationalen Schiedsgerichtsbarkeit wurde im Vorent-

---

unter Berufung auf selbst zwingende landesrechtliche Verfahrensvorschriften in Frage gestellt werden" können. Vgl. auch *Lalive*, Recueil 1967 (I), 642.

[12] Vgl. zur freien Schiedsgerichtsbarkeit unten §§ 4, 5.

[13] IHK-Broschüre, Nr. 174, S. 7.

wurf weitgehend dem Parteiwillen anvertraut, dessen rechtliche Schranken auf ein Minimum reduziert wurden[14].

Bereits in den Berichten von *Herbert*[15] und *Marx*[16] aus dem Jahre 1950 wird dem langwierigen Reformweg der Vereinheitlichung der nationalen Rechte die schnellere Lösung eines nur von den Parteivereinbarungen getragenen Schiedsspruchs gegenübergestellt. « La Commission a éstimé qu'il doit suffire, pour qu'une sentence internationale puisse obtenir une sanction légale, que l'arbitrage soit conforme à la procédure stipulée dans le contrat des parties[17]. » Ein bescheidener[18], aber wirksamer Vorschlag, der die Verschiedenheit der staatlichen Rechte nicht beseitigen[19], sondern ihr die hemmende Wirkung für die Vollstreckung nehmen will. Als Mittel der Reform dient die Anerkennung des Prinzips des Parteiwillens. « L'action immédiate ... doit être fondée sur la reconnaissance du principe de la volonté des parties[20]. »

Diese Ideen wiederholen sich im Bericht der Internationalen Handelskammer zu ihrem Vorentwurf. Dort ist von den Parteivereinbarungen als einer Rechtsquelle die Rede. Erst in dem richtig verstandenen Prinzip der „autonomie de la volonté" liege die Lösung der Probleme der Schiedsgerichtsbarkeit. « C'est en donnant sa juste valeur à l'autonomie de la volonté que l'on peut seulement parvenir à ce résultat sur le plan du droit international privé[21]. »

b) Als Vorschlag für eine erst zu schaffende Rechtslage will auch der von *Carabiber* zur Diskussion gestellte „internationale Schiedsspruch" verstanden werden. Er charakterisiert ihn als einen an keine staatliche Jurisdiktion und kein positives Verfahrensrecht angeknüpften Schiedsspruch, der seine Grundlage innerhalb des „cadre de l'autonomie de la volonté des parties" finde[22]. Verständlich wird diese Auffassung, wenn man beachtet, daß *Carabiber* dem Parteiwillen die Bedeutung einer Rechtsquelle des Schiedsrechts zuerkennt[23]. Der Parteiwille allein sei geeignet, die rechtliche Regelung der Schiedsgerichtsbarkeit abzugeben, ohne daß ein staatliches Recht den Parteivereinbarungen erst rechtliche Wirkungen beilegen müßte.

---

[14] Vgl. zur Einordnung der von der IHK vorgeschlagenen Lösung unten IV 2.
[15] *Herbert*, IHK-Broschüre, Nr. 160. S. 8 ff.
[16] *Marx*, IHK-Broschüre, Nr. 160, S. 11 ff.
[17] *Herbert*, IHK-Broschüre, Nr. 160, S. 9.
[18] *Herbert*, IHK-Broschüre, Nr. 160, S. 9: „... des objectifs plus modestes".
[19] Vgl. dazu *Mezger*, EMS, S. 28.
[20] *Herbert*, IHK-Broschüre, Nr. 160, S. 10. Vgl. auch *Marx*, IHK-Broschüre, Nr. 160, S. 13; *Robert*, Atti, S. 222 ff.
[21] IHK-Broschüre, Nr. 174, S. 8.
[22] „... suppléee, s'il y a lieu, par la latitude laissée aux arbitres pour dégager la procédure et la loi applicables". *Carabiber*, Rev. Arb. 1961, 180; vgl. *ders.*, Rev. Arb. 1963, 78 f.; *ders.*, Rev. Arb. 1964, 8.
[23] *Carabiber*, Recueil 1960 (I), 141.

### 2. *Rechtlich zulässige, aber nicht verwirklichte Lösung vom staatlichen Recht*

Als Anregung an die Parteien, sich einer nach der heutigen Rechtslage zulässigen, aber nicht ausgenutzten Möglichkeit zu bedienen, ist der Vorschlag von *Fragistas*[24] zu verstehen. Im Gegensatz zu den bisher behandelten Auffassungen sieht er aber für die Schiedsgerichtsbarkeit eine rechtliche Basis vor. Nicht der Parteiwille allein soll die Schiedsgerichtsbarkeit regeln, vielmehr soll die Schiedsgerichtsbarkeit kraft Rechtswahl dem Völkerrecht unterworfen werden. Auch Privatpersonen stehe die kollisionsrechtliche Verweisung auf das Völkerrecht zu[25].

Damit verbindet *Fragistas* — jedenfalls theoretisch — die Trennung vom staatlichen Recht mit der Unterwerfung unter eine positive den Parteivereinbarungen übergeordnete Rechtsordnung. Praktisch wirkt sich diese Unterordnung aber nicht aus, da es der Völkerrechtsordnung an Bewertungsmaßstäben für die private Schiedsgerichtsbarkeit fehlt. Diese Tatsache erlaubt uns, den Vorschlag von *Fragistas* in unsere Erörterungen einzubeziehen.

### 3. *Die Interpretation bestehender Rechtsnormen*

Nur nebenbei sei bereits hier bemerkt, daß wir dem Begriff der Lösung der Schiedsgerichtsbarkeit vom staatlichen Recht auch bei der Interpretation von Bestimmungen völkerrechtlicher Konventionen begegnen. Sie bezieht sich auf Bestimmungen, welche die Parteivereinbarungen über das Schiedsverfahren von der Bindung an zwingende Normen des staatlichen Rechts befreien. Eine Auslegung, die für Art. 2 Abs. 1 Genfer Protokoll nur von einigen Autoren vertreten wurde[26]. Für Art. V Abs. 1d UN-Übereinkommen[27] und Art. IV Abs. 1 Europäisches Übereinkommen[28] findet sie jedoch in weiterem Umfang Anhänger.

### 4. *Tatsächlich vollzogene oder zu verwirklichende Trennung der Schiedsgerichtsbarkeit vom Staat*

Zu den Vertretern einer Lösung der internationalen Schiedsgerichtsbarkeit vom Staat zählt auch *Fouchard*[29]. Seine Vorstellungen lassen

---

[24] *Fragistas*, Rev. crit. 1960, 14 ff.

[25] Vgl. dazu im einzelnen §§ 12, 13.

[26] *Carabiber*, Rev. Arb. 1961, 181; *Fouchard*, S. 331 mit S. 335.

[27] *Carabiber*, Arbitrage, S. 84; *ders.*, Rev. Arb. 1961, 182; *Bredin*, Clunet 1960, 1022; *Fouchard*, Arbitrage, S. 331 mit S. 335; *Kitagawa*, Liber Amicorum for *Domke*, S. 139; *Motulsky*, Rev. Arb. 1959, 11; *ders.*, Rev. Arb. 1963, 117; *Peyrefitte*, D. 1965 Chr. 118; *Robert*, D. 1958 Chr. 227; *Rubellin-Devichi*, S. 120 f.

[28] *Fouchard*, Arbitrage, S. 333 mit S. 335; *Kaiser*, S. 83; *Klein*, ZZP 76, 354; *Kopelmanas*, Ann. fr. dr. int. 1961, 341; *Robert*, D. 1961 Chr. 177; *Peyrefitte*, D. 1965 Chr. 118; *Pointet*, AIC, Bd. 3, S. 270.

[29] Vgl. insbesondere *Fouchard*, Arbitrage, S. 20 ff., 41 ff.; ähnlich *Motulsky*, Rev. Arb. 1959, 4, 10 und Ann. Fac. Liège 1964, 150 ff.

sich durch das Bestreben charakterisieren, die Bewertungsmaßstäbe des staatlichen Rechts gegenüber der Schiedsgerichtsbarkeit einzuschränken und die rechtliche Lösung der Probleme der Schiedsgerichtsbarkeit allein im Parteiwillen und in privaten Rechtsschöpfungen zu suchen.

a) Allerdings werden diese Feststellungen insoweit erschwert, als *Fouchard* zugesteht, daß die Schiedsgerichtsbarkeit nicht völlig vom staatlichen Recht gelöst ist und wohl auch nicht völlig zu lösen ist. Ein Rückgriff auf die staatlichen Gerichte sei teilweise erforderlich. Daraus zieht er für seine Arbeit die Konsequenz, neben der vom staatlichen Recht gelösten internationalen Schiedsgerichtsbarkeit auch die an das staatliche Recht angeknüpfte zu behandeln; dem „arbitrage national" wird das „arbitrage anational" gegenübergestellt.

b) Es ist ferner nicht zu übersehen, daß *Fouchard* seine Grundidee einer vom staatlichen Recht gelösten und außerstaatlichen Normen unterworfenen Schiedsgerichtsbarkeit nur in den einleitenden Bemerkungen in dem den „normes extraétatiques" spezifischen Sinne einer privaten außerstaatlichen Rechtsschöpfung darstellt. Im folgenden wird der Begriff der „norme extraétatique" oder „norme supranationale" auch für von staatlichen Gerichten oder völkerrechtlichen Konventionen geschaffene Normen verwendet. Die Gemeinsamkeit liegt lediglich in der Funktion dieser Normen, die behauptete Autonomie der internationalen Gemeinschaft der Kaufleute anzuerkennen oder zu stärken[30].

c) Wir beschränken uns in der allgemeinen Darstellung[31] auf die kennzeichnende Idee einer Lösung der internationalen Schiedsgerichtsbarkeit vom staatlichen Recht und ihrer Unterwerfung unter außerstaatliche Normen und Autoritäten[32]. Eine Lösung, die als zum Teil verwirklicht angesehen wird, zum Teil als wünschenswertes Ziel vor uns steht, auf dessen Erreichung die Entwicklungstendenzen im Bereich der internationalen Schiedsgerichtsbarkeit hinauslaufen sollen[33].

Der Sache nach erstreckt *Fouchard* die Trennung vom staatlichen Recht sowohl auf das die Schiedsgerichtsbarkeit beherrschende als auf das von ihr anzuwendende materielle Recht[34]. Das letztere Problem fällt nicht in den Rahmen unserer Betrachtungen.

### III. Der Umfang der Lösung vom Staat

Die verschiedenen Ansichten zur Lösung der Schiedsgerichtsbarkeit vom Staat unterscheiden sich bereits nach dem Umfang der erstrebten

---

[30] Vgl. z. B. die Bemerkungen zu den Urteilen französischer Gerichte *Fouchard,* Arbitrage, S. 100 f. und zu völkerrechtlichen Konventionen S. 335 ff.

[31] Auf die anderen Aspekte wird bei der Darstellung der völkerrechtlichen Konventionen verwiesen.

[32] So die Definition bei *Fouchard,* Arbitrage, S. 23.

[33] Vgl. *Fouchard,* Arbitrage, S. 27.

[34] Vgl. *Fouchard,* Arbitrage, S. 401 ff.

Lösung. Zunächst mag es nur als Nuance erscheinen, wenn die Trennung nicht nur auf staatliche Normen, sondern auf staatliche Normen und staatliche Gerichte erstreckt wird[35]. Damit wird aber nicht nur quantitativ der Umfang der Trennung der Schiedsgerichtsbarkeit vom Staat erweitert, sondern die Problematik auf eine besondere Form der Schiedsgerichtsbarkeit verlagert.

### *1. Staatliche Gerichte und die Prüfung der rechtlichen Zulässigkeit*

Die besondere Wendung des Problems durch die Trennung von staatlichen Autoritäten wird verständlich, wenn man sich die Funktionen der staatlichen Gerichte während des Schiedsverfahrens oder nach Erlaß des Schiedsspruchs vergegenwärtigt. Staatliche Gerichte gewähren Schiedsgerichten und Parteien ihre Hilfe, die aber davon abhängig ist, daß die Tatbestandsvoraussetzungen für die Hilfeleistung erfüllt sind. Somit stellen die staatlichen Gerichte an das Verhalten der Schiedsgerichte und Parteien die Frage der rechtlichen Zulässigkeit nach dem Bewertungsmaßstab der staatlichen Gesetze. Staatliche Gerichte sind Hilfs- und zugleich Kontrollorgane[36].

Gelingt es Parteien und Schiedsrichtern, sich von der Notwendigkeit staatlicher Hilfe zu befreien, so bleibt mit der staatlichen Hilfestellung auch die staatliche Kontrolle aus. Da damit aber auch die Sanktion für eine Nichtbeachtung staatlicher Normen wegfällt, kann die Gewißheit des Ausbleibens staatlicher Kontrolle die Einstellung der Parteien und Schiedsrichter zu den staatlichen Normen prägen und sie veranlassen, staatliche Normen zu mißachten[37].

### *2. «Détachement des cadres étatiques»*

Erstreckt man deshalb die Trennung der Schiedsgerichtsbarkeit vom Staat auch auf die staatlichen Gerichte, so ist die Trennung von staatlichen Normen in Wahrheit eine zweitrangige Frage, eine bloße Folge der institutionellen Trennung.

Es ändert sich aber auch die Perspektive unserer Betrachtung. Wir begegnen nicht der rechtlichen Zulässigkeitsfrage, inwieweit das staatliche Recht eine Mißachtung zwingender staatlicher Normen erlaubt. Die davon zu scheidende Fragestellung, inwieweit eine Mißachtung staatlicher Normen tatsächlich möglich ist, weil eine staatliche Sanktion der Mißachtung ausbleibt, fällt nicht in den Rahmen unserer Arbeit.

---

[35] *Fouchard*, Arbitrage, S. 23. Trennung „de tous les cadres étatiques" also staatlichen Normen und staatlichen Autoritäten.

[36] Vgl. zur Verbindung von Hilfe und Kontrolle *Schwab*, KTS 1961, 24.

[37] Vgl. zur freien Schiedsgerichtsbarkeit im einzelnen § 4.

## IV. Lösung von staatlichen Normen und normierte Schiedsgerichtsbarkeit

Der Schwerpunkt des Problems der Lösung der Schiedsgerichtsbarkeit liegt jedoch bei derjenigen Grundform[38], die sich an staatlichen Normen orientiert, weil sie der staatlichen Hilfe nicht entbehren will. Gerade für sie ist die Lösung von staatlichen Normen von Bedeutung.

### *1. Die Fragestellung*

a) Ein Widerspruch zwischen Lösung von staatlichen Normen und Orientierung an staatlichen Normen besteht nur scheinbar. Denn die staatlichen Normen können selbst den Spielraum der Parteifreiheit weiter oder enger fassen und für einen bestimmten Bereich auf eine zwingende gesetzliche Normierung ganz verzichten. Jedoch ändert sich für die sich an gesetzlichen Normen orientierende Schiedsgerichtsbarkeit die Perspektive der Betrachtungen. Da sie auf die staatliche Hilfe Wert legt und somit mit der staatlichen Kontrolle rechnen muß, hängt der Grad der Lösung von staatlichen Normen davon ab, inwieweit die von den staatlichen Gerichten anzuwendenden Normen sie gestatten.

b) Auf diese Perspektive der Gestattung der Lösung von staatlichen Normen durch gesetzliche Bestimmungen stellen auch alle Reformvorschläge für internationale Konventionen ab, denn die Bestimmungen der Konventionen erleichtern gerade die Tätigkeit der sich an gesetzlichen Bestimmungen orientierenden Schiedsgerichtsbarkeit. Für die freie Schiedsgerichtsbarkeit, welche den Rückgriff auf die staatlichen Gerichte vermeidet, bringen die Konventionen keine Erweiterung der Freiheit.

c) Daraus ergibt sich für die normierte Schiedsgerichtsbarkeit auch die Fragestellung hinsichtlich der Lösung von staatlichen Normen. Erlauben es gesetzliche Vorschriften, die Schiedsgerichtsbarkeit vom staatlichen Recht zu lösen, und stellen staatliche Gerichte den vom staatlichen Recht gelösten Schiedsgerichten ihre Hilfe zur Verfügung, weil die Lösung vom staatlichen Recht durch gesetzliche Vorschriften erlaubt ist?

d) Im Gegensatz zur freien Schiedsgerichtsbarkeit wird damit hier eine Frage der rechtlichen Zulässigkeit gestellt. Eine Zulässigkeitsfrage, deren Maßstab Rechtsnormen bilden. Die Normen, die eine Lösung der Schiedsgerichtsbarkeit vom staatlichen Recht erlauben, wollen wir im folgenden als Ansatzpunkte für die Lösung vom staatlichen Recht bezeichnen[39].

---

[38] Vgl. zur Unterscheidung der Grundformen der Schiedsgerichtsbarkeit § 4 I 1.

[39] Vgl. zu den Ansatzpunkten § 6.

### 2. *Der Begriff der Lösung der Schiedsgerichtsbarkeit vom staatlichen Recht*

Der Begriff der Lösung der Schiedsgerichtsbarkeit vom staatlichen Recht — des „détachement de l'arbitrage des normes étatiques" — bedarf jedoch nicht nur der Präzisierung hinsichtlich des Objektes, auf das er sich bezieht, auf staatliche Normen oder auf staatliche Autoritäten und staatliche Normen. Die Bedeutung der „Lösung" selbst ist mehrdeutig. Der rechtlichen Trennung von jeder einzelstaatlichen Rechtsordnung kann man die bloße Erweiterung der Parteifreiheit durch internationale Konventionen gegenüberstellen. Das Kriterium der Unterscheidung bildet die rechtliche Qualifizierung der Regeln, nach denen sich die vom staatlichen Recht gelöste Schiedsgerichtsbarkeit richtet.

#### a) Beschreibung der Regeln

Zwar mag es zunächst überraschen, wenn ein Anhänger der Trennung der Schiedsgerichtsbarkeit vom staatlichen Recht[40] auf den Satz *Raapes* Bezug nimmt, „das Schiedsgericht thront nicht über der Erde, es schwebt nicht in der Luft ..."[41]. Eine Bemerkung, mit der *Raape* die Notwendigkeit einer Verbindung der Schiedsgerichtsbarkeit zu einer einzelstaatlichen Rechtsordnung umschreibt. Vergegenwärtigt man sich aber, daß auch eine vom einzelstaatlichen Recht gelöste Schiedsgerichtsbarkeit einer Regelung für ihre Probleme bedarf, so hat der Satz mutatis mutandis eine gewisse Berechtigung.

Die Regelung der von staatlichen Normen gelösten Schiedsgerichtsbarkeit ergibt sich allein aus den Parteivereinbarungen oder den Schiedsordnungen bestehender Schiedsorganisationen oder aus Schiedsklauseln in Formularverträgen und Allgemeinen Geschäftsbedingungen, die zum Gegenstand der Parteivereinbarungen geworden sind[42]. Über die rechtliche Qualifizierung dieser Materien gehen die Ansichten auseinander.

#### b) Nicht-staatliche Rechtsordnung

An der rechtlichen Qualifizierung der Parteivereinbarungen und der in sie aufgenommenen Materien scheidet sich die Bedeutung der Trennung vom staatlichen Recht. Legt man der positiven Regelung der Schiedsgerichtsbarkeit den Charakter einer nicht-staatlichen rechtlichen Ordnung bei, so entspricht dieser Einordnung die Trennung der Schiedsgerichtsbarkeit vom staatlichen Recht in rechtlicher Hinsicht, da

---

[40] *Fragistas*, Rev. crit. 1960, 14.
[41] *Raape*, § 54 II 1.
[42] Vgl. aber die abweichende Meinung von *Bruns*, ZZP 70, 21 zur Vereinbarung einer Schiedsordnung.

die Geltungsgrundlage der Parteivereinbarungen nicht in positiven Rechtsnormen, sondern im überpositiven Bereich gesucht wird. Rechtsnormen, die die schrankenlosen Parteivereinbarungen berücksichtigen, bilden lediglich die Anerkennung nicht-staatlicher Ordnungen[43]. Somit ist bei drei Grundtypen der rechtlichen Regelung der vom staatlichen Recht gelösten Schiedsgerichtsbarkeit die Lösung vom staatlichen Recht als Beseitigung der rechtlichen Anknüpfung an ein einzelstaatliches Recht zu verstehen.

aa) Gesteht man den Parteivereinbarungen selbständige verpflichtende Kraft zu oder leitet man ihre Verbindlichkeit aus einer überpositiven Grundlage her, so fehlt die Verbindung zu einer bestimmten staatlichen Rechtsordnung.

Auch der Vorentwurf der Internationalen Handelskammer scheint von der Vorstellung ausgegangen zu sein, der Parteiwille stelle eine selbständig verpflichtende Rechtsquelle dar, die einer Stütze in einem bestimmten staatlichen Recht nicht bedürfe. In Art. III b ihres Vorentwurfes schlug sie eine Regelung vor, nach der zur Anerkennung und Vollstreckung des Schiedsspruchs erforderlich sein sollte, daß „la constitution du tribunal arbitral et la procédure de l'arbitrage aient été conformes à la convention des parties ou à défaut par la convention des parties de l'avoir réglé, à la loi du pays où l'arbitrage a eu lieu". Aus dem allein durch die Parteivereinbarungen geregelten Schiedsverfahren sollte eine „sentence internationale" hervorgehen, welche der dem Vorentwurf beigefügte Bericht als einen Schiedsspruch „détachée de toute législation nationale" definiert[44].

Diese Bestimmung wurde in der Literatur überwiegend dahin verstanden, daß die Internationale Handelskammer in ihrem Vorentwurf die selbständige verpflichtende Kraft von Verträgen[45] und damit eine supranationale Schiedsgerichtsbarkeit vertrete. Diese Auffassung ist aber nicht unbestritten.

Die Einwände von *Wetzmüller* erscheinen nicht überzeugend. Er meint, der „sentence internationale" komme lediglich eine relative Internationalität zu. Die vollkommene „Freiheit der Parteien bei der

---

[43] Vgl. zur Annäherung an die kollisionsrechtliche Verweisung unten § 6 II 6.

[44] IHK-Broschüre, Nr. 174, S. 7.

[45] Vgl. *Fragistas*, Rev. crit. 1960, 16 Anm. 1: „la volonté suffirait à elle même; ... les parties auraient ... la possibilité de placer leur arbitrage au-dessus de tout ordre juridique". Vgl. *Gentinetta*, ZSR 1965, 162 ff.; *Bertheau*, S 81; *Klein*, SchwJB 1963, 50, 51, 55; *ders.*, Festgabe, S. 150 (Verfahren im normenleeren Raum); *ders.*, Rev. crit. 1958, 488 (efficience intrinsèque), 480 (valables par le seul consentement des parties); *ders.*, SchwJZ 1961, 230 (droit naturel); *Habscheid*, ZZP 70, 33 (absoluter Parteiwille); *Rubellin-Devichi*, S. 120 (autonomie absolue de la volonté).

Bestimmung des Verfahrens" bleibe „nur so lange wirksam, als die Parteien nicht die obrigkeitliche Hilfe eines nationalen Rechts, etwa bei der Einsetzung von Zwangsmitteln im Rahmen des Verfahrens, benötigen"[46]. Der Vorschlag der Internationalen Handelkammer sollte zu einer Konvention über die Anerkennung von Schiedssprüchen durch staatliche Gerichte führen. Der Wert des Vorranges der Parteivereinbarungen vor dem Gesetz sollte sich gerade in der Eventualität des Rückgriffes auf den Staat nach Erlaß des Schiedsspruchs zeigen. Entweder ist der von der Internationalen Handelskammer vorgeschlagene Schiedsspruch auch oder gerade beim Verlangen nach staatlichen Zwangsmaßnahmen supranational oder er ist es nicht. Durch internationale Konvention einen supranationalen Schiedsspruch zu schaffen, der bei Anwendung der Konvention bei staatlicher Anerkennung oder Vollstreckung zu einem nationalen wird, wäre überflüssig.

Auch gegen die Argumentation von *Riedberg* bestehen Bedenken. Er kommt zu dem Ergebnis, die Internationale Handelskammer schlage keinen supranationalen Schiedsspruch vor[47]. Diese Folgerung zieht er aus der Berücksichtigung des ordre public des Vollstreckungslandes in Art. IV a des Vorentwurfes. Der ordre public des Vollstreckungslandes ist aber ein Rechtsinstitut, das als Bewertungsmaßstab des Vollstreckungslandes an eine Entscheidung angelegt wird, die einer fremden Rechtsordnung angehört. Es sagt nichts über die rechtliche Ordnung aus, der der Schiedsspruch unterliegt.

Daß die Internationale Handelskammer in ihrem Vorentwurf von der Ansicht ausging, die Parteivereinbarungen seien eine selbständige Rechtsquelle, daß ihr mit anderen Worten die „Schaffung eines autonomen Rechts der internationalen Schiedssprüche auf der Basis des Parteiwillens"[48] vorschwebte, läßt der dem Vorentwurf beigefügte Bericht erkennen. Er wendet sich gegen den „esprit prétendument scientifique", welcher den Parteivereinbarungen den Charakter einer selbständigen Rechtsquelle abspricht[49]. Die Interpretationsschwierigkeiten kommen allein daher, daß die Internationale Handelskammer selbst — wohl aus Erwägungen der Praktikabilität — diese Ansicht im Vorentwurf nicht konsequent verfolgt[50]. Als Fremdkörper muß man vor allem die Bestimmung des Art. IV e auffassen, nach der die Anerkennung und Vollstreckung des Schiedsspruchs versagt werden kann, wenn der Schiedsspruch in dem Lande, in dem er erlassen wurde, aufgehoben worden

---

[46] *Wetzmüller*, S. 7.
[47] *Riedberg*, S. 9 Anm. 9.
[48] *Mezger*, EMS, S. 40.
[49] IHK-Broschüre, Nr. 174, S. 8.
[50] Vgl. zu den systemwidrigen Verweisungen auf das staatliche Recht *Bülow*, RiW 1956, 39; *Bertheau*, S. 80; *Habscheid*, ZZP 70,34.

ist[51]. Ein nur den Parteivereinbarungen unterworfener Schiedsspruch hat aber zu dem Land, in dem er erlassen wurde, keine besondere Beziehung, die es erlauben würde, das Aufhebungsurteil dieses Landes seiner Vollstreckung in einem anderen Land entgegenzustellen[52].

bb) Sieht man in Schiedsordnungen, Formularverträgen und Allgemeinen Geschäftsbedingungen Bestandteile einer nichtstaatlichen Rechtsordnung, so entspricht der Annahme der alleinigen Regelung der Schiedsgerichtsbarkeit durch diese Materien die rechtliche Trennung vom positiven Recht.

cc) Zwar beschränkt sich der dritte Grundtyp — der Unterwerfung der Schiedsgerichtsbarkeit unter die Völkerrechtsordnung kraft kollisionsrechtlicher Verweisung — nicht auf die Erklärung der Rechtsqualität von Parteivereinbarungen und privaten Regeln als nichtstaatliche Normen, sondern fügt in der Unterwerfung unter eine nicht mit Parteivereinbarungen und privaten Regeln identische Ordnung ein weiteres Moment hinzu. Im Ergebnis verbleibt aber auch hier die Regelung allein bei den Parteivereinbarungen, da es der Völkerrechtsordnung an Bewertungsmaßstäben für die Zulässigkeit eines privaten Schiedsverfahrens fehlt[53]. Jedoch führt auch die positive Unterwerfung unter das Völkerrecht zu einer rechtlichen Trennung von staatlichen Normen.

c) Erweiterung der Parteifreiheit

Selbstverständlich ist diese Bedeutung des „détachement" als rechtlicher Trennung vom positiven Recht jedoch nicht[54]. Eine gesetzliche Bestimmung, die den Parteivereinbarungen den Vorrang vor dem staatlichen Recht einräumt, kann sich auch darauf beschränken, den Rahmen der Parteifreiheit, den das staatliche Recht den Parteien einräumt, zu erweitern.

---

[51] Allerdings hat die IHK später selbst bemerkt, sie habe nicht die Absicht gehabt, in ihrem Vorentwurf die Idee einer „sentence apatride" zu vertreten (Dokument 420/71 zitiert nach *Bruns* und *Motulsky*, Rev. int. dr. comp. 1957, 724). Wie *Bruns*, und *Motulsky* formulieren, habe ihr lediglich ein Verfahren ohne Berücksichtigung einer Rechtsordnung vorgeschwebt. Der Vorrang der Parteivereinbarungen für das Verfahren könne aber nicht „en dépit de la profession de foi d'où il procède, aboutir à supprimer *tout* lien entre la sentence „internationale" et une législation nationale" (Rev. int. dr. comp. 1957, 725). Vgl. auch *Fouchard*, Arbitrage, S. 21.

[52] Vgl. dazu *Mezger*, EMS, S. 43. „Dieser Abs. e des Art. IV des IHK-Entwurfs ist vom Standpunkt des Vorranges des Parteiwillens eine Abirrung. Von diesem Standpunkt aus dürfte das Urteil des Ursprungslandes keine besondere Würde haben. Es verdient genau so wenig *ipso facto* Anerkennung wie etwa ein Urteil über die Nichtigkeit eines Vertrages, das in dem Lande erlassen wurde, dessen Recht den Vertrag beherrscht".

[53] Vgl. im einzelnen § 12 II.

[54] Vgl. dazu § 11.

## V. Supranationalität und Völkervertragsrecht

### *1. Rechtliche Bewertung an über-staatlichen Normen*

a) Auch Autoren, die den bisher besprochenen Bestrebungen ablehnend gegenüberstehen, vertreten de lege ferenda die Möglichkeit einer supranationalen Schiedsgerichtsbarkeit. Aus der Feststellung, ein schrankenloser Parteiwille genüge nicht, um die Probleme der Schiedsgerichtsbarkeit zu regeln, leiten sie die Notwendigkeit ihrer Unterwerfung unter eine Rechtsordnung ab. Zwar sei diese Rechtsordnung heute notwendigerweise national. Jedoch hält man bei überstaatlicher (von den Staaten geschaffener) rechtlicher Regelung eine Anknüpfung an diese Regelung für denkbar. „A supra-national award, consequently would only be possible if there were a supra-national legal system[55]."

Zwei Momente dieser Ansicht sind von besonderer Bedeutung: Ihr Unterschied zu den Bestrebungen eines „détachement de l'arbitrage des législations étatiques", der es erlaubt, sie aus unseren Betrachtungen auszugrenzen, und die Berechtigung, bei der vorgeschlagenen Regelung von supranationalen Normen im formellen Sinne — als Gegensatz zu den Normen des staatlichen Rechts — zu sprechen[56].

b) Mit den bisher besprochenen Bestrebungen, die Schiedsgerichtsbarkeit vom staatlichen Recht zu lösen, hat dieser Vorschlag nur die Terminologie gemeinsam, während sein Begriffsinhalt ein anderer ist. Indem man die Begriffe „Lösung vom staatlichen Recht" und „Unterwerfung unter supranationale Normen" ihrer speziellen Bedeutung entkleidet[57], stellt man eine — allerdings oberflächliche — Beziehung zwischen beiden Ideen her. Ihre Ziele bewegen sich dagegen auf verschiedenen Ebenen.

Das zeigt deutlich der in der Ablehnung der schrankenlosen Parteivereinbarungen bestehende Ausgangspunkt. Während schrankenlose Parteivereinbarungen des an sie angelegten Maßstabes der rechtlichen Bewertung durch übergeordnete rechtliche Normen entbehren, sollen die vorgeschlagenen supranationalen Normen neue Schranken für die Parteivereinbarungen aufstellen. Sie sollen somit die Schranken der nationalen Rechte ersetzen, rechtliche Schranken jedoch nicht völlig beseitigen. Supranationale Normen in diesem Sinne sind den Parteivereinbarungen übergeordnet. Der Begriff der Supranationalität dient nicht zur Qualifizierung der keiner positiven Rechtsordnung untergeordneten Parteivereinbarungen[58].

---

[55] *Habscheid*, ITA, S. 201; vgl. auch *ders.*, ZZP 70, 32; *Schottelius*, Schiedsgerichtsbarkeit, S. 68; *Roth*, S. 135.

[56] Vgl. unten 2.

[57] Vgl. insbesondere *Roth*, S. 133 f. Vgl. dazu unten 2 c.

[58] Auch die Konvention der Weltbank über die Beilegung von Investitionsstreitigkeiten zwischen staatlichen und nichtstaatlichen Partnern vom

c) Schließlich ist zu betonen, daß der Vorschlag von *Fragistas* mit dem der Ausbildung eines überstaatlichen Verfahrensrechts nicht identisch ist. Während ein supranationales Verfahrensrecht allein durch eine von den Staaten zu bildende völkerrechtliche Ordnung zu realisieren wäre, bezieht sich die kollisionsrechtliche Verweisung auf das Völkerrecht auf die heute bestehende Völkerrechtsordnung. Mangels entsprechender Bestimmungen der Völkerrechtsordnung über die private Schiedsgerichtsbarkeit wäre deren Regelung auch bei einer kollisionsrechtlichen Verweisung auf die Völkerrechtsordnung praktisch allein den Parteivereinbarungen und den Entscheidungen der Schiedsrichter ex aequo et bono überlassen[59]. Eine von den Staaten zu schaffende supranationale Ordnung würde sich dagegen gerade auf die Regelung der Schiedsgerichtsbarkeit beziehen und Maßstäbe für die Zulässigkeit der Parteivereinbarungen enthalten.

### 2. *Supranationalität und Völkervertragsrecht*

a) Zwar hat es wenig Sinn, über die Berechtigung einer Definition zu rechten, solange der von ihr erfaßte Inhalt eindeutig ist. Wird als supranational eine rechtliche Regelung qualifiziert, die durch das Völkervertragsrecht geschaffen wurde, und der auf dem dafür vorgesehenen Wege Geltung im innerstaatlichen Bereich gegenüber den dem staatlichen Recht unterworfenen Personen beigelegt wurde, so ist es eine Frage des terminologischen Geschmacks, diese Regelung als supranational zu bezeichnen. Dabei wäre es nicht einmal von Bedeutung, ob die angesprochenen völkerrechtlichen Verträge dem Typ eines „self executing treaty“ oder einer „loi uniforme“ angehören. Jedoch sollte man über dieser Terminologie nicht vergessen, daß ein Vergleich zwischen dem im innerstaatlichen Bereich gültigen Völkervertragsrecht und dem staatlichen Recht formell betrachtet eine scharfe Gegenüberstellung von überstaatlichem und staatlichem Recht an sich nicht rechtfertigt. Diese Aussage bedarf der getrennten Erläuterung für den „self executing treaty“ und die „loi uniforme“.

b) Als „self executing treaty“ gelten völkerrechtliche Verträge, die nach ihrem materiellen Inhalt „Verhaltensregeln für die innerstaat-

---

14. Oktober 1966 scheidet aus unseren Betrachtungen aus, da sie eine detaillierte, von den Parteien zu beachtende Regelung enthält. Vgl. aus der umfangreichen Literatur insbesondere: *Broches*, Liber Amicorum for *Domke*, S. 12 ff.; *Carabiber*, Liber Amicorum for *Domke*, S. 23 ff.; *Delaume*, Clunet 1966, 26 ff.; *Benjamin*, Liber Amicorum for *Domke*, S. 1 ff.; *Rodley*, CanYBIL 1966, 43 ff.; *Roulet*, SchwJB 1965, 121 ff.; *Schwarzenberger*, Liber Amicorum for *Domke*, S. 313 ff.

[59] Vgl. im einzelnen § 12 II.

lichen Rechtsanwendungsorgane und Rechtsunterworfenen" enthalten[60]. Vorschriften, „die selbst zur direkten innerstaatlichen Anwendung bestimmt" und geeignet sind und nicht erst den „Staaten die Vertragsdurchführung durch besondere interne Maßnahmen ... überlassen"[61]. Der Begriff „self executing treaty" ist aus der amerikanischen Rechtssprache übernommen[62]. Nur bei diesen Verträgen stellt sich die Frage, ob sie in das staatliche Recht transformiert werden oder als völkerrechtliche Verträge gegenüber innerstaatlichen Rechtssubjekten Geltung erlangen[63]. Zwei Methoden lassen sich unterscheiden[64].

Die in Deutschland[65] herrschende Lehre nimmt eine Transformation völkerrechtlicher Verträge in das staatliche Recht an[66]. Die Transformation hat zur Folge, „daß Völkerrechtsnormen als solche in der innerstaatlichen Rechtsordnung nicht angewandt werden können, sondern daß sie zuvor einer Umgießung in staatliches Recht bedürfen, wobei ihr Geltungsgrund abgeändert, sie auf neue Adressaten erstreckt und schließlich auch ihr Inhalt infolge der Einfügung in ein anderes Rechtssystem verändert werden"[67]. Die einem in staatliches Recht transformierten Vertrag unterliegende private Schiedsgerichtsbarkeit wird damit formell nicht von völkerrechtlichen, sondern von innerstaatlichen Normen geregelt.

Dagegen behalten völkerrechtliche Normen nach der Vollzugslehre ihren Charakter als Völkerrechtsnormen. Auch nach der Vollzugslehre bedarf aber der völkerrechtliche Vertrag, um im innerstaatlichen Bereich Geltung zu erlangen, eines dahingehenden Staatsaktes. Der innerstaatliche Rechtsanwendungsbefehl ermächtigt „das innerstaatliche Rechtsanwendungsorgan", die Völkerrechtsnorm „als solche anzuwenden"[68]. Die Norm hat ihren Geltungsgrund weiterhin im Völkerrecht; „der Rechtsanwendungsbefehl des Landesrechts" tritt aber „ergänzend hinzu"[69]. Danach wäre eine durch völkerrechtlichen Vertrag geregelte

---

[60] *Partsch*, Berichte der DGesVR, Heft 6, S. 15.
[61] *Bernhardt*, Abschluß, S. 26.
[62] Vgl. *Bernhardt*, Abschluß, S. 26.
[63] Vgl. *Boehmer*, S. 8; *Pigorsch*, S. 62, 82 ff.
[64] Vgl. die rechtsvergleichende Darstellung bei *Seidl-Hohenveldern*, ICLQ 1963, 101 ff.
[65] Auch die italienische Staatspraxis, vgl. *Partsch*, Berichte der DGesVR, Heft 6, S. 18; *Mosler*, Recueil 1957 (I), 642 f.
[66] Vgl. die Literatur bei *Boehmer*, S. 32 Anm. 32. Aus der Rechtsprechung vgl. insbesondere BGH 17, 313 f.
[67] So charakterisiert *Partsch*, Berichte der DGesVR, Heft 6, S. 18, die Folgen der Transformation. *Niboyet*, Bd. 1, S. 35, spricht von einer „Denaturierung" des völkerrechtlichen Vertrages bei dieser Methode.
[68] So *Partsch*, Berichte der DGesVR, Heft, 6, S. 20; vgl dazu auch *Seidl-Hohenveldern*, ICLQ 1963, 88: „Thus, the rules of international law would be applied *as such*, and not by virtue of the creation of parallel municipal norms".
[69] *Partsch*, Berichte der DGesVR, Heft 6, S. 20.

private Schiedsgerichtsbarkeit zwar hinsichtlich ihres Geltungsgrundes völkerrechtlichen Normen unterworfen, deren Anwendungsbefugnis im innerstaatlichen Bereich aber auf dem staatlichen Rechtsanwendungsbefehl beruht[70].

c) Die aufgrund einer internationalen Konvention vom Typ einer „loi uniforme" eingeführten rechtlichen Regeln gelten formell als Normen des innerstaatlichen Rechts. Aus diesem Grund müssen wir der Auffassung von *Roth*[71] widersprechen, der von der „loi uniforme" die Schaffung supranationaler Schiedssprüche erwartet.

*Roth* sieht das Gegenstück zu der einem bestimmten nationalen Recht unterliegenden Schiedsgerichtsbarkeit in einem „arbitrage détaché de tous les cadres étatiques, soumis à tous égards à des normes et à des autorités véritablement internationales"[72]. Internationale Regeln in diesem Sinne seien entweder die von den Parteien vereinbarten oder die Bestimmungen internationaler Konventionen. Als eine Variante der auf die Lösung der Schiedsgerichtsbarkeit vom staatlichen Recht gerichteten Bestrebungen läßt sich aber gerade die als Beispiel angeführte „loi uniforme"[73] des Europarates nicht verstehen. Sie würde keine einem „ordre juridique supranational" unterliegende Schiedsgerichtsbarkeit herbeiführen[74].

Es ist offensichtlich, daß sich durch die Regelung einer „loi uniforme" ein Teil der oben zitierten Definition[75] nicht erfüllen läßt. Die Einführung einer vereinheitlichten gesetzlichen Regelung führt als solche nicht zu einer Lösung von staatlichen Autoritäten[76]. So ist auch in der „loi uniforme" des Europarates die Verweisung auf eine durch die Staaten zu bestimmende „autorité compétente" enthalten[77].

Die Regeln einer „loi uniforme" erlangen darüber hinaus im innerstaatlichen Bereich notwendigerweise als Bestandteile des staatlichen

---

[70] Vgl. zu den Folgerungen für die Auslegung § 6 IV, für das Rangverhältnis zwischen staatlichem und transformiertem oder für anwendbar erklärtem Völkervertragsrecht § 11 I.

[71] *Roth*, S. 133 ff.

[72] *Roth*, S. 133.

[73] Vgl. auch die ablehnende Stellungnahme zur loi uniforme bei *Fouchard*, Arbitrage, S. 29 ff.; zurückhaltend auch die IHK (zitiert bei *Arnold*, NJW 1967, 146 Anm. 43).

[74] So aber *Roth*, S. 135.

[75] Es handelt sich um die von *Fouchard*, Arbitrage, S. 23, geprägte Definition, deren Sinn oben III dargelegt wurde.

[76] Die von *Carabiber*, Rev. Arb. 1964, 9, vorgeschlagene Bildung eines „greffe habilité à enregistrer et à authentifier les sentences arbitrales" durch eine „loi uniforme" ist ein über die bloße Rechtsvereinheitlichung hinausgehendes Moment, das in die „loi uniforme" des Europarates keinen Eingang gefunden hat. Vgl. zur Bildung eines „greffe européen" *Arendt*, Rev. Arb. 1966 (congrès de Rotterdam), 121 ff.

[77] Vgl. Art. 3 der von den Staaten eingegangenen Verpflichtung.

Rechts Gültigkeit. Die von den Staaten durch ein solches Abkommen eingegangene Verpflichtung geht gerade auf den Erlaß innerstaatlicher Regeln, die den dem Abkommen beigefügten Vorschriften entsprechen[78]. Diese Normen sind auf dem Wege der Gesetzgebung zu erlassen. Sie stellen innerstaatliche Normen dar[79]. Werden somit die in der „loi uniforme" vorgesehenen Regeln in das staatliche Recht eingefügt, so ist der in Anwendung dieser eingefügten Normen erlassene Schiedsspruch einem nationalen — vereinheitlichten — Recht unterworfen und nicht supranational[80].

Wenn *Roth* neuerdings anführt, daß „unter der Herrschaft der „loi uniforme" ... der Schiedsspruch und die ihm vorangehenden Akte ... formell weiterhin einer innerstaatlichen, im Ergebnis letztlich doch supranationalen, weil innerhalb der Vertragsstaaten identischen Rechtsordnung" unterliegen[81], so verneint er damit einen rechtlich supranationalen Schiedsspruch. Der Begriff der Supranationalität wird für eine vereinheitlichte staatliche Regelung verwendet und hat folglich in diesem Sinne seinen Bezug zu einer Lösung vom staatlichen Recht und rechtlicher Supranationalität verloren.

## VI. Zusammenfassung

Zwei Wege bieten sich an, die rechtliche Regelung der internationalen Schiedsgerichtsbarkeit, deren Entwicklung durch die Verschiedenheit der einzelstaatlichen Rechte gehemmt wird, zu ändern, die Rechtsvereinheitlichung oder die Befreiung der internationalen Schiedsgerichtsbarkeit von der Bewertung am Maßstab zwingender übergeordneter Rechtsnormen. Dieses Kriterium eint die Bestrebungen zur Lösung der internationalen Schiedsgerichtsbarkeit vom staatlichen Recht. Im einzelnen beziehen sie sich nach dem Umfang der Trennung vom Staat auf eine Erweiterung der Grundform der freien Schiedsgerichtsbarkeit oder auf die normierte Schiedsgerichtsbarkeit. Nach der vorgeschlage-

[78] Vgl. Art. 1 Abs. 1 des Abkommens über die „loi uniforme" des Europarates: Jeder Vertragspartner „s'engage à introduire dans sa législation" die Regeln der „loi uniforme".

[79] Vgl. *Kegel*, IPR, S. 5; *Jenard*, AIC, Bd. 3, S. 372, 394 (zur loi uniforme des Europarates); *Arnold*, NJW 1967, 144. Vgl. auch *Francescakis*, Théorie, S. 17: eine Vereinheitlichung der internen staatlichen Regeln — ohne besondere Brücksichtigung internationaler Sachverhalte — „admet implicitement que les faits du commerce international relèvent des droits internes mais elle abolit le conflit de lois en supprimant les discordances entre les lois internes".

[80] Vgl. *Schottelius*, Schiedsgerichtsbarkeit, S. 68: durch die Einführung einer „loi uniforme" gehe man „von der Nationalität des Schiedsgerichtsverfahrens und des Schiedsspruchs nicht" ab. Vgl. auch *Bruns*, ZZP 70, 22.

[81] *Roth*, KTS 1967, 66 Anm. 8 a. E.

nen Regelung der vom staatlichen Recht getrennten Schiedsgerichtsbarkeit läßt sich der Begriff des „détachement“ einmal als rechtliche Trennung vom staatlichen Recht, zum anderen als rechtlich gestattete Erweiterung der Grenzen der Parteivereinbarungen begreifen. Nicht unter die Bestrebungen der Lösung der Schiedsgerichtsbarkeit vom staatlichen Recht fallen folglich alle Vorschläge, eine supranationale Ordnung der Schiedsgerichtsbarkeit zu schaffen, aus der die Maßstäbe der Bewertung des rechtlich Zulässigen zu entnehmen wären.

*Zweiter Teil*

# Die freie Schiedsgerichtsbarkeit

## § 4. Die Wirkungsweise der freien Schiedsgerichtsbarkeit

In der freien Schiedsgerichtsbarkeit, die seit den Anfängen der Schiedsgerichtsbarkeit ein Eigenleben als eine ihrer Grundformen führt[1], begegnen wir einer vom staatlichen Recht gelösten Schiedsgerichtsbarkeit. Sie gibt uns Gelegenheit, den Unterschied zwischen einer tatsächlich möglichen und einer rechtlich zulässigen Lösung der Schiedsgerichtsbarkeit von staatlichen Normen darzulegen.

### I. Der Begriff der freien Schiedsgerichtsbarkeit

#### *1. Die Grundformen der Schiedsgerichtsbarkeit*

Zwei Grundformen der Schiedsgerichtsbarkeit lassen sich unterscheiden. Schiedsinstanzen, „die auf reinem Parteiwillen basieren und sich damit außerhalb der allgemeinen Rechtsordnung stellen", und „eine unter Mitwirkung der Staaten entwickelte Schiedsgerichtsbarkeit, die in das allgemeine Rechtspflegesystem eingegliedert ist"[2]. Die erste Form wollen wir nach der Terminologie von *Eisemann*[3] als „freie Schiedsgerichtsbarkeit"[4], die zweite als „gesetzlich geordnete Schiedsgerichtsbarkeit" bezeichnen. Während sich die freie Schiedsgerichtsbarkeit nicht an den Normen des staatlichen Rechts orientiert, stellt sich die andere Grundform auf den Boden gesetzlicher Vorschriften. Die Möglichkeit dieser Trennung erklärt sich aus dem Unterschied zwischen der theoretischen Unterordnung aller Rechtshandlungen von Privatpersonen unter

---

[1] Vgl. dazu *Eisemann*, EMS, S. 8. Vgl. auch *Weisbart*, S. 88: „Der Handelsstand kennt die Erledigung von Angelegenheiten, ohne daß darauf Wert gelegt wird, ob die getroffenen Vereinbarungen auch von den Gesetzen anerkannt werden. In den Schiedsgerichtsordnungen ist zuweilen ausdrücklich vorgesehen, daß die Formerfordernisse der Gesetze, z. B. die Niederlegung bei Gericht, nicht vorgenommen werden".

[2] *Eisemann*, EMS, S. 8.

[3] *Eisemann*, EMS, S. 8.

[4] Daß diese Grundform nichts mit dem „arbitrato libero" des italienischen Rechts (vgl. dazu *Wenger*, S. 16 ff.) zu tun hat, sei klargestellt. Dieses beruht auf dem staatlichen Obligationenrecht.

gesetzliche Normen und der praktischen Wirksamkeit von Handlungen, welche die staatlichen Normen nicht beachten.

### 2. *Staatliche Gerichte und die Zulässigkeitsfrage*

Zwar trifft es zu, daß den Rechtshandlungen von Privatpersonen Rechtswirkungen nur zukommen, wenn das Recht ihnen diese Wirkungen verleiht[5]. Behauptete Rechte sind ferner vor staatlichen Gerichten mit Erfolg nur durchsetzbar, wenn ihr gesetzlich normierter Entstehungstatbestand erfüllt ist, da der staatliche Richter den Beurteilungsmaßstab staatlicher Normen anlegt[6]. Wird die Hilfe der staatlichen Gerichte aber nicht in Anspruch genommen, etwa weil der angebliche Schuldner freiwillig leistet, so kann der „Gläubiger" im Ergebnis die Erfüllung seines behaupteten Anspruches erlangen, ohne daß dessen gesetzliche Entstehungsvoraussetzungen gegeben waren.

### 3. *Das Ausbleiben der Zulässigkeitsfrage*

Übertragen auf die Schiedsgerichtsbarkeit lehrt uns dieser Sachverhalt, daß erst die Einschaltung des staatlichen Gerichts während des schiedsgerichtlichen Verfahrens oder nach Erlaß des Schiedsspruches die Schiedsgerichtsbarkeit mit einer Institution konfrontiert, die an Rechtsnormen die Zulässigkeit von Schiedsvertrag, Schiedsverfahren oder Schiedsspruch überprüft. Die Sanktion für eine Nichterfüllung der gesetzlichen Tatbestandsvoraussetzungen besteht in der Verweigerung der staatlichen Hilfe während des Verfahrens oder nach dem Verfahren, in der Zurückweisung der Einrede der Zuständigkeit des Schiedsgerichtes oder in der Aufhebung des Schiedsspruches. Zu einer Überprüfung der rechtlichen Zulässigkeit kommt es nicht, wenn der Rückgriff auf die staatlichen Gerichte ausbleibt[7]. Ob sie sich der Hilfe staatlicher Gerichte während oder nach Abschluß des Schiedsverfahrens bedienen wollen, steht im Belieben von Parteien und Schiedsrichtern. Staatliche Gerichte werden im Rahmen der Schiedsgerichtsbarkeit nicht von Amts wegen tätig. Wird ein Schiedsspruch freiwillig vollstreckt

---

[5] Vgl. dazu insbesondere *Nawiasky*, Allgemeine Rechtslehre, S. 213 f.; vgl. auch *Raape*, § 54 II; *Mann*, Liber Amicorum for *Domke*, S. 160; *Klein*, SchwJZ 1961, 230.

[6] Vgl. zur Beurteilung eines „contrat sans loi" bei Rückgriff auf den staatlichen Richter *Batiffol*, Aspects philosophiques, S. 99. Vgl. auch *Mateucci*, ITA, S. 190.

[7] In diesem Sinne ist wohl auch die Bemerkung von *Eisemann*, EMS, S. 8 zu verstehen: „Die Frage der möglichen Konkurrenz zwischen staatlicher und privater Gerichtsbarkeit erhebt sich nur dort, wo die Mitwirkung des Staates erforderlich ist. Mit anderen Worten: der mögliche Konflikt entsteht auf der Ebene der gesetzlichen Regelung des Schiedsverfahrens (einschließlich der Vollstreckungsvoraussetzungen)".

oder garantieren nicht-staatliche Sanktionen seine Vollstreckung, so ist ein Grund für den Rückgriff auf staatliche Hilfe nicht gegeben. Die Existenz wirtschaftlicher Pressionen ist auch in der Lage, die unterlegene Partei abzuhalten, Rechtsmittel gegen den Schiedsspruch zu erheben.

### *4. Fehlende Orientierung an staatlichen Normen*

Allerdings sind nicht alle Schiedsgerichte unter die Grundform der freien Schiedsgerichte einzuordnen, bei denen der Rückgriff auf die staatlichen Gerichte und damit die Prüfung der rechtlichen Zulässigkeit — ex post betrachtet — tatsächlich ausgeblieben ist. Als freie Schiedsgerichtsbarkeit qualifizieren wir vielmehr allein jene Schiedsgerichtsbarkeit, die bewußt auf eine Orientierung an staatlichen Normen verzichtet, da sie der staatlichen Hilfe entbehren zu können glaubt.

## II. Das Ausbleiben des Rückgriffs auf die staatlichen Gerichte

### *1. Der Rückgriff auf die staatlichen Gerichte*

Die wirksame Vereinbarung eines Schiedsgerichts entzieht den Rechtsstreit den staatlichen Gerichten. An ihrer Stelle entscheidet das Schiedsgericht über den geltend gemachten Anspruch. Jedoch sehen die staatlichen Rechte während des Schiedsverfahrens oder nach Erlaß des Schiedsspruchs bestimmte Hilfsmaßnahmen der staatlichen Gerichte vor, mit deren Wahrnehmung die Kontrolle der rechtlichen Zulässigkeit von Schiedsvertrag, Schiedsverfahren und Schiedsspruch verbunden ist.

a) Bereits während des schiedsgerichtlichen Verfahrens besteht die Möglichkeit des Rückgriffs auf die staatlichen Gerichte durch Parteien oder Schiedsrichter. Bei Fragen der Ernennung oder Ablehnung von Schiedsrichtern, der Vornahme vorläufiger oder sichernder Maßnahmen, der Erhebung von Beweisen, insbesondere der Vernehmung von Zeugen oder ihrer Beeidigung, und der Erzwingung der Vorlage von Dokumenten können Parteien oder Schiedsrichter auf die staatlichen Gerichte angewiesen sein[8].

b) Seine eigentliche Bedeutung hat der Rückgriff auf die Gerichte aber nach Erlaß des Schiedsspruchs. Das staatliche Recht sieht die Entscheidung staatlicher Gerichte über Rechtsmittel gegen den Schiedsspruch vor und stellt bei Erfüllung der Vollstreckungsvoraussetzungen[9]

---

[8] *Panchaud,* Rev. Arb. 1966, 3 spricht treffend von der „autorité judiciaire d'appui".

[9] Auf die Bedeutung der staatlichen Kontrollfunktion vor Ausübung staatlicher Zwangsgewalt zur Vollstreckung des Schiedsspruchs verweist auch *Schwab,* KTS 1961, 24.

die Zwangsorganisation des Staates zur Vollstreckung des Schiedsspruchs zur Verfügung.

### *2. Die Gründe des Ausbeibens des Rückgriffs auf die staatlichen Gerichte*

Die vorgesehene Hilfstätigkeit staatlicher Gerichte kann sich aber aus zwei Gründen erübrigen. Daß staatliche Hilfe nicht benötigt wird, wenn ein Problem, für dessen Lösung der Staat sie in Aussicht stellt, nicht aufgetreten ist, ist offensichtlich. So erübrigt die freiwillige Vollstreckung des Schiedsspruchs die Inanspruchnahme staatlichen Zwangs. Andererseits aber haben institutionelle Schiedsgerichte und Wirtschaftsverbände besondere Mechanismen entwickelt, um einem solchen Problem, wenn es auftritt, mit nicht-staatlichen Mitteln zu begegnen. Auch in diesem Fall ist die Hilfe staatlicher Gerichte entbehrlich. Zur Erläuterung mag vorerst der Hinweis auf die Ausübung nicht-staatlicher Zwangsmittel gegen den widerstrebenden Schuldner bei der Vollstreckung des Schiedsspruchs genügen. Nicht-staatliche Zwangsmittel ersetzen der Funktion nach die staatlichen Sanktionen.

a) Schiedssprüche werden in den meisten Fällen freiwillig vollstreckt[10]. Es stellt ebenfalls die Ausnahme dar, daß während des Verfahrens ein Problem, welches das Eingreifen einer außerhalb des Verfahrens stehenden Autorität erfordert, auftritt. In der Regel ist damit das konkrete Verfahren während seines Verlaufs und nach Erlaß des Schiedsspruchs tatsächlich von staatlichen Institutionen getrennt. Eine Mißachtung selbst zwingender Vorschriften für Schiedsvertrag, Schiedsverfahren und Schiedsspruch führt nicht zu der in der Verweigerung staatlicher Hilfe bestehenden Sanktion[11].

b) Gerade die organisierte Schiedsgerichtsbarkeit verläßt sich aber nicht auf das Ausbleiben von Komplikationen bei der Bildung des Schiedsgerichts und während des Ablaufs des Schiedsverfahrens. Sie bereitet sich in ihren Schiedsordnungen auf diese Eventualität vor und versucht, ihr im Rahmen ihrer eigenen Schiedsorganisation beizukommen[12]. Daß dadurch zugleich der Rückgriff auf die staatlichen Gerichte vermieden werden soll, ist selbstverständlich.

---

[10] Vgl. dazu *Carabiber*, Arbitrage, S. 94; *ders.*, Recueil 1960 (I), 204; *Fouchard*, Arbitrage, S. 462 f.; *Eisemann*, JCLQ 1966, 734 f.

[11] Vgl. *Fouchard*, Arbitrage, S. 18 „... l'arbitrage sera plus apatride qu'étranger. Il pourra le rester si le juge n'intervient pas ...".

[12] Vgl. zur Unabhängigkeit der Schiedsgerichte von staatlichen Hilfsfunktionen *Bruns*, ZZP 70, 21 und 9: „Heute können die großen Organisationen der Hilfsfunktionen des Staates fast völlig entraten"; *Mezger*, EMS, S. 32; *Kornblum*, Unabhängigkeit, S. 80, 119 (Zur Ersetzung der Schiedsrichter).

Als Beispiel für die bei der Bildung des Schiedsgerichts vorgesehenen Mechanismen sei auf die Schiedsordnung der Internationalen Handelskammer verwiesen. Deren Art. 7 weist dem Schiedsgerichtshof der Internationalen Handelskammer[13] die Funktionen der ersatzweisen Ernennung des oder der Schiedsrichter (Art. 7 Abs. 2) oder der Entscheidung über die Schiedsrichterablehnung zu (Art. 7 Abs. 4). Dabei handelt es sich um Tätigkeiten, für welche die deutsche ZPO in §§ 1029 II, 1031 S. 1, 1032, 1045 die Hilfe staatlicher Gerichte zur Verfügung stellt. Die Entscheidungsbefugnis über die Ablehnung von Schiedsrichtern kann tatsächlich den Rückgriff auf die staatlichen Gerichte vermeiden, wenn die ablehnende Partei sich mit der Entscheidung über die Ablehnung zufriedengibt. Davon ist allerdings die Frage zu trennen, ob das staatliche Gericht, wenn die ablehnende Partei im Verfahren auf Vollstreckbarerklärung oder im Wege der Aufhebungsklage den behaupteten Ablehnungsgrund erneut vorbringt, an die Entscheidung des Schiedsgerichtshofs gebunden ist[14].

Auch eine in den Schiedsordnungen vorgesehene Entscheidungsbefugnis des Schiedsgerichts über seine eigene Zuständigkeit kann den Rückgriff auf das staatliche Gericht tatsächlich vermeiden, wenn die die Zuständigkeit des Schiedsgerichts bestreitende Partei sich mit der Entscheidung abfindet. Allerdings beruht es auf einem Mißverständnis, auch dem Institut der Kompetenz-Kompetenz diese Fähigkeit zuzuschreiben und es als einen Erfolg der institutionellen Schiedsgerichtsbarkeit „en dehors des autorités étatiques“[15] zu qualifizieren. Die Frage der Kompetenz-Kompetenz des Schiedsgerichts ist die nach der Bindung des staatlichen Gerichts an die Entscheidung des Schiedsgerichts über seine eigene Zuständigkeit[16]. Damit bezieht sie sich aber auf die staatliche Anerkennung der schiedsrichterlichen Unabhängigkeit bei Rückgriff auf das staatliche Gericht. Die Kompetenz-Kompetenz vermeidet den Rückgriff auf den Staat nicht, sondern hat ihren Wert erst im Falle des Rückgriffs. Sie ist der Frage der Bindung des staatlichen Gerichts an die Entscheidung über die Ablehnung des Schiedsrichters durch eine nicht-staatliche Stelle vergleichbar, nicht aber der Ablehnungsentscheidung selbst[17].

---

[13] Der Schiedsgerichtshof entscheidet nicht selbst über die Streitigkeiten (Art. 7 Abs. 1). Vgl. dazu *Eisemann*, JCLQ 1966, 727 f.

[14] Vgl. zum Streitstand der Diskussion über die Bindung des staatlichen Gerichts an die Ablehnungsentscheidung *Baumbach-Schwab*, S. 112; vgl. auch *Kornblum*, ZZP 80, 20 ff.

[15] *Fouchard*, Arbitrage, S. 461.

[16] Vgl. *Schwab*, KTS 1961, 17.

[17] Nur nebenbei sei auf weitere Mechanismen, etwa auf die Vornahme vorläufiger und sichernder Maßnahmen durch die Schiedsrichter (vgl. *Fouchard*, Arbitrage, S. 121 f. und S. 470. Die Schiedsordnung der IHK verweist die Parteien insoweit auf die staatlichen Gerichte; Art. 13 Abs. 5) hingewiesen (vgl. auch *Kornblum*, Unabhängigkeit, S. 120).

c) Vollstreckt der Schuldner den gegen ihn ergangenen Schiedsspruch nicht freiwillig, so steht es dem Gläubiger frei, staatlichen Zwang in Anspruch zu nehmen. Auf diese Möglichkeit ist er aber jedenfalls im Rahmen der Verbandsschiedsgerichtsbarkeit[18] nicht beschränkt. Wirtschaftsverbänden und ihren Schiedsgerichten stehen eine Reihe von Pressionen zur Verfügung, deren Ausübung die Vollstreckung ohne Rückgriff auf den Staat zu gewährleisten vermag[19]. Schiedsrichter und Verbände werden sich bemühen, „d'utiliser cette pression, en la ‚canalisant' sous différentes formes de sanctions corporatives menaçant le récalcitrant“[20].

*Fouchard* hat in seinem Bemühen, die Existenz einer von staatlichen Normen und Institutionen gelösten Schiedsgerichtsbarkeit nachzuweisen, den außerstaatlichen Sanktionen besonderes Interesse geschenkt, da nach seiner Ansicht die außerstaatliche Sanktion des Schiedsspruchs die letzte Bedingung für das Bestehen „d'un véritable droit et d'une véritable juridiction arbitrale internationale“[21] darstellt. Er unterscheidet drei Typen von Sanktionen: „... les sanctions pécuniaires, les sanctions morales, les sanctions privatives de droit ou de qualité[22].“

Dabei erscheinen Vorauszahlung eines Geldbetrages an das Schiedsgericht eines Verbandes oder Hinterlegung des Streitobjektes, um die spätere Befriedigung zu sichern, als die selteneren Fälle[23]. Als wirksam erweist sich ferner die Publizierung des illoyalen Verhaltens des den Schiedsspruch nicht vollstreckenden Schuldners. Sie kann bei anderen Mitgliedern eines Wirtschaftsverbandes „une mise à l'index ou une méfiance telle qu'ils seront dissuadés de traiter ultérieurement avec celui qui leur apparaît ainsi comme un coupable“ hervorrufen[24]. Daneben stehen die von einem organisierten Wirtschaftsverband und seinem Schiedsgericht ausgeübten Boykottmaßnahmen, wie der Ausschluß aus dem Wirtschaftsverband, die Weigerung, dem widerstrebenden

---

[18] Vgl. zur Kritik der Verbandsschiedsgerichtsbarkeit *Lorenz*, AcP 157, 268; *Habscheid*, NJW 1962, 5 ff.; *Nußbaum*, JW 1926, 13 ff.; zurückhaltend auch *Carabiber*, Juridictions, S. 148. Vgl. auch *Mezger*, EMS, S. 19: „Das Schiedsgerichtswesen, und zwar gerade in seiner modernen Form des organisierten Schiedsgerichtswesens, steht in einem Zusammenhang mit der zunehmenden Macht der Wirtschaftsverbände aller Art.“ Vgl. aber auch *K. Kohler*, S. 103 ff.

[19] Vgl. dazu *Kornblum*, Unabhängigkeit, S. 81; *ders.*, KTS 1968, 144; *Bruns*, ZZP 70, 22; *Schottelius*, Schiedsgerichtsbarkeit, S. 41; *Kronstein*, N. Y. Univ. L. R. 1963, 677; *ders.*, Kartelle, S. 339 f.; *Krause*, Int. Jahrbuch, Bd. 3, S. 239; *R. Kahn*, Int. Jahrbuch, Bd. 3, S. 186 ff.; *Wenger*, S. 18 f.; *v. Heymann*, S. 201 ff.

[20] *Fouchard*, Arbitrage, S. 467. Vgl. auch *Carabiber*, Juridictions, S. 158; *Kornblum*, Unabhängigkeit, S. 120.

[21] *Fouchard*, Arbitrage, S. 407.

[22] *Fouchard*, Arbitrage, S. 468.

[23] *Fouchard*, Arbitrage, S. 468; vgl. auch *Kronstein*, Kartelle, S. 229; *Kornblum*, Unabhängigkeit, S. 81.

[24] *Fouchard*, Arbitrage, S. 473.

Schuldner weiterhin das Verbandsschiedsgericht zur Verfügung zu stellen, oder der Ausschluß von Börsen oder Märkten, die unter der Kontrolle des Wirtschaftsverbandes stehen[25].

d) Man sollte aber die Möglichkeit, die Vollstreckung von Schiedssprüchen durch nicht-staatliche Sanktionen zu garantieren, nicht überschätzen[26]. Es geht nicht an, seine Vorstellungen vom tatsächlichen Wirken der Schiedsgerichtsbarkeit allein an der Verbandsschiedsgerichtsbarkeit zu orientieren[27]. Denn auf die Schiedsgerichte von Wirtschaftsverbänden[28] oder Kartellen[29] ist die Wirksamkeit wirtschaftlicher Pressionen im wesentlichen beschränkt. Für den Bereich der „Weltschiedsgerichtsbarkeit“[30] haben sie es nicht vermocht, die staatlichen Sanktionen zu ersetzen.

Ein Beispiel für das Scheitern von Versuchen, die nicht-staatliche Vollstreckung auf das Gebiet der Weltschiedsgerichtsbarkeit zu übertragen, bietet die Entwicklung der Schiedsordnung der Internationalen Handelskammer[31]. Sie stellte in ihren Anfängen zwei Arten von Verfahren zur Verfügung, von denen das eine, das der freien Schiedsgerichtsbarkeit zuzurechnen ist, im Vertrauen auf die Standesdisziplin der Kaufleute und die Wirksamkeit nicht-staatlicher Sanktionen[32] auf die Orientierung an staatlichen Normen verzichtete, während sich das andere einer gesetzlichen Regelung unterwarf. Das freie Schiedsverfahren konnte sich nicht behaupten. „Der Versuch scheiterte am Fehlen einer der staatlichen Zwangsgewalt verwandten Einwirkungsmöglichkeit auf die Parteien.“ Außerstaatliche Zwangsmaßnahmen erwiesen

---

[25] *Fouchard*, Arbitrage, S. 477; *Schottelius*, Schiedsgerichtsbarkeit, S. 41. Zu nicht-staatlichen Sanktionen vgl. auch *Goldmann*, Recueil 1963 (II), 476 f.; *Trops*, ZZP 52, 283; *R. Kahn*, Intern. Jahrbuch, Bd. 3, S. 186 ff.; *v. Heymann*, S. 201 f.

[26] Selbst *Fouchard*, Arbitrage, S. 120 ff., 460 und *Goldmann*, Vorwort zu *Fouchard*, Arbitrage, S. VIII f. weisen darauf hin, daß heute der Rückgriff auf die staatlichen Gerichte noch nicht völlig auszuschließen ist.

[27] Vgl. *Bülow*, DNotZ 1968, 513: „Dieses Sonderkapitel ist aber kein Prototyp der allgemeinen Schiedsgerichtsbarkeit“ (zu Verbandsstrafgerichten).

[28] Besonders für die Schiedsgerichtsbarkeit organisierter Wirtschaftsverbände, die innerhalb ihrer Branche oder ihres Gebietes eine beherrschende Stellung einnehmen, vermag die Wirksamkeit von Pressionen die staatlichen Zwangsmittel zu ersetzen (vgl. *Moschel*, KTS 1959, 161 zur Assoziacione Granaria in Mailand). Vgl. aber zur Bedeutung des Machtfaktors in der Verbandsschiedsgerichtsbarkeit *K. Kohler*, S. 103 ff.

[29] Zur Kartellschiedsgerichtsbarkeit vgl. insbesondere *Kronstein*, Kartelle, S. 214 ff., 229 ff. Vgl. auch *Eisemann*, EMS, S. 8: Die in der Schweiz organisierte Kartellschiedsgerichtsbarkeit sichere seit Jahrzehnten ihre „Wirksamkeit durch absolute Selbstdisziplin“.

[30] Vgl. dazu oben § 1 III 3.

[31] Vgl. dazu *Weisbart*, S. 88 f.

[32] Etwa der Veröffentlichung der Nichterfüllung des Schiedsspruchs, vgl. dazu *Weisbart*, S. 89; *Eisemann*, ICLQ 1966, 735.

„sich auf der breiten Ebene einer der gesamten Weltwirtschaft dienenden Institution als Chimäre“[33].

Die in Art. 31 der Schiedsordnung der Internationalen Handelskammer enthaltene generelle Regel bringt die Wandlung der Einstellung klar zum Ausdruck[34]. „... Schiedsgerichtshof und Schiedsrichter ... wirken mit allen Mitteln darauf hin, daß die Vollstreckbarkeit des Schiedsspruchs gesichert ist.“ Damit läßt sich ein nach der Schiedsordnung der Internationalen Handelskammer durchgeführtes Schiedsverfahren in die Grundform der gesetzlich geregelten Schiedsgerichtsbarkeit einordnen. Zwar ist man bestrebt, den Rückgriff auf das staatliche Gericht zu vermeiden[35]. Da die Möglichkeit eines solchen Rückgriffs aber nicht völlig ausgeschaltet ist, orientiert man sich bei der Regelung des Schiedsverfahrens an staatlichen Normen.

### III. Die fehlende Orientierung an staatlichen Normen

#### *1. Fehlen außerstaatlicher Zwangsmaßnahmen*

Fehlt ein außerstaatlicher Zwangsapparat, der wirksam die Funktion der staatlichen Sanktion zu erfüllen vermag, ist es allein dem Zufall überlassen, ob der Rückgriff auf die staatlichen Gerichte notwendig ist oder nicht. Sieht man von dem hypothetischen Fall ab, daß die Parteien auf eine Durchsetzungsfähigkeit des Schiedsspruchs keinen Wert legen[36], so haben sie keine andere Wahl, als sich an staatlichen Normen zu orientieren, um der staatlichen Hilfe nicht entbehren zu müssen[37]. Solange die Möglichkeit des Rückgriffs auf die einzelstaatlichen Gerichte nicht auszuschließen ist, kann sich eine Anmaßung von Freiheiten, die das staatliche Recht nicht selbst gewährt, als riskant erweisen[38].

---

[33] *Eisemann*, EMS, S. 11.

[34] Vgl. zu der entsprechenden früheren Vorschrift *Weisbart*, S. 89. Sie zeige „die Entwicklung des Verfahrens von der Standesdisziplin zur Rechtsverbindlichkeit hin ...“.

[35] Vgl. dazu oben b.

[36] Verbindet sich das Vertrauen auf die freiwillige Vollstreckung des Schiedsspruchs mit einer Einstellung, welche die Gefahr der Verweigerung staatlicher Hilfe in Kauf nimmt — gleichsam „une confiance acceptant le risque (*Borel*, Annuaire 1952 (I), 478; *Gentinetta*, ZSR 1965, 168 Anm. 90; *Klein*, SchwJB 1967, 118) — kann das von vornherein bei Parteien und Schiedsrichtern zu einer bewußten Vernachlässigung des Problems der rechtlichen Anknüpfung des Schiedsverfahrens führen.

[37] So führt *Klein*, SchwJB 1963, 56 f. zu dem das staatliche Recht mißachtenden Schiedsverfahren aus: „Dès qu'il s'agit cependant, et cette distinction est souvent perdue de vue, d'obtenir le concours d'une autorité judiciaire, de tels arbitrages risquent de créer de graves embarras aux intéressés“. Vgl. auch *Mezger*, ITA, S. 229; *Lorenz*, ZHR 1964, 158; *Klein*, SchwJB 1967, 98 ff.; *Lalive*, Recueil 1967 (I), 650; *Robert*, Arbitrage, S. 344.

[38] *Klein*, SchwJB 1963, 57 stellt zu Recht fest, daß der einzige Weg, die Gefahr der Verweigerung staatlicher Hilfe zu bannen, darin besteht, „de donner

## 2. *Außerstaatliche Sanktionen*

Gerade die Verbandsschiedsgerichtsbarkeit hat in den oben[39] dargestellten Pressionen Zwangsmittel zur Verfügung, deren Ausübung den Rückgriff auf die staatlichen Gerichte erübrigen kann[40]. Daß die Wirksamkeit dieses Zwangsapparates es ermöglicht, die Schranken rechtlicher Normen zu mißachten, ist offensichtlich, da die Stellung der rechtlichen Zulässigkeitsfrage wegen des fehlenden Rückgriffs auf die staatlichen Gerichte auszuschließen ist. Die Möglichkeit der außerstaatlichen Durchsetzung der Schiedssprüche bildet das Motiv für die Nichtbeachtung staatlicher Vorschriften[41].

## 3. *Folgerungen*

Die bisherigen Erörterungen haben sich darauf beschränkt, nach den Gründen zu forschen, die es den Schiedsrichtern ermöglichen, staatliche Normen zu vernachlässigen, ohne deshalb die Effektivität von Schiedsverfahren und Schiedsspruch einzubüßen. Aus dem Blickwinkel der Schiedsgerichte ist dabei das entscheidende Moment die Möglichkeit, der staatlichen Zulässigkeitsfrage zu entgehen. Andererseits kommt man aber nicht umhin, aus dieser Grundlage der freien Schiedsgerichtsbarkeit Folgerungen für ihre Behandlung durch den Gesetzgeber und für ihre rechtliche Erörterung zu ziehen.

a) Solange der Gesetzgeber es Parteien und Schiedsrichtern überläßt, von sich aus die Hilfe der staatlichen Gerichte zu beanspruchen, ist es sinnlos, Auswüchse der freien Schiedsgerichtsbarkeit durch zwingende staatliche Normen oder auch durch eine Verschärfung der gesetzlichen Normierung der Schiedsgerichtsbarkeit eindämmen zu wollen. Diese Normen sind praktisch nicht durchsetzbar, da sich die freie Schiedsgerichtsbarkeit nicht an ihnen orientiert und auch die Macht hat, sie ohne Nachteil zu vernachlässigen[42].

b) Es erscheint aber darüber hinaus überflüssig, sich bei der Erörterung der freien Schiedsgerichtsbarkeit nicht auf ihre Erklärung als Instrument wirtschaftlicher Macht zu beschränken, sondern zu versuchen,

---

à l'arbitrage dès l'origine une base impérative". Vgl. auch *Tallon*, Sources, S. 158.

[39] Vgl. oben II 2 c.

[40] So sehen viele Verbandsschiedsgerichte von der Niederlegung der Schiedssprüche — einer Voraussetzung staatlicher Zwangsvollstreckung — wegen der Effektivität nicht-staatlicher Sanktionen überhaupt ab. Vgl. dazu *Krause*, S. 85; *Kronstein*, N. Y. Univ. L. R. 1963, 677.

[41] Vgl. *Leist*, Festgabe für Dernburg, S. 59: Zwingende Normen werden in diesen Fällen oft illusorisch.

[42] Vgl. dazu auch *Kegel*, RabelsZ 1968, 31.

die von ihr tatsächlich angewandten Regeln rechtlich einzuordnen[43]. Zwar finden sich Definitionen des Rechts, die nicht nur das staatliche, sondern auch das „nichtstaatliche Recht" erfassen. Für unsere an Rechtsnormen in dem oben definierten Sinne[44] orientierte Betrachtung sind diese Lehren nicht von Interesse. An dem grundlegenden Unterschied zwischen der den Rechtsnormen konformen Schiedsgerichtsbarkeit, die auf die Hilfe staatlicher Gerichte rechnen kann, und der freien Schiedsgerichtsbarkeit, die dieser Hilfe entbehrt, ändert die Qualifizierung der Regeln der freien Schiedsgerichtsbarkeit als „Recht" der Sache nach zudem nichts.

## § 5. „Außerstaatliche Rechtsbildung" und freie Schiedsgerichtsbarkeit

### I. Außerstaatliche Rechtsbildung

Allein auf die freie Schiedsgerichtsbarkeit können sich die Ausführungen *Fouchards* zur „außerstaatlichen Rechtsbildung"[1] im Bereich der Schiedsgerichtsbarkeit beziehen. *Fouchard* überträgt die von einer Anzahl von Autoren auf dem Gebiet des materiellen Rechts beobachtete „Rechtsbildung" im Rahmen einer internationalen Gemeinschaft der Handelsleute[2] auf die rechtliche Regelung, der die Schiedsgerichtsbarkeit unterworfen ist[3].

---

[43] Vgl. dazu die treffenden Bemerkungen von *Klein*, SchwJB 1967, 115, 100, dessen Aufsatz nach Fertigstellung des Manuskripts erschienen ist.

[44] Vgl. dazu die Einleitung.

[1] Der von *Fouchard* (Arbitrage, S. 351, 401 und Rev. Arb. 1965, 106), *Goldmann* (Recueil 1963 (II), 475 und Arch. phil. dr. 1964, 177), *Kahn* (Vente, S. 365) und *Rubellin-Devichi* (Arbitrage, S. 127) zur Kennzeichnung des außerstaatlichen Rechts verwendete Begriff der „lex mercatoria" ist mehrdeutig. Während er für diese Autoren ein echtes — außerstaatliches — Weltrecht in dem unten zu definierenden Sinne kennzeichnet, dient er anderen lediglich als schlagwortartige Umschreibung verschiedener Rechtsmaterien ohne Vorwegnahme ihrer rechtlichen Einordnung. Für sie sind die Gegenstände der „lex mercatoria" rein „faktisches" Weltrecht (vgl. *Eisemann*, Incoterms, S. 65). So zählt *Schmitthoff* zur „lex mercatoria" auch internationale Konventionen (RabelsZ 1964, 61; vgl. auch Bülck, ZHR 1968, 166). Eine gewohnheitsrechtliche Rechtsbildung im außerstaatlichen Bereich lehnt er ab (RabelsZ 1964, 61; vgl. auch *Kegel*, Recueil 1964 (II), 261; *Gentinetta*, ZSR 1965, 171; *Eisemann*, Incoterms, S. 51).

[2] Vgl. *Ph. Kahn* für das Gebiet des internationalen Kaufes. Die außerstaatliche Gemeinschaft der Kaufleute habe sich ihre eigenen Normen geschaffen, eine „véritable charte, base de la société extraétatique et internationale, qu'ils forment". (*Ph. Kahn*, Vente, S. 17; vgl. auch *ders.*, für Investitionsverträge zwischen Staaten und Privaten, Clunet 1966, 387; vgl. die Besprechung von *Ph. Kahn*, Vente, durch *Lorenz*, ZHR 1964, 140 ff.). *Goldmann* erkennt das „außerstaatliche Recht" insbesondere für internationale Gesellschaften an (*Goldmann*, Clunet 1963, 320 ff.; *ders.*, Recueil 1963 (II), 474 f.). Auch *Fouchard*, Arbitrage, S. 407 ff. behandelt die „außerstaatliche

### *1. Die privaten Quellen der Regelung der internationalen Schiedsgerichtsbarkeit*

Die internationale Schiedsgerichtsbarkeit schöpfe ihre Regelung heute aus öffentlichen Quellen — den staatlichen Rechten und internationalen Konventionen — und solchen privater Natur[4]. Das „außerstaatliche Recht" der Praktiker der internationalen Schiedsgerichtsbarkeit[5] erfasse in bezug auf die rechtliche Regelung der Schiedsgerichtsbarkeit als Institution verschiedene Materien: die Bestimmungen über die Schiedsgerichtsbarkeit in Formularverträgen, allgemeinen Geschäftsbedingungen und in Kodifikationen von Handelsbräuchen, die Schiedsordnungen von Verbänden und Schiedsorganisationen und die Entscheidungen der Schiedsgerichte über verfahrensrechtliche Fragen[6]. Die Schiedsordnungen stellten „de véritables petits codes de procédure arbitrale" dar[7].

### *2. Die rechtliche Bewertung der privaten Quellen der Regelung der internationalen Schiedsgerichtsbarkeit*

*Fouchard* qualifiziert diese Regeln als Teil einer von der internationalen Gemeinschaft der Kaufleute geschaffenen „außerstaatlichen Rechtsordnung"[8]. Als von der „société extraétatique" geschaffene und in ihr geltende Rechtsnormen ordnet er Regeln von einer gewissen Allgemeinheit ein, die von einer Autorität erlassen sind und sich in ein rechtliches System einfügen[9]. Diese Regeln müssen schließlich mit einer außerstaatlichen Sanktion bewehrt sein[10].

### *3. Die Definition des Rechts*

Diese Definition des Rechts greift die von der herrschenden Lehre vertretene Rechtsquellenlehre in ihren Grundlagen an. Während die

---

Rechtsbildung" auf materiellrechtlichem Gebiet. Vgl. auch *Rubellin-Devichi*, S. 127; *Peyrefitte*, D. 1965, Chr. 119 f.; mit Vorbehalten *Lalive*, Recueil 1967 (I), 649.

[3] *Fouchard*, Arbitrage, S. 41 ff.; vgl. auch *Goldmann*, Recueil 1963 (II), 347 ff. für das von den Schiedsgerichten anzuwendende Kollisionsrecht. Der Meinung von *Fouchard* schließt sich *Kaiser*, S. 21, weitgehend an.

[4] *Fouchard*, Arbitrage, S. 27 ff.

[5] *Fouchard*, Arbitrage, S. 41: „... naissance et développement d'un droit des praticiens de l'arbitrage commercial international".

[6] *Fouchard*, Arbitrage, S. 41 ff.; *ders.*, Rev. Arb. 1965, 103.

[7] *Fouchard*, Rev. Arb. 1965, 103.

[8] *Fouchard*, Arbitrage, S. 41: „... la „communauté internationale des commerçants" a créé ses propres règles, en fonction de ses propres besoins".

[9] *Fouchard*, Arbitrage, S. 45 f.

[10] *Fouchard*, Arbitrage, S. 47 f. (vgl. zu den Kriterien für das Gebiet des materiellen Rechts S. 402 ff., 407).

herrschende Lehre die Rechtssetzung dem Staat vorbehält[11] und die Satzungsautonomie der Verbände auf staatliche Gestattung zurückführt[12], eliminiert *Fouchard* stillschweigend[13] das staatliche Eelement. *Eisemann* hat zu Recht den Wert derartiger von soziologischen Vorstellungen[14] ausgehender Lehren bezweifelt. „Unserer nach Vereinheitlichung strebenden modernen Welt ... ist nicht mit Lehren gedient, die an die Stelle des Staates und völkerrechtlicher Verbindungen „inorganisierte" — oder gar „embryonale" Berufsgruppen als „Organe der Rechtserzeugung" setzen zu müssen glauben"[15].

Wir können uns im Rahmen unserer Betrachtungen, die von der rechtlichen Zulässigkeitsfrage ausgehen, darauf beschränken, darzulegen, warum sich die behauptete außerstaatliche Rechtsbildung im Rahmen der Schiedsgerichtsbarkeit allein auf die freie Schiedsgerichtsbarkeit beziehen kann. Ob man darüber hinaus Regeln, die der staatlichen Sanktion entbehren und nach ihrer Definition auf sie verzichten müssen, mit dem Begriff des „Rechts" kennzeichnen soll, geht über die Grenzen unserer Untersuchungen hinaus. Praktische Bedeutung hat diese „rechtliche" Einordnung der kraft wirtschaftlichen Zwangs durchgesetzten Regeln nicht.

### II. Außerstaatliche Rechtsbildung und freie Schiedsgerichtsbarkeit

Drei Momente der von *Fouchard* dargestellten supranationalen Schiedsgerichtsbarkeit erlauben es uns, ihre Problematik der freien Schiedsgerichtsbarkeit zuzuordnen.

---

[11] Vgl. dazu *Eisemann*. Incoterms, S. 33.

[12] Vgl. *Lehmann-Hübner*, Allgemeiner Teil, § 3 II 3.

[13] Dagegen setzt sich *Goldmann*, Recueil 1963 (II), 476, mit diesem Problem auseinander. Nicht nur der Staat sei eine zur Rechtssetzung befugte Autorität. Allein dem Staat Rechtssetzungbefugnis zuzugestehen, bedeute, eine Frage mit einer Frage zu beantworten. *Kahn*, Vente, S. 365, sieht den Grund des „Postulates" der alleinigen Rechtssetzungsbefugnis durch den Staat in der nicht mehr zutreffenden Annahme, allein dem Staat komme Zusammenhalt und Organisation zu, die zu einer wirksamen Rechtssetzung erforderlich seien. Auch bei anderen Gemeinschaften ließen sich „cohésion" und „organisation" erkennen.

[14] Man beruft sich auf die Rechtslehre von *Scelle*, an deren Ausgangspunkt die Annahme steht, jede Gemeinschaft erzeuge Recht — ubi societas, ibi jus (vgl. im einzelnen *Scelle*, Précis, S. 6; *ders.*, Recueil 1933 (IV), 339 ff.; *ders.*, Festschrift für *Wehberg*, S. 325). Zurückhaltend gegenüber der „universalistischen Abstraktion" der Lehre *Scelle's* auch *Bülck*, ZHR 131, 173.

[15] *Eisemann*, Incoterms, S. 65. Vgl. zu den Gründen im einzelnen S. 52 f.: Von einem Zurücktreten des staatlichen Rechtsmonopols könne keine Rede sein; außerdem müsse in der heutigen Gesellschaft die Rechtsschöpfung fast notwendig von einem Zentralorgan ausgehen (vgl. auch *ders.*, Festschrift für *Fragistas*, S. 329 f.). Gegen die außerstaatliche Rechtsschöpfung auch *Kegel*, Recueil 1964 (II), 257 ff.; *Mann*, Liber Amicorum for *Domke*, S. 160: „all these attempts ... are profitless". (Vgl. kritisch zur Auffassung von *Mann*: *Langen*, NJW 1969, 358 und *Reismann*, Syracuse L. R. 1968, 171).

### 1. *Die Definition der supranationalen Schiedsgerichtsbarkeit*

*Fouchard* definiert die supranationale Schiedsgerichtsbarkeit als eine von staatlichen Normen und staatlichen Autoritäten gelöste und supranationalen Normen und Autoritäten unterworfene Schiedsgerichtsbarkeit[16]. Vergegenwärtigt man sich die Bedeutung der möglichen Einschaltung staatlicher Gerichte für die Orientierung der Schiedsgerichtsbarkeit an den Normen des staatlichen Rechts, so verschiebt sich mit der Lösung von staatlichen Autoritäten die Problematik auf das Gebiet der freien Schiedsgerichtsbarkeit[16a]. Die rechtliche Zulässigkeit der Vernachlässigung staatlicher Normen weicht der Frage nach der tatsächlichen Möglichkeit ihrer Nichtbeachtung.

Allerdings wird diese Feststellung erschwert, da *Fouchard* supranationale Schiedsgerichtsbarkeit und Teile der normierten Schiedsgerichtsbarkeit[17] als zwei verschiedene Entwicklungsstufen der Schiedsgerichtsbarkeit betrachtet. Stufen einer Entwicklung, deren Ziel die supranationale Schiedsgerichtsbarkeit sei[18]. In Wahrheit handelt es sich aber bei der oben definierten Schiedsgerichtsbarkeit um einen Teil der qualitativ von der anderen Grundform der Schiedsgerichtsbarkeit verschiedenen freien Schiedsgerichtsbarkeit[19]. Der Gedankengang wäre klarer, wenn die Lösung der Schiedsgerichtsbarkeit von staatlichen Autoritäten und ihre Unterwerfung unter außerstaatliche Autoritäten in den Vordergrund gestellt würde. Die veränderte Einstellung zu staatlichen Normen hat ihren Grund allein in der institutionellen Trennung und ist dieser damit nicht gleichrangig.

### 2. *Die fehlende Orientierung an staatlichen Normen*

Unsere Bemerkungen werden bestätigt, wenn man beachtet, welche Materien *Fouchard* zu den Gegenständen des außerstaatlichen Rechts rechnet, dessen Normen die supranationale — vom Staat gelöste — Schiedsgerichtsbarkeit unterworfen sein soll. Dazu zählen insbesondere jene Schiedsordnungen, deren Verfasser es systematisch vermie-

---

[16] *Fouchard*, Arbitrage, S. 23.

[16a] Auch das von *Robert*, Arbitrage, S. 503, 504, 506 als künftig denkbar dargestellte, vom staatlichen Recht gelöste Schiedsverfahren ist ein freies Schiedsverfahren. Der fehlende Rückgriff auf den staatlichen Richter ist dabei das entscheidende Moment. Ein solches Schiedsverfahren sei nicht möglich, solange „l'exécution des sentences demeurera fonction d'une mise en oeuvre des lois nationales (503)".

[17] Allein für diese ist das Europäische Übereinkommen von Interesse.

[18] Vgl. *Fouchard*, Arbitrage, S. 27.

[19] Vgl. zum Unterschied von freier und nomierter Schiedsgerichtsbarkeit *Eisemann*, EMS, S. 8.

den haben, sich an den staatlichen Rechten zu orientieren[20]. Der Blickwinkel ist also nicht auf die Frage der rechtlichen Zulässigkeit gerichtet. Eine Nachlässigkeit, die wegen der Existenz außerstaatlicher Sanktionen ohne rechtliche Nachteile bleiben kann. Damit begegnen wir aber wieder den beiden Kriterien, die uns zur Charakterisierung der freien Schiedsgerichtsbarkeit gedient haben, die — als dem Bereich des tatsächlich Möglichen, nicht des rechtlich Zulässigen zugeordnet — aus unseren Betrachtungen ausscheidet.

### 3. *Die Bedeutung der nicht-staatlichen Sanktion*

Auch die Definition des außerstaatlichen Rechts gestattet, es der freien Schiedsgerichtsbarkeit zuzuordnen. Nach der Definition von *Fouchard* bildet die außerstaatliche Sanktion eines der konstituierenden Elemente des außerstaatlichen Rechts[21]. Ist aber die Sanktion außerstaatlich, so bleibt die durch den staatlichen Richter gestellte Zulässigkeitsfrage notwendigerweise aus[22].

---

[20] Vgl. *Fouchard*, Arbitrage, S. 44: „Les rédacteurs de ces règlements ... ont trouvé des solutions généralement efficaces, sans recourir, et même en évitant systématiquement de le faire, aux droits nationaux". Dabei übersieht *Fouchard* allerdings, daß eine Reihe von Schiedsordnungen sich durchaus an den staatlichen Rechten orientiert. Vgl. zur Vergleichs- und Schiedsordnung der IHK oben § 4 II.

[21] *Fouchard*, Arbitrage, S. 47.

[22] Auch *Goldmann*, Recueil 1963 (II), 476 f. erachtet für die außerstaatliche Rechtsbildung auf materiellrechtlichem Gebiet die außerstaatliche Sanktion für wesentlich (a. A. aber *Kahn*, Vente, S. 41). Daß die außerstaatliche Sanktion tatsächlich der Angelpunkt dieser Lehre ist, verdeutlicht die Technik der außerstaatlichen Durchsetzung des „außerstaatlichen" Rechts. Den Schiedsrichtern werden im Rahmen der außerstaatlichen Rechtsordnung die gleichen Befugnisse zugestanden, welche die staatlichen Gerichte innerhalb einer staatlichen Rechtsordnung ausüben — außerstaatliche Rechtsprechungsorgane der außerstaatlichen Rechtsordnung. Natur und wahre Funktion der internationalen Schiedsgerichtsbarkeit verpflichteten sie zur Anwendung der „gewohnheitsrechtlichen" Regeln des internationalen Handels von Amts wegen (*Fouchard*, Arbitrage, S. 415). Die Schiedsgerichtsbarkeit sei ein „véritable pouvoir juridictionnel de cette société internationale des commerçants" (*Fouchard*, Arbitrage, S. 403). Neben der Existenz der außerstaatlichen Sanktion sei das Wirken der Schiedsgerichte die Bedingung für das normative Wirken des außerstaatlichen Rechts. „... la valeur normative de ce droit anational résulte surtout, dans cette communauté extraétatique, de l'existence d'organes chargés de le consacrer et de le faire respecter..." (*Fouchard*, Arbitrage, S. 403). Zur Wechselwirkung zwischen materiellrechtlicher Entwicklung und Schiedsgerichtsbarkeit vgl. auch *Biedenkopf*, S. 128 f.; *Schmitthoff*, RabelsZ 1964, 72 ff. Auf die Bedeutung von Schiedsgerichtsbarkeit und außerstaatlicher Sanktion für die „Rechtsentwicklung" auf materiellrechtlichem Gebiet weist auch *Batiffol*, Rev. Arb. 1957, 112, hin. Vgl. auch *Peyrefitte*, D. 1965, Chr. 119; *Batiffol*, Droit international privé, S. 634 f.

### *4. Normierte Schiedsgerichtsbarkeit und außerstaatliche Rechtsbildung*

Daß *Fouchard* die außerstaatliche Sanktion als eines der konstituierenden Momente des außerstaatlichen Rechts anerkennt, sollte es ihm verwehren, seine Lehre auch auf den Bereich der normierten Schiedsgerichtsbarkeit zu übertragen. Kommt es zum Rückgriff auf die staatlichen Gerichte, hat sich die außerstaatliche Sanktion nicht als wirksam erwiesen. Schon deshalb kann man aber in allen Fällen, in denen internationale Konventionen über die Schiedsgerichtsbarkeit von staatlichen Gerichten angewendet werden, die Anerkennung der außerstaatlichen Rechtsbildung durch die internationalen Konventionen ausschließen, da es in concreto ein außerstaatliches Recht, zu dem nach seiner Definition die außerstaatliche Sanktion gehört, nicht geben kann[23].

## III. Zusammenfassung

Zwei Grundformen der Schiedsgerichtsbarkeit gilt es zu unterscheiden: freie und normierte Schiedsgerichtsbarkeit. Die freie Schiedsgerichtsbarkeit verzichtet auf eine Orientierung an staatlichen Rechtsnormen, weil die Existenz nicht-staatlicher Mechanismen und Sanktionen es ihr ermöglicht, der staatlichen Hilfe zu entbehren. Gerade wegen dieser institutionellen Trennung vom Staat erweist sich die gesetzliche Normierung als ungeeignetes Mittel, die Auswüchse der freien Schiedsgerichtsbarkeit einzudämmen.

Versuche, die Existenz einer „außerstaatlichen" Rechtsschöpfung im Bereich der Schiedsgerichtsbarkeit nachzuweisen, können sich allein auf die freie Schiedsgerichtsbarkeit beziehen. Sie geben lediglich eine „rechtliche" Erklärung der durch Androhung und Ausübung wirtschaftlichen Zwangs garantierten Regeln der freien Schiedsgerichtsbarkeit. Eine Übertragung dieser Lehre auf die normierte Schiedsgerichtsbarkeit verbietet ihre eigene Definition des Rechts, der die außerstaatliche Sanktion als wesentliches Element angehört.

---

[23] Vgl. dazu im einzelnen § 10 III.

*Dritter Teil*

# Die Anerkennung schrankenloser Parteivereinbarungen in den internationalen Konventionen

*Erster Abschnitt*

## Die Ansatzpunkte der supranationalen Schiedsgerichtsbarkeit in den internationalen Konventionen

### § 6. Die Problemstellung

Gerade für die sich an Rechtsnormen orientierende Schiedsgerichtsbarkeit hat das Problem des „détachement de l'arbitrage des législations étatiques" Bedeutung. Allerdings stellt sich für diese Grundform der Schiedsgerichtsbarkeit nicht die Frage, ob es den Parteien tatsächlich möglich ist, auf die Beachtung staatlicher Normen zu verzichten, sondern ob Rechtsnormen die Vernachlässigung staatlicher Normen für zulässig erklären. Von diesen Rechtsnormen gilt es folglich auszugehen. Wir bezeichnen sie als Ansatzpunkte für die Lösung der Schiedsgerichtsbarkeit vom staatlichen Recht in den internationalen Konventionen.

#### I. Die Ansatzpunkte

*1. Schrankenlose Parteivereinbarungen*

Den wesentlichsten Ansatzpunkt für eine Lösung der privaten internationalen Schiedsgerichtsbarkeit vom staatlichen Recht bildet die Befugnis zum Abschluß von Parteivereinbarungen, denen der Vorrang vor dem Gesetz zukommt. In diesem Ansatzpunkt kommt die Grundidee, im Rahmen der Schiedsgerichtsbarkeit die staatlichen Bewertungsmaßstäbe nach Möglichkeit zu beseitigen, am klarsten zum Ausdruck, da das staatliche Recht auf rein subsidiäre Funktionen eingeschränkt ist[1].

---

[1] Vgl. dazu unten II.

Der Tatsache, daß auch die zwingenden Normen der staatlichen Rechte die Parteivereinbarungen nicht beschränken, wollen wir im Begriff der Befugnis der Parteien zum Abschluß „schrankenloser Parteivereinbarungen“ Rechnung tragen. Die sich aus dem Bereich der zum ordre public gehörenden Bestimmungen ergebenden Grenzen der Parteifreiheit bleiben in dieser Kennzeichnung außer Betracht.

### 2. *Kompetenz-Kompetenz*

Die Qualifizierung anderer Rechtsinstitute als Ansatzpunkte beruht weitgehend auf der Ähnlichkeit des durch sie zu erreichenden praktischen Ergebnisses mit dem Vorrang der Parteivereinbarungen vor zwingenden staatlichen Normen. So ermöglicht die Kompetenz-Kompetenz tatsächlich die rechtliche Anerkennung eines Schiedsspruches, der auf einer unwirksamen Schiedsvereinbarung der Parteien beruht, in der die zwingenden Normen der sie beherrschenden staatlichen Rechtsordnung nicht beachtet wurden[2].

### 3. *Parteiautonomie*

a) Die Befugnis der Parteien zur Rechtswahl bildet als solche keinen Ansatzpunkt für die Lösung der Schiedsgerichtsbarkeit vom staatlichen Recht. Nach der h. M. beschränkt sich die kollisionsrechtliche Frage jedenfalls im Rahmen der Schiedsgerichtsbarkeit[3] darauf, einen Konflikt zwischen mehreren staatlichen Rechtsordnungen zu lösen. Auch die Befugnis der Parteien zur Wahl der das Rechtsverhältnis beherrschenden Rechtsordnung (Parteiautonomie) ist auf eine staatliche Rechtsordnung eingeschränkt[4].

Zwar kann man auch in der Anerkennung der Macht der Parteien, eine fremde Rechtsordnung zu wählen, die Problematik des Rangverhältnisses zwischen Parteiwillen und Gesetz entdecken[5]. Dieses Rangproblem ist aber anders zu verstehen als das des Vorranges der Parteivereinbarungen vor dem Gesetz. Es beschränkt sich auf die Befugnis, „die inländische Rechtsordnung und deren Institutionen zu überspielen“[6]. Dennoch führt auch die Rechtswahl wieder zu einer (gewählten)

---

[2] Vgl. dazu unten III.

[3] Vgl. aber zur Zulässigkeit der Verweisung auf die allgemeinen Rechtsgrundsätze in Hinblick auf die Regelung der Hauptsache *Schlesinger-Gündisch*, RabelsZ 1964, 29 ff.; *Neuhaus*, S. 175. Vgl. außerdem zur Meinung von *Fragistas* unten § 12 I.

[4] Vgl. *Fouchard*, Arbitrage, S. 3; *Köhn*, KTS 1956, 132: „Keine Rechtsordnung verweist in einen rechtsleeren Raum“; *Wengler*, Festschrift für *Lewald*, S. 615.

[5] Vgl. *Kronstein*, Kartelle, S. 272.

[6] *Kronstein*, Kartelle, S. 273.

staatlichen Rechtsordnung und ihren zwingenden Normen[7] und sagt damit über den Vorrang der Parteivereinbarungen vor diesen Normen nichts aus. Auch die Möglichkeit der Wahl eines besonders genehmen Rechts[8] ändert nichts an der Unterwerfung unter eine staatliche Rechtsordnung und ihre Schranken.

b) Es ist aber durchaus möglich, die Rechtswahl mit der Befugnis der Parteien zum Abschluß von dem Gesetz vorgehenden Parteivereinbarungen zu verbinden[9]. In diesem Fall liegt das Hauptgewicht bei den Parteivereinbarungen, denen es gestattet ist, auch die zwingenden Normen der gewählten Rechtsordnung abzuändern. Die gewählte Rechtsordnung hat insoweit keine Kontrollfunktionen. Ihre Rechtsnormen gelten subsidiär. Bedeutung hat die Verbindung von Rechtswahl und vorrangigen Parteivereinbarungen insbesondere für die Bestimmung der für die Hilfstätigkeiten während des Schiedsverfahrens zuständigen Gerichte[10].

c) Die Befugnis der Parteien zur Rechtswahl kann, auch wenn sie nicht mit dem Vorrang der Parteivereinbarungen vor dem staatlichen Recht verbunden ist, im Ergebnis zu einer Vernachlässigung zwingender Normen führen, wenn sie auch die Verweisung auf eine Rechtsordnung trägt, welche zwingende Normen über die Schiedsgerichtsbarkeit nicht enthält[11].

### 4. *Billigkeitsentscheidung*

Als Ansatzpunkt scheidet dagegen die Befugnis der Parteien, eine Billigkeitsentscheidung zu vereinbaren, aus. Zwar umfaßt die Befreiung des amiable compositeur von der Beachtung staatlicher Normen auch die Bestimmungen des Verfahrensrechts[12].Die Bindung an zwingende staatliche Normen ist ihm aber nicht erlassen[13].

## II. Schrankenlose Parteivereinbarungen

Die Befugnis der Parteien, einen Schiedsvertrag zu schließen und Vereinbarungen über das Schiedsverfahren zu treffen, beruht auf dem Rechtsinstitut der Privatautonomie.

---

[7] Vgl. *Mezger*, EMS, S. 30; *Haudek*, S. 10.

[8] *Kronstein*, Kartelle, S. 277.

[9] Vgl. dazu im einzelnen § 11.

[10] Vgl. dazu unten § 9 I 3.

[11] Vgl. im einzelnen § 12 II.

[12] Vgl. dazu *Riedberg*, S. 5, 24 ff.; *Landolt*, S. 32; *v. Heymann*, S. 196.

[13] Vgl. dazu *Schottelius*, Schiedsgerichtsbarkeit, S. 59 f.; *ders.*, EMS, S. 77; *Robert*, Liber Amicorum for *Domke*, S. 227; *ders.*, Arbitrage, S. 408; *Kornblum*, KTS 1968, 155; *Mezger*, ITA, S. 231; *v. Heymann*, S. 197; *Kessler*, S. 44 ff; *Marx*, bei *Schönke*, Schiedsgerichtsbarkeit, Bd. 2, S. 19 ff. Vgl. auch die zurückhaltenden Ausführungen *Fouchards*, Arbitrage, S. 33 gegenüber dem Rechtsinstitut des amiable compositeur.

### 1. *Privatautonomie und Parteiautonomie*

Privatautonomie ist die Rechtsmacht der Parteien, ihre Rechtsbeziehungen unmittelbar inhaltlich zu gestalten. Die Befugnis zur inhaltlichen Gestaltung umfaßt nicht nur die Bildung eigener Bestimmungen durch die Parteien, sondern auch die Übernahme bereits vorhandener Regeln (z. B. Schiedsordnungen) in den Vertragsinhalt. Als Parteiautonomie kennzeichnet man dagegen die Berechtigung der Parteien, ihre Rechtsbeziehungen kraft kollisionsrechtlicher Verweisung einer bestimmten Rechtsordnung zu unterstellen[14]. Diese Terminologie liegt auch den weiteren Ausführungen zugrunde. Die französische Rechtslehre erfaßt beide Rechtsinstitute unter dem Begriff Parteiautonomie — autonomie des parties[15] —, obwohl sie sie der Sache nach unterscheidet.

### 2. *Das Anwendungsgebiet der Privatautonomie*

Durch die Kennzeichnung der Parteibefugnis, Rechtsbeziehungen inhaltlich zu gestalten, als Privatautonomie werden die Parteivereinbarungen nicht notwendigerweise dem materiellen Recht zugeordnet. Auch prozessuale Vereinbarungen sind Ausdruck der Privatautonomie[16]. „Die Privatautonomie gehört dem Gesamtrecht an, auch im Gebiet des Prozeßrechts ist sie anzutreffen[17].“ Das Rechtsinstitut des Vertrages — eine der Ausdrucksformen der Privatautonomie — ist nicht auf das materielle Recht beschränkt. Verträge gibt es auch in anderen Rechtsgebieten[18].

### 3. *Der Umfang der Privatautonomie*

Die herrschende Auffassung sieht in der Privatautonomie keine den Parteien originär zustehende Rechtsmacht, sondern die Gestattung der Parteifreiheit durch die Rechtsordnung[19].

a) Die Privatautonomie auf materiellrechtlichem Gebiet erfordere „begrifflich die Rechtsordnung als Korrelat“[20]. Es sei nicht möglich,

---

[14] Vgl. *Neuhaus*, S. 169.

[15] Vgl. *Neuhaus*, S. 169.

[16] *Schiedermair*, S. 31, 105.

[17] *Schiedermair*, S. 31; H. J. *Hellwig*, S. 30; *Arens*, S. 37; *Habscheid*, KTS 1955, 35; *Schottelius*, Schiedsgerichtsbarkeit, S. 31.

[18] Vgl. *Baumbach-Schwab*, S. 54; *H. J. Hellwig*, S. 30; *Schiedermair*, S. 29 f.

[19] *Nawiasky*, Allgemeine Rechtslehre, S. 213 f.; *Schottelius*, Schiedsgerichtsbarkeit, S. 56: „Vertragsfreiheit bedeutet nicht Freiheit von jeder Rechtsordnung“; *ders.*, EMS, S. 76 f.

[20] *Flume*, Allgemeiner Teil, § 1, 2; vgl. auch *Lehmann-Hübner*, Allgemeiner Teil, § 3 II 3; *Enneccerus-Nipperdey*, Allgemeiner Teil, § 49 I; *Larenz*, Allgemeiner Teil, § 7 IV.

Verträge im rechtsleeren Raum zu schließen. „Ihre Anerkennung und ihr Schutz durch Gericht und Vollstreckungsbehörde setzt notwendig voraus, daß sie sowohl hinsichtlich der Art und Weise des Zustandekommens wie auch ihres Inhalts den Mindestanforderungen der Rechtsordnung genügen und den bestehenden Gerechtigkeitsvorstellungen, an denen jede Regelung zu messen ist, wenigstens nicht gröblich und offensichtlich widersprechen[21]."

b) Auch die Parteifreiheit auf prozessualem Gebiet sieht man als der Rechtsordnung untergeordnete, von ihr verliehene Rechtsmacht. Die Vertreter der prozessualen Theorie von Schiedsvertrag und Parteivereinbarungen über das Schiedsverfahren sehen in den sie tragenden Rechtsnormen Rechtssätze, „die die Macht der Parteien, ihre Rechtsbeziehungen zu gestalten, erst gewähren, die eine freie Selbstbestimmung und ein ungebundenes Ermessen gestatten und ohne die die hervorgerufenen Wirkungen noch der rechtlichen Bedeutung entbehren. Sie geben und garantieren also dem Handeln des Einzelnen die Anerkennung durch die Gemeinschaft und durch das objektive Recht und tragen den Charakter „ermächtigender" Rechtssätze"[22].

c) Zwei Folgerungen sind aus dieser Auffassung abzuleiten. Parteivereinbarungen müssen notwendigerweise mit einer bestimmten Rechtsordnung verbunden sein, aus der sie ihren Geltungsgrund ableiten. Aus dieser Rechtsordnung bestimmen sich auch die Schranken des rechtlich Zulässigen. Ihre zwingenden Normen bilden den Rahmen, innerhalb dessen sich die Freiheit der Parteien entfalten kann[23].

### *4. Das Fehlen der rechtlichen Schranken*

Der Ansatzpunkt des Vorranges der Parteivereinbarungen vor dem staatlichen Recht weist gegenüber der den Parteien nach den staatlichen Rechten an sich zustehenden Privatautonomie Besonderheiten[24] auf. Auf welche der beiden aus der herrschenden Auffassung von der Privatautonomie gezogenen Folgerungen sich die Besonderheit erstreckt, ist umstritten.

a) Nach ihrem Wortlaut beschränken sich die Bestimmungen internationaler Konventionen, die als Ansatzpunkte für die Lösung der Schiedsgerichtsbarkeit vom staatlichen Recht zu gelten haben, darauf, die Schranken der Parteivereinbarungen in den staatlichen Rechten weitgehend zu beseitigen. Parteivereinbarungen haben Vorrang auch

---

[21] *Larenz*, Schuldrecht, Bd. 1, § 5.

[22] *Schiedermair*, S. 47.

[23] Vgl. *Schottelius*, EMS, S. 77.

[24] Von einer besonderen Art von Privatautonomie spricht *Klein*, Rev. crit. 1958, 480.

vor zwingenden staatlichen Normen. Lediglich einige fundamentale Grundprinzipien werden als unabdingbar betrachtet. Damit ist es an sich vereinbar, die Geltungsgrundlage der Parteivereinbarungen in gestattenden Normen des positiven Rechts zu sehen[25].

b) Die verschiedenen Auffassungen über den Rechtscharakter der Schiedsgerichtsbarkeit haben auf diese Problematik keinen Einfluß. Sie betrifft allein die Erklärung der Wirkungen der Normen internationaler Konventionen auf das staatliche Recht. Sowohl das materielle als auch das prozessuale Recht sind aber durch die Vorschriften internationaler Konventionen beeinflußbar. Die Aussage, das Prozeßrecht fasse den Bereich der Privatautonomie enger als das materielle Recht[26], ist nur dort von Interesse, wo es um eine von der Rechtsordnung nicht ausdrücklich geregelte Zulässigkeitsfrage geht. Ebenso wie aus der Rechtsnatur des Schiedsvertrages abgeleitete Erwägungen über die Zulässigkeit des Schiedsvertrages dort überflüssig werden, wo der Gesetzgeber den Schiedsvertrag für zulässig erklärt hat, sind es auch Erörterungen über den Umfang der Parteifreiheit auf prozessualem Gebiet, wenn Rechtsnormen ihn klar umgrenzen.

### 5. *Supranationale Ordnung*

Der Begriff des „détachement de l'arbitrage des législations étatiques" wird aber überwiegend nicht als Erweiterung der Parteifreiheit auf rechtlicher Grundlage verstanden. Man legt ihm vielmehr die Bedeutung der rechtlichen Trennung der Schiedsgerichtsbarkeit vom staatlichen Recht bei. Den Rückschluß auf diese Bedeutung des Begriffs gestattet uns die Qualifizierung der schrankenlosen Parteivereinbarungen als supranationaler rechtlicher Ordnung. Die Varianten dieser Auffassung haben wir bereits kennengelernt. Sie reichen von der selbständigen verbindlichen Kraft von Parteivereinbarungen über ihre Geltungsgrundlage in überpositiven Prinzipien zu einer die Parteivereinbarungen beherrschenden außerstaatlichen Rechtsordnung[27].

Am Ausgangspunkt einer Auseinandersetzung mit diesen Ideen muß betont werden, daß der Wortlaut der als Ansatzpunkte in Frage kommenden Bestimmungen hinsichtlich der Berechtigung dieser Auffassungen neutral ist. Der Wortlaut selbst nimmt nicht zur Existenz einer supranationalen Ordnung Stellung. Vielmehr werden der allgemeinen Rechtslehre entnommene Vorstellungen auf die Regelung der

---

[25] Vgl. dazu im einzelnen unten § 11.

[26] Auf die Vorteile der materiellrechtlichen Auffassung für die internationale Schiedsgerichtsbarkeit verweist *K. Blomeyer*, Festgabe für *Rosenberg*, S. 62. Vgl. allgemein zum Umfang der Privatautonomie auf prozessualem Gebiet: *H. J. Hellwig*, S. 30; *Arens*, S. 37.

[27] Vgl. oben § 3 IV 2.

internationalen Konventionen übertragen. Bei der Prüfung der Bestimmungen internationaler Konventionen gilt es deshalb in zwei Stufen vorzugehen. Die erste Frage geht dahin, ob internationale Konventionen schrankenlose Parteivereinbarungen zulassen[28]. Daran erst schließt sich die Problematik an, inwieweit schrankenlose Parteivereinbarungen, wenn sie zulässig sind, als supranationale Ordnungen zu qualifizieren sind[29].

### *6. Der Einfluß des Theorienstreits über die Rechtsnatur der Schiedsgerichtsbarkeit*

Diese Trennung hat Auswirkungen nicht nur hinsichtlich der Prüfung internationaler Konventionen, sondern auch für die behauptete Abhängigkeit der Anerkennung einer supranationalen Schiedsgerichtsbarkeit von der Rechtsnatur der Schiedsgerichtsbarkeit. So betont *Panchaud* die Verbindung von materiellrechtlicher Natur der Schiedsgerichtsbarkeit und der Annahme ihrer Supranationalität. «La thèse de l'arbitrage supranational sans nationalité, ni siège, trouve un appui dans la conception „contractualiste" de l'arbitrage[30].»

a) Wenn eine internationale Konvention Parteivereinbarungen ohne rechtliche Schranken zuläßt, so ist jedenfalls diese Zulassung von der Rechtsnatur der Schiedsgerichtsbarkeit unabhängig. Sie mag den Vertretern der verschiedenen Theorien systemgerecht oder systemwidrig erscheinen, Geltung beansprucht sie unabhängig von den Theorien[31].

b) Jedoch kann sich darüber hinaus die Interpretation der Schiedsgerichtsbarkeit als supranational nicht einmal[32] auf die materiellrechtliche Theorie in der von der herrschenden Auffassung vertretenen Ausprägung berufen. Auch sie geht von der Anknüpfung von Schiedsvertrag, Schiedsverfahren und Schiedsspruch an ein bestimmtes staatliches Recht aus, das den Parteivereinbarungen ihre verbindliche Kraft verleiht[33]. Nicht die „conception contractualiste" allein, sondern aus der allgemeinen Rechtslehre entlehnte Vorstellungen sollen die Begründung für den supranationalen Charakter der Schiedsgerichtsbarkeit abgeben.

---

[28] Siehe unten §§ 7, 8, 9.
[29] Siehe unten §§ 10, 11.
[30] *Panchaud*, Rev. Arb. 1966, 5.
[31] Vgl. oben 4.
[32] Vgl. zu der nach allen Theorien positiv zu beantwortenden Frage der Unterwerfung der Schiedsgerichtsbarkeit unter das positive Recht oben § 2 II 2.
[33] Vgl. *Klein*, SchwJZ 1961, 230: „Une loi positive doit s'interposer au départ pour préciser, par exemple, dans quelles conditions un consentement est valable."

### 7. *Annäherung an die kollisionsrechtliche Verweisung*

Mit der Qualifizierung der Parteivereinbarungen und der in sie aufgenommenen oder sie beherrschenden privaten Regeln als supranationaler rechtlicher Ordnung nähert sich der Hinweis auf die Parteivereinbarungen in den Konventionen einer kollisionsrechtlichen Verweisung auf die Parteivereinbarungen an[34]. Die Konvention verweist auf sie, wie sie auf eine staatliche Rechtsordnung verweisen könnte. Bereits in den Vorarbeiten zum Vorentwurf der Internationalen Handelskammer begegnen wir diesem Gedanken. Es gebe keinen Grund für eine unterschiedliche Behandlung der Unterwerfung des Verfahrens unter ein staatliches Recht und unter die von den Parteien angenommenen privaten Regeln (z. B. die Schiedsordnung der Internationalen Handelskammer)[35].

## III. Kompetenz-Kompetenz

Als weiterer Ansatzpunkt für die Lösung der Schiedsgerichtsbarkeit von staatlichen Normen im staatlichen Recht gilt die Kompetenz-Kompetenz der Schiedsgerichte.

### 1. *Begriff*

Die Kompetenz-Kompetenz ist gerade für eine Schiedsgerichtsbarkeit von Interesse, die auf die Hilfe der staatlichen Gerichte Wert legt. Denn die Frage der Kompetenz-Kompetenz des Schiedsgerichts ist die nach der Bindung des staatlichen Gerichts an die Entscheidung des Schiedsgerichts über seine Zuständigkeit[36].

### 2. *Was erlaubt die Kompetenz-Kompetenz?*

a) Die Wirkung der Kompetenz-Kompetenz beschränkt sich unmittelbar darauf, das staatliche Gericht an die Entscheidung des Schiedsgerichts über seine Zuständigkeit zu binden. Den Schiedsrichtern wird damit nur gestattet, über ihre Zuständigkeit endgültig zu entscheiden.

---

[34] So verweist *Klein*, Festgabe, S. 150 und *ders.*, SchwJB 1963, 55; *ders.*, ZZP 76, 344; *ders.*, SchwJB 1967, 95 zum Vorentwurf der IHK auf eine eigenartige Verbindung von Privat- und Parteiautonomie.

[35] *Herbert*, IHK-Broschüre, Nr. 160, S. 9: „Cependant, de l'avis de la Commission, on ne saurait invoquer aucune raison valable pour justifier cette discrimination entre la soumission des parties à une procédure établie par la loi nationale et une convention qui stipule l'application des règles de procédure adoptées par les parties dans leurs contrats".

[36] Vgl. *Schwab*, KTS 1961, 17.

b) Die Einräumung der Kompetenz-Kompetenz ist dagegen begrifflich nicht mit einer Befreiung der Schiedsrichter von der Beachtung staatlicher Normen verbunden. Die Kompetenz-Kompetenz räumt als solche den schiedsrichterlichen Entscheidungen nicht den Vorrang vor zwingenden staatlichen Normen ein.

c) Eine Mißachtung staatlicher Normen kann lediglich mittelbar ohne die Sanktion der Verweigerung staatlicher Hilfe bleiben, weil die Entscheidung der Schiedsgerichte für die staatlichen Gerichte bindend und damit nicht nachprüfbar ist.

### 3. *Was ermöglicht die Kompetenz-Kompetenz tatsächlich?*

Weichen die Schiedsrichter bei der Entscheidung über die Zuständigkeit des Schiedsgerichts von staatlichen Normen ab, so ist eine die Zuständigkeit bejahende Entscheidung unrichtig. Erst eine unrichtige, aber nicht nachprüfbare Entscheidung stellt eine Beziehung zwischen der Kompetenz-Kompetenz und der Lösung der Schiedsgerichtsbarkeit von staatlichen Normen her. Entscheidet das Schiedsgericht trotz Einräumung der Kompetenz-Kompetenz richtig, so ist keine Lösung von staatlichen Normen festzustellen.

a) Die Zuständigkeit der Schiedsgerichte zur Entscheidung einer Streitigkeit beruht auf dem Schiedsvertrag der Parteien. Die Rechtsordnung gesteht den Parteien die Befugnis, eine Streitigkeit dem Schiedsgericht zu übertragen, aber nur unter bestimmten Voraussetzungen zu (z. B. der Schiedsfähigkeit des Streitgegenstandes). Bei Nichtbeachtung dieser Voraussetzungen ist die Vereinbarung der Parteien unwirksam, das Schiedsgericht damit unzuständig. Die Kompetenz-Kompetenz des Schiedsgerichts kann durch eine unrichtige, aber nicht nachprüfbare Entscheidung diese Mindestanforderungen der Rechtsordnung umgehen, da das Schiedsgericht alle seine Zuständigkeit betreffenden Fragen mit bindender Wirkung entscheidet.

b) Faßt man die Kompetenz-Kompetenz des Schiedsgerichts als eine das schiedsgerichtliche Verfahren betreffende Frage auf, so kann sich bei Vorrang der Parteivereinbarungen vor dem Gesetz hinsichtlich der Regelung des Verfahrens die Befugnis der Parteien auch auf die Vereinbarung der Kompetenz-Kompetenz erstrecken. Auch hier bietet erst eine unrichtige Entscheidung des Schiedsgerichts über seine Zuständigkeit einen über den Vorrang der Parteivereinbarungen hinausgehenden zusätzlichen Aspekt des Problems der Lösung der Schiedsgerichtsbarkeit vom staatlichen Recht.

### *4. Rechtliche Konsequenzen*

Damit kann die Kompetenz-Kompetenz zu einem „praktisch von jeder nationalen Rechtsordnung“[37] gelösten Schiedsverfahren führen. Da diese Konsequenz sich jedoch nur bei unrichtiger Entscheidung des Schiedsgerichts ergibt, kann man keine Folgerungen für eine positive supranationale Ordnung der Schiedsgerichtsbarkeit aus der durch die Kompetenz-Kompetenz zu erreichenden Lösung von staatlichen Normen ziehen.

a) *Habscheid* präzisiert somit zu Recht, daß die Zugehörigkeit der Kompetenz-Kompetenz zur Problematik eines internationalen Schiedsverfahrens sich allein aus einer praktischen Lösung des Schiedsverfahrens vom staatlichen Recht ergibt[38]. Damit wird allerdings ein neuer Begriff der Supranationalität eingeführt, der sich nicht auf eine positive supranationale Ordnung, sondern auf eine praktisch vom staatlichen Recht nicht getragene Schiedsgerichtsbarkeit bezieht.

b) Der Annahme *Fouchards*, es handle sich bei der Kompetenz-Kompetenz um eine Erweiterung der rechtlichen „autonomie de l'arbitrage commercial international“[39], können wir nicht folgen. Durch die Kompetenz-Kompetenz — in ihrer speziellen Wirkung bei der Bindung des staatlichen Gerichts an eine unrichtige schiedsgerichtliche Entscheidung — erweitert sich lediglich der nicht durch die Sanktion der Verweigerung staatlicher Hilfe erfaßte Bereich. Um eine Anerkennung außerstaatlicher Rechtsschöpfungen durch das staatliche Recht geht es nicht.

## IV. Die Auslegung der Ansatzpunkte

Die Bedeutung der als Ansatzpunkte in internationalen Konventionen insbesondere in Betracht kommenden Bestimmungen der Art. 2 Abs. 1 Genfer Protokoll, Art. V Abs. 1 d UN-Übereinkommen und Art. IV Abs. 1 Europäisches Übereinkommen ist umstritten. Der Möglichkeit einer Stellungnahme ist die Frage vorgeschaltet, nach welchen Interpretationsregeln sie auszulegen sind. Bei den auszulegenden Bestimmungen handelt es sich um Normen, die nach ihrem Inhalt zur unmittelbaren Anwendung im innerstaatlichen Bereich geeignet sind, da sie nicht erst den Vertragsstaaten die Vertragsdurchführung durch be-

---

[37] *Habscheid*, KTS 1964, 151.

[38] Vgl. *Habscheid*, KTS 1964, 150 f.

[39] *Fouchard*, Arbitrage, S. 155; vgl. auch *Motulsky*, Rev. Arb. 1959, 6: „... cette manière de voir exprime la tendance à délier l'arbitrage international *totalement* de l'emprise des législations nationales et à consacrer, en la matière, une autonomie absolue de la volonté“.

sondere Maßnahmen überlassen[40]. Ob diese in Verträgen, die unter die Kategorie der „self executing treaties" fallen, enthaltenen Normen nach ihrer Wirksamerklärung im innerstaatlichen Bereich nach den für die Auslegung innerstaatlicher Gesetze geltenden (unmodifizierten) Auslegungsprinzipien oder nach völkerrechtlichen oder der Besonderheit völkerrechtlicher Konventionen Rechnung tragenden staatlichen Auslegungsregeln zu interpretieren sind, ist bestritten.

### *1. Besonderheit völkerrechtlicher Auslegungsprinzipien*

Ob innerstaatliche (unmodifizierte) oder völkerrechtliche Auslegungsprinzipien anzuwenden sind, ist von allgemeiner Bedeutung. Zwar sind auch die Auslegungsprinzipien des Völkerrechts nur „eine Projektion der Auslegungsregeln der allgemeinen Rechtslehre auf die besonderen Verhältnisse des zwischenstaatlichen Verkehrs"[41] und damit von den innerstaatlichen Auslegungsprinzipien nicht wesensmäßig verschieden[42]. Jedoch haben gerade die Besonderheiten der zwischenstaatlichen Beziehungen zu „spezifisch völkerrechtlichen Auslegungsprinzipien"[43] geführt. Die mit ihrer Hilfe ermittelten Interpretationsergebnisse können von der mit innerstaatlichen Regeln erzielten Auslegung abweichen[44].

### *2. Auslegung und Vollzugslehre*

Wenig problematisch ist die Stellungnahme für die Vollzugslehre[45]. Werden völkerrechtliche Verträge im innerstaatlichen Bereich wirksam, ohne ihre völkerrechtliche Natur zu ändern, so sind sie nach allgemeiner Ansicht nach völkerrechtlichen Interpretationsregeln auszulegen[46]. Eine Folgerung, die man aus der Beibehaltung des völkerrechtlichen Charakters der Verträge zieht[47].

### *3. Auslegung und Transformationslehre*

Auch die Transformationslehre, die formal zur innerstaatlichen Geltung völkerrechtlicher Verträge ihre Umformung in innerstaatliches

---

[40] Vgl. zum Begriff des „self executing treaty" *Bernhardt*, Abschluß, S. 26.
[41] *Mosler*, Praxis, S. 25.
[42] Vgl. *Boehmer*, S. 88.
[43] *Boehmer*, S. 88.
[44] *Boehmer*, S. 88.
[45] Vgl. dazu oben § 3 V 2.
[46] Vgl. *Seidl-Hohenveldern*, ICLQ 1963, 118: Die bei der Auslegung der Verträge anzuwendenden „rules of interpretation ... ought to be those of international law"; *Mosler*, Praxis, S. 25 f.; *Partsch*, Berichte der DGesVR, Heft 6, S. 109 f.; *Boehmer*, S. 90 f.; *Steindorff*, JZ 1963, 205.
[47] Vgl. *Partsch*, Berichte der DGesVR, Heft 6, S. 110.

Recht verlangt[48], berücksichtigt aber die Besonderheit der völkerrechtlichen Verträge bei der Auslegung[49]. Ob man dabei die verwendeten Auslegungsprinzipien als ihrer Natur nach zum Völkerrecht gehörend[50] betrachtet oder von der Praxis lediglich verlangt, sich an den von völkerrechtlichen Gerichten entwickelten Auslegungsprinzipien zu orientieren, die ihrer Natur nach einzelstaatliche — jedoch nicht mit den sonst für die Auslegung innerstaatlichen Rechts geltenden identisch — sein können, ändert am Ergebnis nichts.

Einer die Besonderheiten der durch völkerrechtlichen Vertrag geschaffenen und in innerstaatliches Recht transformierten Norm überhaupt beachtenden Lehre ist es möglich, sich an den von völkerrechtlichen Gerichten entwickelten Interpretationsprinzipien[51] zu orientieren, da auch die völkerrechtlichen Gerichte in ihren Interpretationsregeln auf die Besonderheit der Normschöpfung durch völkerrechtlichen Vertrag abstellen, die eine besondere Beachtung der Souveränität der vertragsschließenden Staaten, des Willens der Signatarstaaten und ihrer Verpflichtung, die völkerrechtlichen Verbindlichkeiten voll zu erfüllen, verlangt[52]. Darüber hinaus ist aber zu beachten, daß eine „Harmonie" der Auslegung „mit der Praxis anderer Staaten ... nur dann erreicht" werden kann, „wenn man den Staatsvertrag ... nach international anerkannten Grundsätzen auslegt. Das sind die Auslegungsregeln, welche internationale Gerichte ... für die Auslegung von Staatsverträgen entwickelt haben, und die heute zum gesicherten Bestandteil der völkerrechtlichen Praxis gehören"[53]. Wir wollen diese Regeln im folgenden als völkerrechtliche Auslegungsregeln bezeichnen, ohne dabei zu der für die Transformationslehre schwer vertretbaren[54] völkerrechtlichen Natur dieser Prinzipien Stellung zu nehmen.

---

[48] Vgl. aus der Rechtsprechung insbesondere BGH 17, 313 f.

[49] Vgl. RG 130, 221: „Bei der Auslegung eines internationalen Abkommens ist ... in erster Linie maßgebend der aus dem Wortlaut, dem Zweck und der Entstehungsgeschichte zu ermittelnde Wille der Vertragsstaaten. Immerhin wird hier bei Zweifeln dem Wortlaut einer Einzelbestimmung regelmäßig doch größere Bedeutung beizumessen sein als bei *der Auslegung von Normen des innerstaatlichen Rechts* durch den Richter des Heimatstaates" (hervorgehoben durch Verf.); RG 104, 352; RG, JW 1932, 243; BVerfG 4, 168: „Bei der Auslegung des Abkommens sind die für die Auslegung völkerrechtlicher Verträge allgemein entwickelten Grundsätze anzuwenden".

[50] Vgl. zu dieser umstrittenen Frage die Meinungen der 1. Kommission bei *Partsch*, Berichte der DGesVR, Heft 6, S. 111; *Boehmer*, S. 89: „Ausgehend von der Annahme, daß der Gesetzgeber bei der Transformation dasjenige Recht erlassen hat, das dem völkerrechtlich verbindlichen Vertragsinhalt entspricht, ist dieser Vertragsinhalt nach völkerrechtlichen Auslegungsregeln zu ermitteln". Allerdings sieht *Seidl-Hohenveldern*, ICLQ 1963, 118, die Gefahr „that municipal rules of interpretation could become applicable".

[51] Vgl. dazu *Bernhardt*, Auslegung, S. 58 ff.

[52] Vgl. *Boehmer*, S. 88.

[53] *Mann*, SJZ 1950, 550.

[54] Vgl. *Partsch*, Berichte der DGesVR, Heft 6, S. 111.

*Zweiter Abschnitt*

# Die völkerrechtlichen Konventionen

## § 7. Das Genfer Protokoll von 1923 und das Genfer Abkommen von 1927

### I. Die Ansatzpunkte in Genfer Protokoll und Genfer Abkommen

#### *1. Art. 2 Abs. 1 Genfer Protokoll und Art. 1 Abs. 2 c Genfer Abkommen*

Ansatzpunkt für den Vorrang der Parteivereinbarungen im Genfer Protokoll ist Art. 2 Abs. 1. Nach dieser Bestimmung[1] sind für das Verfahren in Schiedssachen einschließlich der Zusammensetzung des Schiedsgerichts der Parteiwille und die Gesetzgebung des Landes maßgebend, auf dessen Gebiet das Schiedsverfahren stattfindet. Art. 1 Abs. 2 c Genfer Abkommen[2] nennt als Voraussetzung der Vollstreckung eines unter den Anwendungsbereich des Abkommens fallenden Schiedsspruchs, daß dasjenige Schiedsgericht entschieden hat, das gemäß der Vereinbarung der Parteien und dem auf das Schiedsverfahren anwendbaren Recht gebildet wurde. Für manche Autoren wiederholt sich in dieser Vorschrift die Problematik des Art. 2 Abs. 1 Genfer Protokoll, da sie das anwendbare Recht nach Art. 2 Abs. 1 Genfer Protokoll bestimmen[3].

#### *2. Der unklare Wortlaut des Art. 2 Abs. 1 Genfer Protokoll*

Der Wortlaut der Vertragsbestimmung im natürlichen Wortsinn, auf den bei der Auslegung primär abzustellen ist[4], läßt eine eindeutige Interpretation nicht zu. Vielmehr beruhen gerade auf der unklaren Abfassung dieser Vorschrift die Kontroversen[5] über ihren Sinn.

---

[1] RGBl. 1925 II 47.

[2] RGBl. 1930 II 1068.

[3] Vgl. *Bülow*, Juristen-Jahrbuch 1961/62, 71; *Robert*, Arbitrage, S. 528. Gegen eine Verbindung beider Vorschriften *Contini*, AJCL 1959, 301 f; *Mezger*, ITA, S. 237.

[4] Vgl. *Dahm*, Bd. 3, S. 43 f.; *Berber*, Bd. 1, S. 443; RG 130, 221.

[5] Der Meinungsstreit um Art. 2 Abs. 1 Genfer Protokoll hat an Bedeutung verloren, da nach Art. VII Abs. 2 UN-Übereinkommen das Genfer Protokoll und das Genfer Abkommen unter den Vertragsstaaten, die das UN-Über-

a) Unklar ist nicht nur der Begriff des Parteiwillens, der sowohl als Parteiautonomie als auch als Privatautonomie verstanden werden kann[6], sondern auch die Bedeutung des Rechts des Verfahrenslandes. Damit können lediglich die Bestimmungen des Landesrechts über das Schiedsverfahren gemeint sein, aber auch sein Kollisionsrecht.

b) Besonders umstritten ist aber das Verhältnis beider Elemente, die nach dem Wortlaut des Art. 2 Abs. 1 gleichrangig nebeneinander zur Geltung kommen sollen[7]. Gerade kumulativ lassen sich beide Tatbestandsmerkmale aber nicht zur Geltung bringen[8]. Sieht man mit der überwiegenden Ansicht in Art. 2 Abs. 1 eine Anknüpfungsnorm, die das Schiedsverfahren an das Recht des Verfahrenslandes bindet, kann dem Parteiwillen nicht zusätzlich die Befugnis zur Rechtswahl zugestanden werden[9]. Dem Recht des Verfahrenslandes ist auch der konkrete Parteiwille nicht gleichrangig, sondern den zwingenden Vorschriften der herrschenden Rechtsordnung untergeordnet.

c) Von der vollen Geltung eines der beiden Tatbestandsmerkmale sind Abstriche zu machen, will man sie in ein sinnvolles Verhältnis zueinander bringen. In unserem Zusammenhang ist dabei allein von Interesse, ob sich ein Vorrang der Parteivereinbarungen vor gesetzlichen Vorschriften nach Art. 2 Abs. 1 vertreten läßt, dagegen nicht die Frage, aus welcher Rechtsordnung sich etwaige Schranken der Parteivereinbarungen bestimmen.

## II. Der Vorrang der Parteivereinbarungen vor dem Gesetz

Den Parteivereinbarungen wird nicht notwendigerweise der Vorrang vor zwingenden gesetzlichen Bestimmungen eingeräumt, wenn man das Rangverhältnis zwischen Parteiwillen und Gesetz in Art. 2 Abs. 1 zugunsten des Parteiwillens löst. Haben die Parteien nur die

---

einkommen ratifiziert haben, außer Kraft getreten sind. Beide Genfer Verträge treten in vollem Umfang außer Kraft (vgl. *Quigley*, Yale L. J. 70, 1072; *Wetzmüller*, S. 69 f.; *Bülow*, JBl. 1961, 310; a. A. *Minoli*, Riv. trim. dir. proc. civ. 1958, 961 f.).

[6] Vgl. *Mezger*, RabelsZ 1959, 240 f.

[7] Dem Wortlaut des Art. 2 Abs. 1 widerspricht es jedenfalls, Parteiwillen und Gesetz alternativ zur Geltung zu bringen (vgl. dazu ablehnend auch *Bülow*, RiW 1956, 39), denn diese Vorschrift verlangt zumindest die Berücksichtigung beider Momente. Zwar kommt bei alleiniger Berücksichtigung des Rechts des Verfahrenslandes die Privatautonomie im Rahmen der zwingenden Vorschriften dieses Rechts zur Wirkung. Wird jedoch allein den Parteivereinbarungen die Regelung zugestanden, schaltet man das Tatbestandsmerkmal „Recht" aus.

[8] Vgl. *Bülow*, RiW 1956, 39; *Renggli*, S. 39; *Migliazza*, Atti, S. 234.

[9] Selbständige Bedeutung kann dem Parteiwillen dagegen bei der von *Mezger* vorgeschlagenen Interpretation zukommen. Allerdings geht dabei die Gleichberechtigung des konkreten Parteiwillens mit dem Gesetz auch verloren (vgl. unten III 2).

Befugnis der Rechtswahl[10], so sind sie an die Schranken der zwingenden Normen der gewählten Rechtsordnung gebunden. Allerdings wird man nicht sagen können, daß die Autoren, die Art. 2 Abs. 1 im Sinne des Vorranges des Parteiwillens auslegen, in erster Linie die Möglichkeit der Rechtswahl im Auge haben[11]. Zumeist erscheint gerade die Befugnis zur Rechtswahl als durchaus zweitrangige Frage[12]. Für die Anhänger der Lösung der Schiedsgerichtsbarkeit vom staatlichen Recht verlagert sich das Interesse notwendigerweise auf die schrankenlosen Parteivereinbarungen. »Le conflit traditionnel entre lois étatiques passe en réalité au deuxième plan . . .[13].«

### *1. Schrankenlose Parteivereinbarungen und supranationale Ordnung*

Nur ein Teil der Autoren, die in Art. 2 Abs. 1 ein Zugeständnis des Vorranges der Parteivereinbarungen vor dem Gesetz erblicken, qualifizieren die Parteivereinbarungen positiv als supranationale Ordnung[14].

a) *Fouchard* sieht in Art. 2 Abs. 1 die Anerkennung einer „autonomie complète de la volonté“[15], welcher verpflichtende Kraft zukommt, ohne daß das staatliche Recht ihr diese Wirkung verleiht[16]. Nach der Auslegung von *Carabiber* ist das Schiedsverfahren nach Art. 2 Abs. 1 allein den Parteivereinbarungen unterworfen, während dem staatlichen Recht lediglich subsidiäre Bedeutung zukommt[17]. Der im reinen Parteiverfahren erlassene Schiedsspruch sei eine „sentence internationale“ oder „apatride“. *Carabiber* sieht seine Ansicht in einigen Urteilen italienischer und schweizerischer Gerichte bestätigt.

b) Tatsächlich haben sowohl der italienische Kassationsgerichtshof[18] als auch schweizerische Gerichte[19] entschieden, daß den Parteivereinbarungen nach Art. 2 Abs. 1 Genfer Protokoll der Vorrang vor zwin-

---

[10] Diese Bedeutung hat der vorrangige Parteiwille bei *Pohle*, Handwörterbuch, Bd. 6, S. 177. Nicht eindeutig *Riezler*, S. 617 f.

[11] So aber *Mezger*, RabelsZ 1959, 240.

[12] Vgl. *Guldener*, S. 162; *Renggli*, S. 68 ff.; *Carabiber*, Recueil (I), 262. Vgl. seit der Aussage von *Mezger*: *Carabiber*, Arbitrage, S. 84; *ders.*, Rev. Arb. 1961, 180; *Fouchard*, Arbitrage, S. 331; *ders.*, Rev. Arb. 1965, 103.

[13] *Fouchard*, Arbitrage, S. 329.

[14] Ausdrücklich gegen einen supranationalen Schiedsspruch im Genfer Protokoll *Niboyet*, Bd. 6, Nr. 2145.

[15] *Fouchard*, Arbitrage, S. 331.

[16] *Fouchard*, Arbitrage, S. 335 zu Art. V Abs. 1 d UN-Übereinkommen, dem er die gleiche Bedeutung zuerkennt.

[17] *Carabiber*, Rev. Arb. 1961, 180 ff.

[18] Rev. Arb. 1955, 107 (109).

[19] Trib. cant. de Lausanne, SchwJZ 1949, 205 ff. (207); ebenso Berner Obergericht, Rev. Arb. 1955, 27; BGE 78, I, 352 ff. (359); Trib. de Genève, Rev. Arb. 1959, 90 ff. (94) mit Anm.

genden staatlichen Normen zukommt[20]. Eine „Entnationalisierung" der Schiedssprüche enthalten diese Entscheidungen nicht[21] und können sie nicht enthalten[22]. Insoweit ist der Interpretation von *Klein* zuzustimmen, die Anwendung des Art. 2 Abs. 1 habe lediglich zu einem „élargissement des dispositions du for" geführt[23].

Die Berechtigung, diese Urteile allgemein als Fälle zu qualifizieren, in denen „la jurisprudence déroge à la loi du for en faveur d'arbitrages régis par cette même loi mais considérés comme internationaux en raison des circonstances dans lesquelles ils se déroulent"[24], beruht aber allein auf dem besonderen Umstand, daß die von den Gerichten vorgenommene Interpretation des Art. 2 Abs. 1 falsch ist[25], und deshalb nicht bereits das Genfer Protokoll, sondern erst das Gericht den Charakter der an sich anwendbaren staatlichen Normen verändert. Wäre die Interpretation des Genfer Protokolls aber richtig, würde das Gericht bereits durch die Konvention modifizierte Normen anwenden und nicht selbst den Charakter der Normen verändern[26].

Dagegen können wir der von *Klein*[27] gezogenen Parallele zwischen diesen Urteilen und dem bereits oben[28] besprochenen arrêt Gosset des französischen Kassationsgerichtshofes nicht zustimmen[29]. Während sich bei der Dispositiverklärung staatlicher Normen durch internationale Konventionen lediglich der zwingende Charakter dieser Normen ändert, sie aber mangels abweichender Parteivereinbarungen anwendbar bleiben[30], ist die im arrêt Gosset von der Rechtsprechung gebildete Sachnorm unmittelbar anwendbar, ohne daß vorher nach Konfliktsrecht eine anzuwendende Rechtsordnung ermittelt wird. Diese besondere Norm erfaßt eine bestimmte Kategorie von Fällen, für die damit zugleich einer abweichenden Norm eines erst nach Konfliktsrecht zu ermittelnden Rechts die Anwendung versagt wird.

---

[20] Vgl. kritisch zu diesen Urteilen *Habscheid*, ZZP 70, 31; *Eisemann*, RiW 1956, 5; *Klein*, Rev. crit. 1958, 486; zustimmend aber der Bericht in Rev. Arb. 1957, 49.

[21] Vgl. *Klein*, SchwJB 1963, 58 Anm. 49; ihm folgend *Gentinetta*, ZSR 1965, 169 f.; *Wenger*, S. 7.

[22] Vgl. unten §§ 10, 11.

[23] *Klein*, SchwJB 1963, 58 Anm. 49 a. E.

[24] *Klein*, SchwJB 1963, 58 Anm. 49.

[25] Daß die Urteile auf einer fehlerhaften Interpretation des Genfer Protokolls beruhen, stellt auch *Klein*, SchwJB 1963, 58 Anm. 49 a. E. klar. Bei *Gentinetta*, ZSR 1965, 170, vermissen wir diesen Hinweis.

[26] Vgl. dazu im einzelnen unten § 11.

[27] *Klein*, SchwJB 1963, 58 Anm. 49.

[28] Vgl. oben § 2 II 3.

[29] Gegen den Hinweis *Gentinettas*, ZSR 1965, 170 Anm. 95, auf die von den französischen Gerichten gebildeten „IPR-Sachnormen" (unter Bezugnahme auf *Motulsky*, Rev. Arb. 1963, 112) bestehen die gleichen Bedenken.

[30] Vgl. im einzelnen unten § 11.

### 2. *Schrankenlose Parteivereinbarungen*

Dagegen gestehen *Guldener* und *Renggli* den Parteien die Befugnis zu schrankenlosen Parteivereinbarungen zu, ohne diese als supranationale Ordnung zu qualifizieren.

a) Nach der Interpretation von *Guldener* können die Parteien dem Schiedsgericht die Kompetenz-Kompetenz einräumen, es von der Begründung des Schiedsspruchs entbinden, ihm eine Hinterlegungsfrist erlassen, auch wenn das Recht des Landes, in dem das Schiedsverfahren stattfindet, insoweit eine andere zwingende Regelung trifft[31]. *Guldener* stellt jedoch an das von den Parteien geregelte Verfahren Mindestanforderungen (rechtliches Gehör, keine Vorzugsstellung einer Partei), über die das Abkommen selbst keine Aussage enthält.

b) Eine ausführliche Begründung für die Anerkennung des Vorranges der Parteivereinbarungen vor dem Gesetz in Art. 2 Abs. 1 gibt allein *Renggli*. Zu Recht trägt er bei der Interpretation dieser Vorschrift der doppelten Bedeutung des Parteiwillens im Sinne von Rechtswahl[32] und von Vereinbarungen der Parteien über das Verfahren Rechnung.

Das Tatbestandsmerkmal Parteiwille erfaßt seiner Ansicht nach auch die Parteivereinbarungen über das Verfahren[33]. Ihnen komme der Vorrang auch vor zwingenden Normen des staatlichen Rechts zu[34]. Damit stehe den Parteien die Möglichkeit offen, ein wahrhaft internationales Schiedsverfahren zu vereinbaren[35], da es ihnen freistehe, auf die Schiedsordnung einer internationalen Schiedsorganisation Bezug zu nehmen, gegenüber der das staatliche Recht lediglich subsidiäre Funktion habe.

Bei der Begründung seiner Ansicht geht *Renggli* davon aus, internationale Verträge seien wie einzelstaatliche Gesetze auszulegen[36]. Somit komme es weniger auf den subjektiven Willen der Schöpfer des Art. 2 Abs. 1 an als auf den objektiven aus dem Genfer Protokoll zu ermittelnden Zweck des Abkommens. Dieser bestehe aber darin, die

---

[31] *Guldener*, S. 162, Beispiele Anm. 180.
[32] Vgl. zu dieser hier nicht interessierenden Frage *Renggli*, S. 41 ff.
[33] *Renggli*, S. 68 ff.; zum Verfahrensbegriff vgl. S. 56 ff.
[34] Je nach der Fallgestaltung bezieht sich der Vorrang sowohl auf die zwingenden Normen einer gewählten Rechtsordnung als auch auf die des Rechts des Verfahrenslandes oder auch auf die zwingenden Vorschriften beider Rechte. Vgl. zu den verschiedenen Fallgestaltungen *Renggli*, S. 49. Ein rechtlich supranationales Schiedsverfahren vertritt *Renggli* folglich nicht, da er von der Anknüpfung des Schiedsverfahrens an ein staatliches Recht ausgeht und lediglich den Parteivereinbarungen den Vorrang vor zwingenden staatlichen Normen einräumt.
[35] *Renggli*, S. 71.
[36] *Renggli*, S. 69 Anm. 3.

internationale Schiedsgerichtsbarkeit zu fördern. Deshalb sei diejenige Auslegung die richtige, die das Schiedswesen fördert, und zwar das Schiedswesen in dem Umfang, den es heute angenommen hat. Im Rahmen der teleologischen Auslegung seien nach Abschluß der Konvention eingetretene Änderungen der wirtschaftlichen und sozialen Verhältnisse zu berücksichtigen. Gerade der Vorrang der Parteivereinbarungen vor zwingenden staatlichen Normen fördere das internationale Schiedswesen, da er es erlaube, die sich aus der Verschiedenheit der staatlichen Rechte ergebenden Schwierigkeiten zu meistern[37].

c) Zwar sind völkerrechtliche Verträge nicht nach den für einzelstaatliche Gesetze geltenden Auslegungsregeln zu interpretieren. Auch für die völkerrechtlichen Interpretationsregeln ist es jedoch anerkannt, daß der im Vertragstext niedergelegte und aus seinen Bestimmungen zu ermittelnde Vertragszweck bei der Interpretation zu berücksichtigen ist[38]. Damit stünde an sich der Weg offen, der Auslegung von *Renggli* zu folgen. Es sei aber angemerkt, daß der Vertragszweck berücksichtigt wird, weil völkerrechtliche Interpretationsregeln es erlauben, und nicht, weil auch bei der Interpretation innerstaatlicher Gesetze der objektive Gesetzeszweck zu beachten ist[39]. Jedoch bestehen Bedenken gegen den Aussagewert des von *Renggli* herangezogenen Vertragszweckes[40].

Eine Interpretation nach dem Vertragszweck hat sich insbesondere davor zu hüten, diese Auslegungsmaxime zu verabsolutieren „und mit einem allgemeinen Zweck- und Utilitätsgedanken" zu identifizieren[41]. Insbesondere kommt es nicht auf die vom Interpreten für zweckmäßig gehaltene Lösung an, sondern auf den im Vertrag niedergelegten Zweck[42]. Auf die Bedeutung der Trennung von objektivem Vertragszweck und subjektiven Wertvorstellungen des Interpreten weist auch *Renggli* hin[43]. Der von ihm ermittelte Zweck des Genfer Protokolls, die Schiedsgerichtsbarkeit zu fördern, ist auch objektiv und durchaus aus dem Vertragstext selbst zu entnehmen.

Dieser Zweck ist aber so allgemein gefaßt, daß er notwendigerweise hinsichtlich der Konkretisierung des Zwecks in praktischen Problemlösungen den subjektiven Wertvorstellungen des Interpreten weiten Spielraum läßt. Zur Interpretation des Art. 2 Abs. 1 Genfer Protokoll

---

[37] Vgl. *Renggli*, S. 68 ff.

[38] Vgl. *Bernhardt*, Auslegung, S. 88 ff. und insbes. die in Anm. 444 S. 89 zitierte Literatur.

[39] Vgl. aber zu der umstrittenen Frage der objektiven oder subjektiven Auslegung staatlichen Rechts *Engisch*, S. 88 ff.

[40] Eine andere Frage ist es, ob bei der Interpretation nach dem Vertragszweck sich ändernde Verhältnisse zu berücksichtigen sind. Vgl. dazu *Dahm*, Bd. 3, S. 49.

[41] *Bernhardt*, Auslegung, S. 89.

[42] Vgl. *Bernhardt*, Auslegung, S. 42.

[43] *Renggli*, S. 73.

eignet sich dieser „Vertragszweck“ nicht. Gerade die Meinungen über die Förderung der Schiedsgerichtsbarkeit durch einen Vorrang der Parteivereinbarungen oder durch eine strenge Bindung an staatliche Normen gehen auseinander. Mit dem Ziel der „Förderung“ der Schiedsgerichtsbarkeit werden sich beide Ansichten in Einklang fühlen. Den Ausschlag bei der Interpretation gibt damit letztlich die subjektive Bewertung des Interpreten.

Diese einzige für den Vorrang der Parteivereinbarungen vor dem Gesetz in Art. 2 Abs. 1 Genfer Protokoll gegebene Begründung erscheint uns deshalb nicht überzeugend. Die Auslegung des Art. 2 Abs. 1 kann sich nicht an dem zu allgemein gefaßten Vertragszweck orientieren.

### 3. *Die Vorarbeiten zum Genfer Protokoll*

Insbesondere der aus den Vorarbeiten zum Genfer Protokoll zu ermittelnde Sinn des Art. 2 Abs. 1 widerspricht aber der Ansicht, daß diese Vorschrift die Befugnis zu schrankenlosen Parteivereinbarungen einräumt.

a) Die Vorarbeiten zum Genfer Protokoll dürfen bei der Interpretation verwertet werden. Die für alle Kategorien von völkerrechtlichen Verträgen streitige Frage, inwieweit dem dem klaren Wortlaut einer Vertragsbestimmung widersprechenden Willen der Vertragsparteien der Vorrang vor dem Wortlaut gebührt[44], kann hier außer Betracht bleiben, da der Wortlaut des Art. 2 Abs. 1 mehrdeutig ist. In diesem Falle ist die Beachtlichkeit des Parteiwillens anerkannt[45], da gerade „der Wille der Kontrahenten ... den Vertrag und seinen Text“ hervorbringt[46]. Zurückhaltend ist man lediglich bei multilateralen Verträgen wie dem Genfer Protokoll, da der Wille der diesen Abkommen nachträglich beigetretenen Vertragsstaaten nicht in den Vorarbeiten vor Abschluß des Vertrages zum Ausdruck gekommen sein kann[47]. Die überwiegende Ansicht läßt aber eine Berücksichtigung der Vorarbeiten auch hier zu, wenn sie den später beigetretenen Vertragsparteien zugänglich waren[48]. Die von der französischen Lehre vorgeschlagene Unbeachtlichkeit des Willens der Vertragsparteien für rechtssetzende Verträge (traités lois), die auch für das Genfer Protokoll gelten würde, hat sich nicht allgemein durchsetzen können[49].

---

[44] Vgl. dazu *Bernhardt*, Auslegung, S. 15 ff.
[45] Vgl. *Bernhardt*, Auslegung, S. 17, 132 f., 109; *Berber*, Bd. 1, S. 444.
[46] *Bernhardt*, Auslegung, S. 32, vgl. auch S. 37 f.
[47] Vgl. *Dahm*, Bd. 3, S. 55.
[48] Vgl. *Bernhardt*, Auslegung, S. 117.
[49] Vgl. dazu *Bernhardt*, Auslegung, S. 23.

b) Daß die Vertragsparteien des Genfer Protokolls den Parteivereinbarungen Schranken setzen wollten, ergibt sich aus den Vorarbeiten[50] zu Art. 2 Abs. 1[51]. *Bülow* verfolgt die Entstehungsgeschichte dieser Vorschrift. Danach ist Art. 2 Abs. 1 erst in einem späten Stadium der Beratungen zum Genfer Protokoll in die Diskussion eingeführt worden. Eine Begründung ihres Inhaltes findet sich in den Erörterungen der Redaktionskommission der 4. Vollversammlung kurz vor der Plenarsitzung. Sie „kehrt wieder im offiziellen Schlußbericht, den der Berichterstatter ... vor der Vollversammlung erstattet hat“[52], und der folglich allen Vertragsstaten bekannt war[53]. Dieser Bericht spricht sich klar für eine Bindung der Parteivereinbarungen an die zwingenden staatlichen Normen aus. «L'article 2 a trait à la procédure de l'arbitrage ... étant bien entendu que la volonté des parties ne peut déroger aux dispositions impératives de la loi du pays[54].« Damit ist jedenfalls für schrankenlose Parteivereinbarungen nach Art. 2 Abs. 1 Genfer Protokoll kein Raum.

### III. Die Anknüpfungsfrage im Genfer Protokoll

Steht somit fest, daß die Parteivereinbarungen nach Art. 2 Abs. 1 nicht von den Schranken staatlicher Gesetze befreit werden, so ist noch offen, aus welchem staatlichen Recht sich diese Schranken im konkreten Fall ergeben. Die Frage nach dem anzuwendenden Recht ist jedoch in unserem Zusammenhang nicht von Bedeutung. Ob man Art. 2 Abs. 1 als Kollisionsnorm interpretiert oder nicht, in jedem Fall sind die Parteivereinbarungen an die Schranken einer sie beherrschenden Rechtsordnung gebunden[55].

#### *1. Art. 2 Abs. 1 als Kollisionsnorm*

Bei einer zwingenden Anknüpfung des Schiedsverfahrens an das Verfahrensrecht des Verfahrenslandes[56] geht aber nicht nur die Möglichkeit zum Abschluß schrankenloser Parteivereinbarungen verloren, sondern auch die Befugnis zur Rechtswahl. Den Parteien verbleibt

---

[50] Zum Begriff der Vorarbeiten vgl. *Bernhardt*, Auslegung, S. 110 ff.

[51] Vgl. zur Entstehungsgeschichte im einzelnen *Greminger*, S. 33 Anm. 1, und *Bülow*, RiW 1956, 39.

[52] *Bülow*, RiW 1956, 39.

[53] Vgl. Greminger, S. 33 Anm. 1.

[54] Zitiert nach *Greminger*, S. 33 Anm. 1.

[55] Vgl. *Wetzmüller*, S. 23.

[56] Vgl. *Bülow*, RiW 1956, 39 f.; *Greminger*, S. 33 f.; *Habscheid*, ZZP 70, 31; *Vollenweider*, S. 125; *Wolff*, JW 1925, 1203; *Bagge*, Nouv. rev. dr. int. pr. 1947, 622; *Cereti*, Riv. dir. comm. 1931 (I), 341 Anm. 1.

lediglich die Möglichkeit, den Verfahrensort zu bestimmen. Dann jedoch ist notwendigerweise das Recht des Verfahrenslandes mit seinen zwingenden Normen anzuwenden. Nur im Rahmen seiner dispositiven Vorschriften kann auf die Bestimmungen eines fremden Rechts verwiesen werden[57]. Um eine kollisionsrechtliche Verweisung handelt es sich dabei nicht. Denn nicht die zwingenden Normen der verwiesenen Rechtsordnung, sondern die des Ortsrechts bilden die Schranken des Schiedsverfahrens[58].

Noch weiter geht *Balladore-Pallieri*, der nicht nur das Schiedsverfahren, sondern auch den Schiedsvertrag nach Art. 2 Abs. 1 an das Recht des Verfahrenslandes anknüpfen will[59]. «... lorsque l'art 2 du Protocole statue que l'arbitrage est réglé par la volonté des parties et par la loi du pays où l'arbitrage a lieu, il statue sans possibilité de controverse que cette même loi a qualité pour régler le compromis et tout l'arbitrage[60].«

Das Tatbestandsmerkmal „Parteiwille" hat bei dieser Auslegung — ebenso wie einer Beschränkung der zwingenden Anknüpfung an das Recht des Verfahrenslandes auf das Schiedsverfahren — keine selbständige Bedeutung, da auch bei einer bloßen Verweisung auf das Recht des Verfahrenslandes von dessen dispositiven Vorschriften abweichende Parteivereinbarungen getroffen werden könnten[61].

### 2. *Offenlassen der Kollisionsfrage*

Sieht man dagegen in Art. 2 Abs. 1 keine Kollisionsnorm[62], sondern nur eine Klarstellung, daß die Signatarstaaten des Genfer Protokolls, wenn sie Schiedsverfahren auf ihrem Gebiet unterstützen und die in diesem Verfahren ergangenen Schiedssprüche vollstrecken sollen, verlangen können, „daß diese Verfahren dem in dem Gebiet des Verfahrenslandes geltenden Recht entsprechen"[63], so ist auch damit über schrankenlose Parteivereinbarungen nichts ausgesagt. Da es den Sig-

---

[57] Vgl. *Greminger*, S. 34; *Bülow*, RiW 1956, 40; *Nußbaum*, IPR, S. 468 Anm. 6.

[58] Vgl. zum Unterschied zwischen materiellrechtlicher und kollisionsrechtlicher Verweisung unten § 12 I 3.

[59] Dagegen zu Recht *Bülow*, RiW 1956, 39 Anm. 41. Vgl zur notwendigen einheitlichen Regelung von Schiedsverfahren und Schiedsvertrag unten § 8 II.

[60] *Balladore-Pallieri*, Recueil 1935 (I), 386; ihm folgend *Sausser-Hall*, Annuaire 1952, 533.

[61] Vgl. *Mezger*, EMS, S. 33; *Eisemann*, EMS, S. 14.

[62] Vgl. auch *Klein*, Considérations, S. 293; *ders.*, Rev. crit. 1958, 486; *ders.*, Festgabe, S. 148; *ders.*, SchwJB 1963, 45; *ders.*, SchwJB 1967, 107 ff.; vgl. auch Cour d'appel Paris, Rev. crit. 1956, 526, dagegen aber *Robert*, Arbitrage, S. 371 Anm. 2, 413 Anm. 1.

[63] *Mezger*, RabelsZ 1959, 244; vgl. *ders.*, ITA, S. 237; *ders.*, EMS, S. 33 Anm. 28.

natarstaaten aber freigestellt wird, ihr Verfahrensrecht oder ihr Kollisionsrecht[64] anzuwenden, kommt den Parteien bei dieser Auslegung wenigstens die Befugnis zur Rechtswahl zu, wenn das anzuwendende Kollisionsrecht die Parteiautonomie anerkennt.

## § 8. Das UN-Übereinkommen von 1958 über die Anerkennung und Vollstreckung ausländischer Schiedssprüche

### I. Der Ansatzpunkt im UN-Übereinkommen — Art. V Abs. 1 d

Ansatzpunkt der staatlichen Anerkennung schrankenloser Parteivereinbarungen im UN-Übereinkommen[1] ist Art. V Abs. 1 d. Danach ist die Anerkennung eines Schiedsspruches zu versagen, wenn „die Bildung des Schiedsgerichts oder das schiedsgerichtliche Verfahren der Vereinbarung der Parteien, oder mangels einer solchen Vereinbarung dem Recht des Landes, in dem das Schiedsverfahren stattfand, nicht entsprochen hat ..." Diese Regelung, durch die primär auf die Parteivereinbarungen und erst subsidiär auf ein staatliches Recht Bezug genommen wird, ist auf die Bildung des Schiedsgerichts und die Verfahrensbestimmungen beschränkt. Ob insoweit die Befugnis zu schrankenlosen Parteivereinbarungen eingeräumt wird, ist allerdings umstritten. Dagegen geht aus dem UN-Übereinkommen klar hervor, daß bei Schiedsvertrag[1a] und Schiedsspruch die zwingenden Vorschriften der sie beherrschenden staatlichen Rechtsordnung zu beachten sind.

#### 1. *Schiedsvertrag und Schiedsssspruch*

a) Für den Schiedsvertrag ergibt sich diese Folgerung aus Art. V Abs. 1 a, wonach Anerkennung und Vollstreckung eines Schiedsspruchs auf Antrag der Partei, gegen die sie geltend gemacht werden, versagt werden können, wenn „... die Vereinbarung nach dem Recht, dem die Parteien sie unterstellt haben, oder falls die Parteien hierüber nichts bestimmt haben, nach dem Recht des Landes, in dem der Schiedsspruch ergangen ist, ungültig ist ..."[2]. Damit ist bezüglich des Schiedsvertrages lediglich die schrankenlose Rechtswahl der Parteien anerkannt[3].

b) Ebenso kann einem Schiedsspruch die Anerkennung versagt werden, wenn er „für die Parteien noch nicht verbindlich geworden ist

---

[64] Vgl. auch *Baumbach-Schwab*, S. 252.
[1] BGBl 1961 II 121.
[1a] *Robert*, Arbitrage, S. 536 f.
[2] Folglich soll es auch nach dem UN-Übereinkommen nicht möglich sein, mittelbar durch Bindung des Vollstreckungsrichters an eine Entscheidung des Schiedsgerichts über seine Zuständigkeit die Nachprüfung der Grundlage des Schiedsverfahrens zu umgehen.
[3] Vgl. *Baumbach-Schwab*, S. 268.

oder ... von einer zuständigen Behörde des Landes, in dem oder nach dessen Recht er ergangen ist, aufgehoben oder in seinen Wirkungen einstweilen gehemmt worden ist" (Art. V Abs. 1 e)[4]. Haben die Parteien das Schiedsverfahren einem staatlichen Recht unterstellt, beurteilt sich die Möglichkeit der Vollstreckbarerklärung nach diesem Recht. War das Schiedsverfahren allein durch die Parteivereinbarungen geregelt, so entscheidet das Recht des Landes, in dessen Gebiet der Schiedsspruch erlassen worden ist, „über die Anforderungen, die an einen Schiedsspruch zu stellen sind". Insoweit haben die Parteien „noch keine Verfügungsfreiheit"[5].

### 2. *Schrankenlose Parteivereinbarungen über das schiedsgerichtliche Verfahren*

Über die Auslegung des Art. V. Abs. 1 d gehen dagegen die Meinungen auseinander. Die Vorschrift wurde aus dem Vorentwurf der Internationalen Handelskammer übernommen und hatte dort die Bedeutung, den Parteivereinbarungen den Vorrang auch vor zwingenden staatlichen Vorschriften einzuräumen. Über die Annahme des supranationalen Charakters dieser Parteivereinbarungen im Vorentwurf lassen sich letzte Zweifel allerdings nicht ausräumen[6]. Folgerungen aus der Herkunft der Bestimmung lassen sich bei der Interpretation des Art. V Abs. 1 d aber erst subsidiär verwerten[7]. Primär sind bei der Auslegung der Bestimmung ihr Wortlaut und ihr Zusammenhang mit den anderen Vorschriften des UN-Übereinkommens zu berücksichtigen[8].

a) Der Wortlaut des Art. V Abs. 1 d spricht von „Vereinbarung der Parteien". Er deckt sowohl die Bestimmung des anzuwendenden Rechts als auch die Vereinbarung der Verfahrensregelung durch die Parteien. Dieses Ergebnis entspricht der Auffassung der überwiegenden Meinung zu Art. V Abs. 1 d[9].

b) Ein Teil der Autoren legt besonderes Gewicht[10] auf den Vorrang der Parteivereinbarungen vor dem Gesetz[11], wobei die Parteivereinbarungen positiv als supranationale Ordnung qualifiziert werden[12].

---

[4] Vgl. zum Einfluß des Art. IX Europäisches Übereinkommen unten V 2.
[5] *Baumbach-Schwab*, S. 269.
[6] Vgl. oben § 3 IV.
[7] Vgl. dazu *Bernhardt*, Auslegung, S. 111.
[8] Vgl. *Bernhardt*, Auslegung, S. 132 f.; *Dahm*, Bd. 3, S. 43 f.; *Berber*, Bd. 1, S. 443.
[9] Vgl. *Baumbach-Schwab*, S. 269; *Minoli*, Riv. trim. dir. proc. civ. 1958, 989; *Wetzmüller*, S. 39 und passim; *Mezger*, RabelsZ 1959, 244 Anm. 44; *Glossner*, NJW 1966, 1595; *Bertheau*, S. 86; *Maier*, S. 37; *Lalive*, Recueil 1967 (I), 644. Zum Problem der Kumulierung beider Momente vgl. § 11.
[10] So betrachtet *Fouchard*, Arbitrage, S. 329, die Befugnis zur Rechtswahl als eine durchaus zweitrangige Frage.
[11] Vgl. *Bredin*, Clunet 1960, 1022; *Carabiber*, Arbitrage, S. 84; *ders.*, Rev. Arb. 1961, 182; *Peyrefitte*, D. 1965, Chr. 118; *Rubellin-Devichi*, S. 120 f.; *Kita-*

Die Anerkennung des Vorranges der Parteivereinbarungen vor dem staatlichen Recht in Art. V Abs. 1 d wird aber von einer Reihe von Autoren teils unter Berufung auf die Vorarbeiten zum UN-Übereinkommen, teils unter Berücksichtigung des Zusammenhanges der einzelnen Bestimmungen des UN-Übereinkommens bestritten.

### II. Schranken der Parteivereinbarungen aus der den Schiedsvertrag beherrschenden Rechtsordnung

Die restriktive Auslegung[13] des Art. V Abs. 1 d UN-Übereinkommen geht von der Feststellung aus, der Vorrang der Parteivereinbarungen vor dem Gesetz führe zu einem „vide législatif"[14] für das Schiedsverfahren, zu einem rechtlich nur den Parteivereinbarungen unterworfenen Schiedsverfahren. Diese Folge sei nicht vertretbar, da Schiedsvertrag und Schiedsspruch an ein nationales Recht angeknüpft seien (Art. V Abs. 1 a und e UN-Übereinkommen). Zwischen Schiedsvertrag, Schiedsverfahren und Schiedsspruch erkennt man Zusammenhänge, die einer rechtlich verschiedenen Behandlung des Schiedsverfahrens entgegenstehen[15]. So erscheint es *Klein* schwer vertretbar, „de dissocier la procédure arbitrale des normes régissant la clause d'arbitrage et la sentence"[16].

#### *1. Die Objekte des Einwandes*

Dieser Einwand könnte zwei Angriffsobjekte haben[17], die es zu unterscheiden gilt. Berechtigt wäre es sicherlich, Art. V Abs. 1 a und e als

---

*gawa*, Liber Amicorum for *Domke*, S. 139; *Motulsky*, Rev. Arb. 1959, 11; *ders.*, Rev. Arb. 1963, 117; *ders.*, Ann. Fac. Liège 1964, 155, 160; *Robert*, D. 1958, Chr. 227: Das Verfahren sei in Zukunft „non plus légal mais réglementaire"; ders., Arbitrage, S. 414.

[12] Vgl. insbesondere *Fouchard*, Arbitrage, S. 330 ff., der in der Berücksichtigung einer vom staatlichen Recht originär unabhängigen „autonomie de la volonté" mittelbar eine Anerkennung des Vorranges einer außerstaatlichen Rechtsordnung vor dem Gesetz sieht.

[13] Für restriktive Auslegung ohne nähere Präzisierung der Einschränkung *Klein*, Festgabe, S. 153 Anm. 23; *ders.*, SchwJB 1963, 51 Anm. 30; *ders.*, SchwJB 1967, 110 ff.; *Jonasco-Nestor*, Sources, S. 179 f.; *Kronstein*, Kartelle, S. 337.

[14] *Klein*, SchwJZ 1961, 248.

[15] Auf diese Zusammenhänge verweisen auch *Quigley*, Yale L. J. 70, 1068 f.; *Fragistas*, Rev. crit. 1960, 16 Anm. 1.

[16] *Klein*, SchwJZ 1961, 248.

[17] Die Trennung der Angriffsobjekte läßt die Ablehnung des Einwandes durch *Motulsky*, Ann. Fac. Liège 1964, 154, vermissen. Er deutet eine Parallele zwischen der Unterstellung von Schiedsvertrag und Schiedsverfahren unter verschiedene staatliche Rechte und einer Regelung des Schiedsvertrages durch das staatliche Recht, des Schiedsverfahrens aber durch die auf überpositiver Grundlage beruhenden Parteivereinbarungen an. «... et du moment où la convention d'arbitrage et la procédure d'arbitrage peuvent obéir

Argumente gegen die Annahme einer supranationalen rechtlichen Ordnung in Art. V Abs. 1 d anzuführen. Es ist in der Tat schwer vertretbar, daß die gleiche Konvention den Geltungsgrund von Parteivereinbarungen einmal dem staatlichen Recht, zum anderen aber aus einer überpositiven Ordnung entnommen haben soll[18]. Diese Argumentation richtet sich aber allein gegen eine Auslegung, die in dem Zugeständnis des Vorranges der Parteivereinbarungen vor dem Gesetz die Anerkennung einer supranationalen rechtlichen Ordnung sehen will, die Anerkennung von aus der allgemeinen Rechtslehre entnommenen Vorstellungen über den Geltungsgrund der Parteivereinbarungen. Allgemeine Betrachtungen über den überpositiven Geltungsgrund von Parteivereinbarungen verbieten sich, wenn eine völkerrechtliche Konvention sie nicht einheitlich anerkennt.

Davon ist aber die Frage zu trennen, ob sich aus der Regelung des Art. V Abs. 1 a und e UN-Übereinkommen konkrete Folgerungen auf den Umfang der Parteifreiheit in Art. V Abs. 1 d — unabhängig von der rechtlichen Einordnung der Parteivereinbarungen — ziehen lassen. Allein um diese Einschränkung der Parteifreiheit nach der in ihrem Wortlaut weit gefaßten Bestimmung des Art. V Abs. 1 d geht es bei ihrer restriktiven Auslegung aus dem Zusammenhang zu Art. V Abs. 1 a und e.

### *2. Die einheitliche Anknüpfung von Schiedsvertrag, Schiedsverfahren und Schiedsspruch*

Den Ausgangspunkt für eine restriktive Auslegung des Art. V Abs. 1 d findet man in der These, Schiedsvertrag, Schiedsverfahren und Schiedsspruch könnten nur einheitlich einer Rechtsordnung unterworfen werden[19]. Daraus wird die Folgerung gezogen, die rechtlichen Schranken der den Schiedsvertrag beherrschenden Rechtsordnung müßten auch für die Parteivereinbarungen über das Schiedsverfahren gelten. Zwei Interpretationen des Parteiwillens in Art. V Abs. 1 d UN-Übereinkommen werden dieser These gerecht.

---

à deux lois nationales différentes, il n'y a pas d'objection majeure à ce que l'une soit soumise à une loi déterminée, tandis que l'autre serait régie par la libre convention avec pour seule limite l'ordre public (au sens international) du pays d'exécution ... » Mit der Regelung des UN-Übereinkommens wäre nur die Erweiterung der Parteifreiheit auf positivrechtlicher Grundlage für einen bestimmten Bereich vereinbar, nicht aber die Anerkennung einer überpositiven Ordnung. Vgl. dazu unten § 10 IV.

[18] Vgl. dazu unten § 10 IV.

[19] Vgl. dazu im einzelnen mit verschiedenen Argumenten und unterschiedlicher Bestimmung der herrschenden Rechtsordnung insbesondere *Klein*, Considérations, S. 208 ff.; *Balladore-Pallieri*, Recueil 1935 (I), 338; *Gentinetta*, ZSR 1965, 174 Anm. 105. Vgl. auch *Steiner*, ZSR 1928, 295; *Homburger*, ZSR 1932, 18; *Jonas*, JW 1927, 1297 f.; *Schröder*, bei *Schönke*, Schiedsgerichtsbarkeit, Bd. 1, 31, 32, 37; *Rubellin-Devichi*, S. 83.

Man kann die Rolle des Parteiwillens auf die Privatautonomie beschränken, eine Privatautonomie allerdings in den Schranken der den Schiedsvertrag beherrschenden Rechtsordnung. Diese Folgerung zieht *Gentinetta.* Da Schiedsvertrag und Schiedsspruch „einem bestimmten nationalen Recht unterworfen bleiben und das Verfahren laut ausdrücklicher Vorschrift den Bestimmungen des Schiedsverfahrens konform sein muß, kann sich die Privatautonomie nur innerhalb der für den Schiedsvertrag geltenden zwingenden Normen der loi compétente entfalten"[20]. Daß diese Argumentation die Unterscheidung zwischen Schiedsvertrag und Parteivereinbarungen über das Schiedsverfahren vermissen läßt, sei hier bereits angemerkt.

Gesteht man dem Parteiwillen aber auch die Befugnis zur Rechtswahl zu, so ist diese auf die den Schiedsvertrag beherrschende Rechtsordnung einzuschränken. Denn nicht nur ein „vide législatif", sondern auch eine von den Parteien gewählte, von dem den Schiedsvertrag beherrschenden Recht abweichende Rechtsordnung stört die Harmonie der einheitlichen Anknüpfung. Auch bei dieser Interpretation müßte aber dem Gesetz der Vorrang vor den Parteivereinbarungen zugestanden werden, da der Vorrang der Parteivereinbarungen vor dem Gesetz als mit der Konvention nicht zu vereinbarendes „vide législatif" aufgefaßt wird.

### *3. Die Auslegung aus dem Zusammenhang einzelner Vertragsbestimmungen*

Lediglich der angewandten Auslegungstechnik, welche den Zusammenhang der einzelnen Vorschriften des UN-Übereinkommens berücksichtigt, vermögen wir zuzustimmen. Die Berücksichtigung des gesamten Vertragsinhaltes bei der Auslegung einer vertraglichen Einzelbestimmung erscheint notwendig, „denn was die Parteien in ein und demselben gemeinsam erarbeiteten Vertrag niedergelegt haben, steht in aller Regel auch in einem engen inneren Zusammenhang"[21]. Diesen Zusammenhang, in den die Einzelbestimmung gestellt ist, darf man anerkanntermaßen bei der Auslegung heranziehen[22]. Für die Auslegung des Art. V Abs. 1 d lassen sich aus Art. V Abs. 1 a Folgerungen aber nur ziehen, wenn die These von der einheitlichen Anknüpfung von Schiedsvertrag und Schiedsverfahren begriffsnotwendig ist, oder wenn das UN-Übereinkommen ihr erkennbar gefolgt ist.

---

[20] *Gentinetta,* ZSR 1965, 171. Diese Folgerung ist nur für einen Anhänger der Lehre von der einheitlichen Anknüpfung überzeugend. Ein Gegner dieser These wird selbst die im Schiedsvertrag enthaltenen Verfahrensregeln gesondert anknüpfen. Ebenso *v. Heymann,* S. 176, widersprüchlich S. 157.

[21] *Bernhardt,* Auslegung, S. 81; vgl. *Berber,* Bd. 1, S. 442.

[22] Vgl. *Bernhardt,* Auslegung, S. 85.

### *4. Die Notwendigkeit der einheitlichen Anknüpfung*

a) Die Notwendigkeit einer einheitlichen Anknüpfung ist aber durchaus nicht unbestritten[23]. Gerade für die Anhänger einer materialrechtlichen Auffassung von Schiedsvertrag, Schiedsverfahren und Schiedsspruch sollte sie aber nicht zwingend sein. Die weitgehend anerkannte Möglichkeit einer Teilverweisung, die es den Vertragspartnern erlaubt, „sogar einzelne Wirkungen eines materiellrechtlichen Vertrages verschiedenen Rechtsordnungen“[24]zu unterstellen[25], erlaubt eine differenzierende Behandlung der Anknüpfungsfrage[26].

b) Entscheidend für die Interpretation des Art. V Abs. 1 d UN-Übereinkommen ist aber, daß die These von der notwendig einheitlichen Anknüpfung dem UN-Übereinkommen nicht entspricht[27]. Eine Diskrepanz zwischen der tatsächlichen und manchen Autoren wünschenswert erscheinenden Rechtslage läßt sich auch hier feststellen. Sie hat *Mann* allgemein zu der Bewertung veranlaßt, die Lehre von der einheitlichen Anknüpfung verlange eine „policy of reform and unification which only a legislator can adopt, the wisdom of which is open to argument ...“[28].

Die Bestimmung des Art. V Abs. 1 d, nach deren Wortlaut die Verfahrensregelung primär den Parteivereinbarungen überlassen ist, während die Rechtsordnung des Verfahrensortes nur hilfsweise herangezogen wird, ist nur verständlich, wenn nicht bereits die Rechtsordnung des Schiedsvertrages das Schiedsverfahren beherrscht. Unterstehen die Parteivereinbarungen bereits der Rechtsordnung des Schiedsvertrages, und ist diese Rechtsordnung mit der am Verfahrensort geltenden, hilfsweise verwiesenen Rechtsordnung identisch, etwa weil die Parteien allein den Schiedsvertrag dieser Rechtsordnung unterstellt oder die Anknüpfung des Schiedsvertrages offengelassen haben (Art. V Abs. 1 a),

---

[23] Vgl. im einzelnen mit unterschiedlicher Begründung *Habscheid*, ZZP 70, 40, 47; *Riezler*, S. 611 Anm. 12; *Raape*, S. 558; *Lorenz*, AcP 157, 273; *Bülow*, RiW 1956, 39 Anm. 41; *Bertheau*, S. 86; *Maier*, S. 5; *Mann*, Liber Amicorum for *Domke*, S. 166; *Sausser-Hall*, Annuaire 1952 (I), 529 f.; *Fouchard*, Arbitrage, S. 32, 62; *Kronstein*, Kartelle, S. 334; *Mezger*, RabelsZ 1959, 228; zurückhaltend *Lalive*, Recueil 1967 (I), 611 f.

[24] *Habscheid*, ZZP 70, 40.

[25] Vgl. zur Teilverweisung *Riezler*, S. 611 Anm. 12; *Mezger*, Mélanges *Maury*, Bd. 1, S. 282; *ders.*, RabelsZ 1954, 228. Zur Zulässigkeit der Teilverweisung vgl. auch RG 122, 316; 126, 206.

[26] Fouchard, Arbitrage, S. 62, stellt sogar die Frage, ob der komplexen Natur der Schiedsgerichtsbarkeit nicht gerade eine nicht einheitliche Anknüpfung gerecht wird.

[27] So hat *Bertheau*, S. 86, keine Bedenken, den Parteien die Freiheit einzuräumen, „das Recht des Staates A auf die Schiedsvereinbarung und das des Staates B auf das Schiedsverfahren anwendbar zu erklären“. Vgl. auch *Walker*, S. 74 f.

[28] *Mann*, Liber Amicorum for *Domke*, S. 166. Vgl. auch *Robert*, Arbitrage, S. 369.

so ist die hilfsweise Verweisung in Art. V Abs. 1 d überflüssig. Die Sachlage ist insoweit anders als bei Art. V Abs. 1 a. Haben die Parteien die Anknüpfung des Schiedsvertrages offengelassen, so bestimmt diese Vorschrift als herrschende Rechtsordnung diejenige, die am Ort des Erlasses des Schiedsspruchs gilt. Beherrscht diese Rechtsordnung aber notwendigerweise auch Schiedsverfahren und Schiedsspruch, so wären die hilfsweise Verweisung in Art. V Abs. 1 d und die Anknüpfung in Art. V Abs. 1 e überflüssig, da die herrschende Rechtsordnung bereits durch Art. V Abs. 1 a bestimmt wäre.

Ist die Rechtsordnung des Schiedsvertrages aber nicht mit der des Verfahrensortes identisch und beherrscht sie notwendigerweise das Schiedsverfahren, so bestünde gegenüber der Schiedsvertrag und Schiedsverfahren beherrschenden Rechtsordnung nicht noch das Bedürfnis nach einer hilfsweisen Anknüpfung an eine weitere Rechtsordnung. Die hilfsweise Verweisung hat nur Sinn für Fälle, in denen die Parteien es unterlassen haben, eine Rechtsordnung für das Verfahren zu bestimmen, und nicht die Rechtsordnung des Schiedsvertrages auch das Verfahren beherrscht. Die von den Parteien nicht geregelten Verfahrensfragen würden sich bereits aus der Rechtsordnung des Schiedsvertrages lösen. Jede Rechtsordnung bildet insoweit eine Einheit, als sie alle Rechtsfragen aus sich heraus beantwortet, sei es unmittelbar durch gesetzliche Vorschriften oder durch analoge Übertragung von Vorschriften auf entsprechende Fälle. Die subsidiäre Bezugnahme auf eine weitere Rechtsordnung wäre überflüssig.

### 5. *Erweiterte Parteifreiheit für die Regelung des Schiedsverfahrens*

Selbst für die Anhänger einer einheitlichen Anknüpfung von Schiedsvertrag und Schiedsverfahren ist es aber nicht notwendig, von der Anwendbarkeit der Rechtsordnung des Schiedsvertrages auf das Schiedsverfahren auf die Geltung der zwingenden Normen des den Schiedsvertrag beherrschenden Rechts für das Schiedsverfahren zu schließen[29]. Eine völkerrechtliche Konvention kann die Herrschaft einer anwendbaren Rechtsordnung für einen bestimmten, sachlich umgrenzten Bereich einschränken[30].

## III. Einschränkung auf die Befugnis der Rechtswahl

Manche Autoren wollen die Rolle des Parteiwillens in Art. V Abs. 1 d UN-Übereinkommen auf die Befugnis der Wahl eines staatlichen Rechts

[29] So aber *Gentinetta*, ZSR 1965, 171.
[30] Vgl. dazu im einzelnen unten § 11.

einschränken[31]. Haben die Parteien von der Wahlmöglichkeit keinen Gebrauch gemacht, so kommt die am Verfahrensort geltende Rechtsordnung mit den Schranken ihrer zwingenden Normen zur Anwendung, da der Vorrang des Parteiwillens vor dem Gesetz sich nicht auf die Parteivereinbarungen über das Verfahren bezieht.

### *1. Die Vorarbeiten zu Art. V Abs. 1 d*

a) Zum Teil wird die Beschränkung des Umfanges des Art. V Abs. 1 d begründet, indem man die Äußerung des italienischen Delegierten im Arbeitskomitee Nr. 3 zitiert, das diese Vorschrift redigierte[32]. Er erklärt, daß diese Bestimmung „... had been inserted on the understanding that parties enjoyed discretion only to the extent that they could select the national law applicable in the matter. Consequently, the Working Party's text should not be interpreted to mean that the parties could agree to disregard all national laws and determine some special procedure applicable to their case alone[33]."

b) Daß die Zulässigkeit des Rückgriffs auf die Vorarbeiten auch bei der Interpretation multilateraler Abkommen überwiegend anerkannt wird, haben wir oben[34] bereits dargelegt. Jedoch zählen nicht alle Äußerungen im Rahmen internationaler Konferenzen zu den bei der Auslegung verwertbaren Vorarbeiten. „Wie der Vertrag selbst das Ergebnis übereinstimmender Entscheidungen der Parteien ist, so können unzweifelhaft und unbestritten nur solche Vorarbeiten berücksichtigt werden, die den gemeinsamen Willen der Vertragspartner erkennen lassen oder den Schluß erlauben, daß Erklärungen einzelner Kontrahenten die übereinstimmende Ansicht aller wiedergeben[35]."

Daß die oben zitierte Äußerung die Meinung der Konferenz nicht wiedergibt, weist *Wetzmüller* nach. Bereits zu Beginn der Konferenz stellte Italien den Antrag, nach dem die Parteifreiheit auf die Befugnis der Rechtswahl beschränkt werden sollte. Die Zurückweisung dieses Antrags durch die Konferenz und die Debatten der Konferenz[36] lassen erkennen, daß diese Auffassung dem gemeinsamen Willen der Konferenz nicht entspricht.

### *2. Rechtswahl und Völkerrecht*

Obschon auch *Fragistas* die Befugnis der Parteien nach Art. V Abs. 1 d auf die Rechtswahl einschränkt, kommt er dennoch zu einer Lösung des

---

[31] Vgl. *Contini*, AJCL 1959, 303; *Quigley*, Yale L. J. 70, 1066, 1068 f.; *Bülow-Arnold*, Anm. 55 zu Art. V UN-Übereinkommen.
[32] *Contini*, AJCL 1959, 303.
[33] Zitiert bei *Contini*, AJCL 1959, 303.
[34] Vgl. oben § 7 II 3 a.
[35] *Bernhardt*, Auslegung, S. 112.
[36] Vgl. dazu im einzelnen *Wetzmüller*, S. 39 f.

Schiedsverfahrens vom staatlichen Recht, indem er den Parteien gestattet, auf das Völkerrecht kollisionsrechtlich zu verweisen[37].

a) *Fragistas*[38] leitet die Einschränkung auf die Rechtswahl insbesondere aus den Vorarbeiten her, aus denen sich ergebe, daß eine völlige Lösung des Schiedsverfahrens vom staatlichen Recht nicht gewollt sei. Neue Wege beschreitet seine Begründung aber, wenn sie ausführt, es sei wenig vernünftig, in zwei so eng zusammenhängenden Problemen wie der Wirksamkeit des Schiedsvertrages und des Schiedsverfahrens zwei verschiedene Grundvorstellungen von der „autonomie de la volonté des parties" zugrunde zu legen[39].

b) Es sei hervorgehoben, daß diese Argumentation auf einer anderen Ebene liegt als die These von der notwendigen einheitlichen Anknüpfung von Schiedsvertrag, Schiedsverfahren und Schiedsspruch und die daraus gezogenen Folgerungen. Im Gegensatz zu dieser ist das Bedenken von *Fragistas* insoweit berechtigt, als es widersprüchlich wäre, in einer Vorschrift derselben Konvention die Parteivereinbarungen als eine überpositive Ordnung zu verstehen oder allgemeine Erwägungen über die Ableitung der Parteivereinbarungen aus einer überpositiven Geltungsgrundlage anzustellen, während man andererseits die Geltungsgrundlage des Schiedsvertrages dem positiven Recht entnimmt. Der Widerspruch entsteht jedoch nur, wenn man die schrankenlosen Parteivereinbarungen als eine überpositive Ordnung betrachtet. Der Wortlaut des UN-Übereinkommens selbst rechtfertigt diese Annahme nicht. Man greift vielmehr auf allgemeine Vorstellungen über den überpositiven Geltungsgrund von Parteivereinbarungen zurück. Gerade diesem Rückgriff auf Vorstellungen aus der allgemeinen Rechtslehre, die eine einheitliche Erklärung für die Geltungsgrundlage von Parteivereinbarungen geben wollen, steht die durch die gleiche Konvention angenommene Geltungsgrundlage des Schiedsvertrages im positiven Recht entgegen. Der Einwand von *Fragistas* richtet sich damit aber allein gegen die Interpretation des Art. V Abs. 1 d UN-Übereinkommen als Anerkennung einer überpositiven Ordnung.

Sieht man dagegen in der Gestattung des Vorganges der Parteivereinbarungen vor dem Gesetz lediglich die Anerkennung der Parteifreiheit durch Rechtsnormen für einen bestimmten sachlich umgrenzten Bereich, so ist es durchaus nicht widersprüchlich, diese Parteifreiheit

---

[37] Vgl. dazu § 12 I.

[38] *Fragistas*, Rev. crit. 1960, 16 Anm. 1.

[39] *Fragistas*, Rev. crit. 1960, 16 Anm. 1: « D'ailleurs il serait peu raisonnable d'admettre dans deux problèmes aussi connexes l'un de l'autre que le sont celui de la validité de la convention d'arbitrage et celui de la procédure de l'arbitrage deux conceptions différentes de l'autonomie de la volonté des parties. »

für einzelne Materien enger, für andere weiter zu fassen[40]. Die Folgerung auf die Einengung der Parteifreiheit mittels restriktiver Auslegung des Art. V Abs. 1 d ist dann nicht zwingend.

### IV. Der Zusammenhang zwischen der Definition des Anwendungsbereichs des UN-Übereinkommens und Art. V Abs. 1 d

Auch aus dem Zusammenhang zwischen der Definition des Anwendungsbereiches des UN-Übereinkommens und Art. V Abs. 1 d läßt sich eine einschränkende Auslegung dieser Bestimmung nicht rechtfertigen. Zwei Momente sollte man für die Auslegung aus dem Zusammenhang beider Regelungen unterscheiden. Eine rechtlich supranationale Regelung des Schiedsspruchs wäre mit der sich an der Anknüpfung des Schiedsspruchs an ein nationales Recht orientierenden Definition des Anwendungsbereichs des UN-Übereinkommens unvereinbar und müßte deshalb die Auslegung beeinflussen. Dagegen führt das Zugeständnis schrankenloser Parteivereinbarungen über das Verfahren verbunden mit einer auf das Kriterium „ausländischer" Schiedsspruch abstellenden Definition des Anwendungsbereiches des UN-Übereinkommens lediglich zu praktischen Schwierigkeiten, die auf die Auslegung des Art. V Abs. 1 d keine Auswirkungen haben.

#### *1. Supranationalität des Schiedsspruchs und Definition des Anwendungsbereichs*

Ein Vergleich mit dem Vorentwurf der Internationalen Handelskammer mag die Beziehungen zwischen der Definition des Anwendungsbereichs und der rechtlichen Regelung verdeutlichen.

a) Enthält der Vorentwurf der Internationalen Handelskammer eine supranationale rechtliche Regelung von Schiedsverfahren und Schiedsspruch[41], so ist es folgerichtig, diese Regelung nicht mit einer Definition des Anwendungsbereichs zu verbinden, die sich am „ausländischen" Schiedsspruch orientiert.

Zu einer rechtlich supranationalen Regelung wäre die Definition des Anwendungsbereichs im Vorentwurf der Internationalen Handelskammer das passende Gegenstück. Nach dem Vorentwurf sollten Schiedssprüche erfaßt werden „issues de litiges commerciaux, qui se seront élevés entre personnes soumises à la juridiction d'Etats différents ou qui mettront en cause des rapports de droit se réalisant sur le territoire d'Etats différents". Diese Definition orientiert sich nicht an einem Krite-

---

[40] Vgl. im einzelnen unten § 11.
[41] Zu dieser umstrittenen Frage vgl. oben § 3 IV.

rium, das sich als Folgerung aus der Anknüpfung des Schiedsverfahrens und des Schiedsspruchs an ein nationales Recht darstellt. Den Anwendungsbereich bestimmt der Vorentwurf der IHK nach der Natur der Streitigkeiten, aus denen die Schiedssprüche hervorgehen. Dagegen bleibt die rechtliche Einordnung der Schiedssprüche offen. Der Vorentwurf spricht insoweit nur allgemein von „sentences arbitrales“[42]. Gerade deshalb wäre auch eine supranationale rechtliche Regelung des Schiedsspruchs mit dieser Umschreibung des Anwendungsbereichs vereinbar[43].

Dagegen wäre es inkonsequent, den durch eine internationale Konvention geschaffenen supranationalen Schiedsspruch mit dem Begriff des „ausländischen“ Schiedsspruchs im Anwendungsbereich derselben Konvention zu verbinden. Für den supranationalen Schiedsspruch hat gerade die Unterscheidung zwischen inländischer und ausländischer rechtlicher Ordnung seinem Wesen nach keine Bedeutung. Der im Inland erlassene supranationale Schiedsspruch ist genauso supranational wie der im Ausland erlassene. Vollends versagen für ihn die Begriffsbestimmungen der Verfahrenstheorie[44], da sie inländische und ausländische Schiedssprüche nach dem auf das Verfahren anwendbaren staatlichen Recht bestimmt. Eine supranationale Regelung kann diese Funktion nicht erfüllen.

b) Im UN-Übereinkommen läßt sich eine solche Diskrepanz zwischen rechtlicher Regelung des Schiedsspruchs und Definition des Anwendungsbereichs jedoch nicht erkennen. Art. V Abs. 1e und Art. I Abs. 1 stehen zueinander in Einklang.

Das UN-Übereinkommen hält bezüglich seines Anwendungsbereichs an der Unterscheidung zwischen inländischen und ausländischen Schiedssprüchen fest. Zwar muß man zugeben, daß es allein in seinem Titel den Ausdruck „ausländische Schiedssprüche“ verwendet, und daß dieser Begriff sich dem Wortlaut nach im Text nicht mehr wiederholt[45]. Die Abgrenzung des Anwendungsbereichs in Art. I Abs. 1 enthält aber zugleich eine Definition des ausländischen Schiedsspruchs im Sinne des UN-Übereinkommens[46]. Nach Art. I Abs. 1 S. 1 ist das UN-Übereinkommen anzuwenden auf die Anerkennung und Vollstreckung von Schieds-

---

[42] Vgl. Bericht zum Vorentwurf, IHK-Broschüre, Nr. 174, S. 8: „En conséquence, la sagesse paraît commander, sans chercher une définition des sentences internationales considérées comme des entités juridiques, de fixer seulement la nature des litiges auxquels devraient se rapporter les sentences à l'exécution desquelles s'attacherait la Convention.“

[43] Vgl. zu den Beziehungen zwischen Definition des Anwendungsbereichs und rechtlicher Regelung oben § 2 I 2.

[44] Vgl. dazu *Baumbach-Schwab*, S. 230 f.

[45] Vgl. *Robert*, D. 1958 Chr. 224; *Bredin*, Clunet 1960, 1008.

[46] Vgl. *Bülow*, JBl. 1961, 308; *Glossner*, NJW 1966, 1594.

sprüchen, die auf dem Hoheitsgebiet eines anderen als des Vollstreckungsstaates ergangen sind. Es richtet sich also nach dem Ort, an dem der Schiedsspruch erlassen wird, ob er im Vollstreckungsstaat als ausländischer anzusehen ist (Anerkennung der Ortstheorie)[47]. Art. I Abs. 1 S. 2 erweitert den Anwendungsbereich des Übereinkommens[48]. Es findet danach auch[49] auf solche Schiedssprüche Anwendung, „die in dem Staat, in dem ihre Anerkennung und Vollstreckung nachgesucht wird, nicht als inländische anzusehen sind". Insoweit wird der Verfahrenstheorie Rechnung getragen[50], für die ein ausländischer Schiedsspruch vorliegt, wenn er nach einem für das Vollstreckungsland ausländischen Verfahrensrecht erlassen wurde.

Damit steht es in Einklang, wenn Art. V Abs. 1 e UN-Übereinkommen verlangt, daß der Schiedsspruch einer bestimmten nationalen Rechtsordnung unterworfen ist, entweder der von den Parteien gewählten oder der Rechtsordnung des Landes, in dem der Schiedsspruch erlassen worden ist. Die Konsequenz der nationalen Anknüpfung besteht in der differenzierenden Behandlung des Schiedsspruchs je nach dem Recht, an das er angeknüpft wird.

### 2. *Parteiverfahren und Art. I Abs. 1 UN-Übereinkommen*

Dagegen wird die Bedeutung der Vorschrift des Art. V Abs. 1d durch die Verbindung mit der Definition des Anwendungsbereichs des UN-Übereinkommens in Art. I Abs. 1 nicht nur in quantitativer Hinsicht gegenüber der gleichen Vorschrift aus dem Vorentwurf der Internationalen Handelskammer eingeschränkt, da der im Vollstreckungsland im Parteiverfahren erlassene Schiedsspruch nicht unter Art. I Abs. 1 fällt. Diese quantitative Einschränkung macht auch die Gestattung des Parteiverfahrens in vielen Fällen wertlos und riskant[51].

a) Die Internationale Handelskammer verfolgte in ihrem Vorentwurf das Ziel, der Verschiedenheit staatlicher Prozeßgesetze ihren hemmenden Einfluß auf die Schiedsgerichtsbarkeit zu nehmen. Dazu reicht es

---

[47] Vgl. *Baumbach-Schwab*, S. 264; *Bülow*, KTS 1959, 5.

[48] Ihm kommt neben Art. I Abs. 1 S. 1 selbständige Bedeutung zu, a. A. *Klein*, Rev. crit. 1958, 491; *Pointet*, Convention 58, S. 10

[49] Zu einer Umkehrung in der Bedeutung beider Sätze des Art. I Abs. 1 führt die systematische Interpretation durch *Gentinetta*, ZSR 1966 (I), 179, der unter S. 2 die durch Wahl der Parteien von einem ausländischen Recht beherrschten Schiedssprüche, unter S. 1 die infolge subsidiärer Anknüpfung dem Recht eines anderen Staates unterstehenden Schiedssprüche erfaßt.

[50] Vgl. *Baumbach-Schwab*, S. 264. *Robert*, Arbitrage, S. 501, bezeichnet die Regelung des Art. I Abs. 1 als die vorteilhafteste, die man sich vorstellen kann.

[51] *Mezger*, RabelsZ 1965, 256, sieht in dieser Vorschrift einen Fremdkörper im UN-Übereinkommen.

aber nicht aus, die Verfahrensregelung allein den Parteivereinbarungen zu überlassen. Die Nachteile der Rechtsverschiedenheit lassen sich nur „entgiften“[52], wenn die Regelung den Parteivereinbarungen für eine nach der Art des Streitfalles bestimmte Kategorie von Sachverhalten überlassen wird. Orientiert sich dagegen der Anwendungsbereich der Konvention und damit die Anwendbarkeit des Vorranges der Parteivereinbarungen vor dem Gesetz am Ort des Erlasses des Schiedsspruchs, ist der Einfluß der staatlichen Rechtsordnungen auf das Verfahren nicht völlig zu beseitigen[53].

Nach der Definition des Anwendungsbereichs im Vorentwurf der Internationalen Handelskammer sollte der Ort des Erlasses des Schiedsspruchs für die Anwendbarkeit der vorgeschlagenen Konvention nicht von Bedeutung sein[54]. Nicht nur auf einen außerhalb des Vollstreckungsstaates erlassenen, sondern auch auf einen im Vollstreckungsstaat ergangenen Schiedsspruch sollte die Konvention anwendbar sein[55]. Das Zugeständnis der Regelung des Schiedsverfahrens durch Parteivereinbarungen erstreckt sich auf eine bestimmte Kategorie von Streitfällen, unabhängig vom Ort des Erlasses des Schiedsspruchs.

b) Dieser Abgrenzung des Anwendungsbereichs ist das UN-Übereinkommen nicht gefolgt[56]. Der im reinen Parteiverfahren erlassene Schiedsspruch kann nur dann über Art. I Abs. 1 S. 1 unter den Anwendungsbereich des Übereinkommens fallen, wenn er nicht im Vollstreckungsland ergangen ist. In diesem Fall erachtet ihn das UN-Übereinkommen als ausländischen Schiedsspruch und knüpft ihn nach Art. V Abs. 1e an das Recht des Landes an, in dem er erlassen wurde. Der im Parteiverfahren ergangene Schiedsspruch fällt auch nicht unter Art. I Abs. 1 S. 2[57]. Diese Vorschrift stellt auf die Ansichten der Einzelstaaten über die Unterscheidungskriterien zwischen inländischen und ausländischen Schiedssprüchen ab. Folgt ein staatliches Recht der Ortstheorie, so ergibt sich kein Unterschied zu Art. I Abs. 1 S. 1, da nur der nicht im Vollstreckungsland erlassene Schiedsspruch als ausländischer betrachtet wird. Unterscheidet das Vollstreckungsland inländische und ausländische Schiedssprüche nach dem angewandten staatlichen Verfahrensrecht (Verfahrenstheorie), so versagt Art. I Abs. 1 S. 2 für den im reinen Parteiverfahren erlassenen Schiedsspruch, da er gerade durch

---

[52] *Mezger*, EMS, S. 28.
[53] Vgl. dazu *Mezger*, EMS, S. 28 f.; *Wetzmüller*, S. 40 ff.
[54] Vgl. *Wetzmüller*, S. 5 f.
[55] Vgl. den Bericht zum Vorentwurf, IHK-Broschüre, Nr. 174, S. 7 f.: „Cependant, le fait que la sentence tranchant un différend découlant de cette convention produira ses effets dans des pays différents, rend nécessaire que son exécution soit assurée dans tous ces pays de la même façon.“
[56] Vgl. aber zur erweiternden Auslegung *Wetzmüllers* unten d.
[57] Vgl. aber unten d.

das Offenlassen der Anknüpfung an ein bestimmtes staatliches Verfahrensrecht charakterisiert wird.

c) Die Abwicklung des Schiedsverfahrens im reinen Parteiverfahren wird damit in vielen Fällen problematisch, da Art. V Abs. 1d, der dieses Parteiverfahren gestattet, auf den im Vollstreckungsland ergangenen Schiedsspruch nicht anwendbar ist. Oft ist es aber nicht vorhersehbar, in welchem Land aus dem Schiedsspruch zu vollstrecken ist.

Lassen ein Franzose und ein Deutscher einen Rechtsstreit über Schadensersatz durch ein Schiedsgericht entscheiden, das bezüglich des Verfahrens nur den Parteivereinbarungen unterworfen ist, fällt dieses Schiedsgericht seinen Spruch in Frankreich, kann der Franzose bei Obsiegen im Rechtsstreit mit der Anerkennung und Vollstreckung des Schiedsspruchs in Deutschland nach dem UN-Übereinkommen rechnen (vgl. Art. I Abs. 1 S. 1 und Art. V Abs. 1 d). Siegt der Deutsche, so ist bei der Vollstreckung in Frankreich das UN-Übereinkommen (damit auch Art. V Abs. 1d) nicht anwendbar[58]. Der Vorteil, den die Aussicht auf Anerkennung eines von der Beachtung zwingender staatlicher Vorschriften befreiten Schiedsverfahrens während des Verfahrens bringt, kann somit bei der Vollstreckung zum Nachteil werden. Die Vollstrekkung eines im Inland ohne Beachtung staatlicher Vorschriften ergangenen Schiedsspruchs ist nach dem UN-Übereinkommen nicht zu gewährleisten. Da der Ort der Vollstreckung aber vom Ausgang des Rechtsstreites abhängt, der von vornherein nicht sicher vorhersehbar ist, erscheint der vorherige Verzicht auf die Anknüpfung des Schiedsverfahrens an ein staatliches Recht im Vertrauen auf die Regelung des Art. V Abs. 1d riskant[59].

d) Daß der im Vollstreckungsland ergangene Parteiverfahrensschiedsspruch nicht unter den Anwendungsbereich des UN-Übereinkommens fällt, wird allerdings von *Wetzmüller* bestritten. Er geht davon aus, daß das in Art. V Abs. 1d enthaltene Zugeständnis des Parteiverfahrens weitgehend wertlos wird, wenn der Schiedsspruch „nicht in einem anderen als dem Vollstreckungsland ergangen ist und er im Vollstreckungsstaat trotz der Vereinbarung der Schiedsordnung der IHK als inländischer betrachtet und aufgehoben wird"[60]. Abhilfe könne man schaffen, wenn man den Art. I Abs. 1 S. 2 so auslegt, daß er auch den im Inland erlassenen Parteiverfahrensschiedsspruch erfaßt[61]. Zur Begründung dieser Auslegung verweist *Wetzmüller* darauf, daß Art. I Abs. 1 zu einem Zeitpunkt in das UN-Übereinkommen aufgenommen wurde, in dem die

---

[58] Vgl. dieses Beispiel bei *Mezger*, EMS, S. 28 f.; *Eisemann*, RiW 1956, 4.
[59] Vgl. *Eisemann*, RiW 1956, 4.
[60] *Wetzmüller*, S. 41 f.
[61] *Wetzmüller*, S. 56. Diese Interpretation des Art. I Abs. 1 S. 2 soll unabhängig davon gelten, ob ein Einzelstaat der Ortstheorie oder der Verfahrenstheorie folgt.

jetzige Regelung des Art. V Abs. 1d noch nicht vorhersehbar war. Zum anderen habe Art. I Abs. 1 S. 2 den Anwendungsbereich des Übereinkommens erweitern wollen, und zwar auf diejenigen Schiedssprüche, die im Vollstreckungsland — obwohl im Inland ergangen — nicht als inländische betrachtet werden.

Daß der Satz 2 des Art. I Abs. 1 den Anwendungsbereich des UN-Übereinkommens erweitern wollte, ist nicht zu bestreiten. Gegen die weitere Folgerung, diese Erweiterung solle auch den Parteiverfahrensschiedsspruch und nicht nur den einem fremden staatlichen Verfahrensrecht unterworfenen Schiedsspruch erfassen, spricht aber, daß das UN-Übereinkommen in der Definition des Anwendungsbereiches gerade nicht dem Vorschlag der Internationalen Handelskammer gefolgt ist, sondern an der Unterscheidung zwischen inländischen und ausländischen Schiedssprüchen festgehalten hat. Im Wege der Auslegung die Definition der Internationalen Handelskammer dennoch in das UN-Übereinkommen hineinzuinterpretieren, erscheint uns deshalb nicht vertretbar. Zu dieser Konsequenz führt aber die Meinung von *Wetzmüller*[62].

Die gleichen Einwände bestehen gegen die Ansicht von *Motulsky*, der den Anwendungsbereich des UN-Übereinkommens auf einen nur von den Parteivereinbarungen getragenen Schiedsspruch ausweitet. Man könne auch den im Inland ergangenen, von den Parteien oder den Schiedsrichtern keinem bestimmten staatlichen Recht unterstellten Schiedsspruch über den seinem Wortlaut nach den Begriff des ausländischen Schiedsspruchs rein negativ im Gegensatz zum nationalen Schiedsspruch formulierenden Art. I Abs. 1 S. 2 UN-Übereinkommen in den Anwendungsbereich des UN-Übereinkommens hineinziehen. Auch eine „sentence internationale" könne als ein Schiedsspruch betrachtet werden, der im Vollstreckungsland „nicht als ein inländischer anzusehen" ist. „Soweit die ‚sentence internationale' existiert, kann sie den Status eines ausländischen Schiedsspruchs haben und folglich unter den Anwendungsbereich des Übereinkommens fallen[63]."

Zwar kann man *Motulsky* nicht entgegenhalten, daß auch das UN-Übereinkommen in Art. V Abs. 1e den Schiedsspruch an ein bestimmtes

[62] Nicht einmal *Fouchard* nimmt an, daß der Parteiverfahrensschiedsspruch unter das UN-Übereinkommen fällt. Allerdings sei es möglich, daß der Richter vor den Schwierigkeiten der Anknüpfung an ein bestimmtes staatliches Recht kapituliere und den staatenlosen Spruch zu einem ausländischen erkläre. Das sei aber ein ungewollter Effekt des UN-Übereinkommens. Vgl. *Fouchard*, Arbitrage, S. 18, 21.

[63] *Motulsky*, Ann. Fac. Liège 1964, 155: « La sentence étrangère ne s'oppose qu'à la sentence ‹ nationale › ; mais on peut fort bien — et c'est ce que fait l'art. 1er de la Convention — définir la sentence étrangère comme celle ⟨ qui n'est pas considérée comme nationale ⟩ dans un pays déterminé. J'en déduis que, dans la mesure où elle existe, la sentence internationale peut avoir le statut de la sentence étrangère; il s'ensuit qu'elle doit entrer dans le champ d'application de la Convention. »

staatliches Recht anknüpft und ihn so zu einem nationalen macht, denn diese Anknüpfungsnorm ist nur auf einen unter das Übereinkommen fallenden Schiedsspruch anwendbar und damit für die Frage, ob ein Schiedsspruch unter das Übereinkommen fällt, nicht unmittelbar einschlägig. Jedoch erlaubt Art. V Abs. 1e UN-Übereinkommen mittelbar Einwendungen gegen die von *Motulsky* vorgetragene Ansicht.

Würde der im Inland erlassene Parteiverfahrensschiedsspruch — den *Motulsky* als internationalen Schiedsspruch einreiht — über die negativ gefaßte Definition des Art. I Abs. 1 S. 2 UN-Übereinkommen unter den Anwendungsbereich des Übereinkommens fallen, so würde er für das Übereinkommen zugegebenermaßen zu einem ausländischen, da Art. I Abs. 1 zugleich die Definition des ausländischen Schiedsspruchs im Sinne des UN-Übereinkommens enthält[64]. Damit ist die Änderung im Charakter des Schiedsspruchs von dem seinem Wesen nach internationalen zu einem für den Anwendungsbereich des Übereinkommens ausländischen aber nicht beendet. Denn nach der Regel des Art. V Abs. 1e UN-Übereinkommen wird der Schiedsspruch an dem Recht des Landes gemessen, in dem oder nach dessen Recht er ergangen ist. Da für den Parteiverfahrensschiedsspruch, dessen Anknüpfung offenblieb, nach Art. V Abs. 1e das Ortsrecht zuständig ist, wird der im Vollstreckungsland erlassene Schiedsspruch für die rechtliche Bewertung durch den Vollstreckungsrichter zu einem inländischen. Auch diese Konsequenz spricht dagegen, dem UN-Übereinkommen zu unterstellen, es habe in seiner negativen Formulierung des ausländischen Schiedsspruchs nicht nur den einem fremden staatlichen Recht unterliegenden, sondern auch den im Inland erlassenen, nicht angeknüpften Schiedsspruch erfassen wollen.

### V. Der Zusammenhang zwischen Art. V Abs. 1 d und e und Art. I Abs. 1 S. 1 UN-Übereinkommen

In einem weiteren Fall kann sich das im Vertrauen auf Art. V Abs. 1d UN-Übereinkommen allein durch die Parteivereinbarungen geregelte Schiedsverfahren als ein potentieller Nachteil erweisen. Auch daraus läßt sich aber eine einschränkende Auslegung des Art. V Abs. 1d nicht begründen.

#### *1. Der Beispielsfall*

Soll aus einem Schiedsspruch, der in einem nur durch Parteivereinbarungen geregelten Verfahren ergangen ist, in einem Vertragsstaat des Übereinkommens vollstreckt werden, für den dieser Schiedsspruch nach Art. I Abs. 1 S. 1 ein ausländischer ist, so ist bei der Vollstreckung

[64] Vgl. *Bülow*, JBl. 1961, 308; *Glossner*, NJW 1966, 1594.

des Schiedsspruchs Art. V Abs. 1d anwendbar. Dieser Schiedsspruch kann aber in dem Lande, in dem er erlassen wurde, wegen Verletzung zwingender Verfahrensvorschriften des internen Rechts aufgehoben werden, da die Erweiterung der Parteifreiheit durch das UN-Übereinkommen insoweit nicht zum Tragen kommt[65]. Die Aufhebung des Schiedsspruchs im Ursprungslande würde aber nach Art. V Abs. 1e UN-Übereinkommen der Vollstreckung aus dem Schiedsspruch auch im Vollstreckungsstaat entgegengesetzt werden können[66], obwohl er in diesem Staat als ausländischer Schiedsspruch angesehen wird und die Verletzung zwingenden Verfahrensrechtes des Ursprungslandes für den Richter des Vollstreckungslandes wegen Art. V Abs. 1d kein Grund wäre, aus dem er die Anerkennung und Vollstreckung verweigern könnte.

Danach hat die unterlegene Partei auf dem Umweg über die Aufhebung des Schiedsspruchs im Verfahrensland und Art. V Abs. 1e UN-Übereinkommen die Möglichkeit, die fehlende Beachtung zwingender Vorschriften des Verfahrenslandes auszunutzen, um die Vollstreckung des Schiedsspruchs nach dem UN-Übereinkommen zu verhindern, obwohl Art. V Abs. 1d ihr diesen Einwand gerade abschneiden will. Die Gelegenheit zu dieser Überspielung des Art. V Abs. 1d gibt ihr die unglückliche Definition des Anwendungsbereichs der Konvention, die den Vorteil des Art. V Abs. 1d nur einem ausländischen Schiedsspruch zuteil werden läßt.

### 2. *Art. IX Abs. 2 Europäisches Übereinkommen*

Als Ausweg aus dieser Situation schlägt *Bertheau* den Parteien vor, bei ihren Vereinbarungen über das Verfahren die zum ordre public des Verfahrenslandes gehörenden Verfahrensvorschriften zu beachten, um so die Aufhebung des Schiedsspruchs im Inland zu vermeiden[67]. Daß damit der Vorteil des Art. V Abs. 1d UN-Übereinkommen weitgehend verlorengeht, ist nicht zu übersehen. So sucht denn auch Art. IX Abs. 2 Europäisches Übereinkommen Abhilfe auf einem anderen Wege.

Diese Bestimmung modifiziert im Verhältnis der Staaten, die sowohl das UN-Übereinkommen wie das Europäische Übereinkommen ratifiziert haben, Art. V Abs. 1e UN-Übereinkommen dahin, daß dieser nur zur Anwendung kommt, wenn der Schiedsspruch im Verfahrensland aus einem der in Art. IX Abs. 1 Europäisches Übereinkommen genannten Gründe aufgehoben wurde. Zu diesen Gründen zählt die Verletzung

---

[65] Das übersehen *Motulsky*, Ann. Fac. Liège 1964, 154, und *Robert*, Arbitrage, S. 538, bei ihren Einwänden gegen diesen Beispielsfall.
[66] Vgl. dazu *Klein*, Festgabe, S. 154 und Anm. 25; *Bertheau*, S. 87 f.
[67] *Bertheau*, S. 87 f.

des ordre public des Verfahrenslandes aber nicht[68]. Es bleibt für die Staaten, für die Art. V Abs. 1e UN-Übereinkommen durch Art. IX Abs. 2 Europäisches Übereinkommen modifiziert wurde, das bedauerliche Ergebnis, daß die Aufhebung des Schiedsspruchs im Verfahrensland sich zwar im Vollstreckungsland nicht auswirkt, der Schiedsspruch aber dennoch territorial begrenzt unwirksam ist[69].

Dagegen behält der Rat *Bertheaus*[70] weiterhin sein Interesse, wenn das voraussichtliche Vollstreckungsland dem Europäischen Übereinkommen nicht beigetreten ist.

## VI. Ordre public und rechtliches Gehör

Die Grenzen des rechtlich Zulässigen im Bereich des Schiedsverfahrens bilden nach dem UN-Übereinkommen allein jene fundamentalen Grundsätze, auf welche die Staaten nicht verzichten können, wenn sie einem Schiedsspruch ihre Sanktionen zur Verfügung stellen sollen.

### *1. Art. V Abs. 1b und Abs. 2a UN-Übereinkommen*

Der Wortlaut von Art. V Abs. 1b und Abs. 2a UN-Übereinkommen ist eindeutig. Jene Bestimmung verlangt in der Form einer vereinheitlichten Vollstreckungsvoraussetzung[71] die Beachtung des rechtlichen Gehörs, diese ermöglicht die rechtliche Prüfung am ordre public des Vollstreckungslandes. Problematisch ist allein die Frage, ob der allgemeine ordre public-Vorbehalt gegenüber seiner speziell auf das Schiedsverfahren bezogenen Ausprägung des Erfordernisses der Beachtung des rechtlichen Gehörs überhaupt noch für die Prüfung des Schiedsverfahrens[72] herangezogen werden kann.

---

[68] Vgl. dazu *Benjamin*, BYBIL 1961, 494; *Bülow*, AwD 1961, 145. Vgl. auch zum Grund dieser Regelung *Kopelmanas*, Ann. fr. dr. int. 1961, 345 f. Nur der ordre public des Landes, in dem der Schiedsspruch Wirkungen entfalten solle, könne für die Wirksamkeit des Schiedsspruchs Relevanz besitzen. «C'est donc à partir du moment où la sentence commence à produire des effets que peut seulement se poser la question de compatibilité de cette sentence avec l'ordre public du pays interessé, ce qui nous ramène à nouveau au stade d'exécution». Für den Vollstreckungsstaat sei damit der „ordre public du pays d'origine assurément indifférent" (348). Ähnlich *Lagergren*, Sources, S. 219.

[69] Somit ändert auch Art. IX Abs. 2 Europäisches Übereinkommen nichts an der Anknüpfung des Schiedsspruchs an ein nationales Recht, sondern setzt sie in der rechtlichen Bewertung des Schiedsspruchs im Ursprungsland gerade voraus. Vgl. dazu unten § 9 III 1, 2.

[70] Vgl. *Bertheau*, S. 87 f.

[71] So ist wohl auch die Qualifizierung *Fouchards*, Arbitrage, S. 343, zu verstehen, es handle sich um eine „règle internationale", die den Vollstreckungsrichter nicht auf ein nationales Recht verweise.

### 2. *Die Ausschaltung des Art. V Abs. 2a UN-Übereinkommen für das Schiedsverfahren*

So will *Fouchard* e contrario aus der Existenz des Art. V Abs. 1b, der speziell für das Schiedsverfahren von Bedeutung ist, und aus dem Ausmaß der den Parteien in Art. V Abs. 1d gewährten Freiheit schließen, daß Art. V Abs. 2a das Schiedsverfahren nicht unmittelbar betreffe[73].

Dieser durch den Wortlaut der Bestimmung und ihre Entstehungsgeschichte[74] nicht gebotenen Ausschaltung des allgemeinen Vorbehalts des ordre public können wir uns nicht anschließen[75]. Der Vorbehalt des ordre public stellt das notwendige Korrektiv der Parteifreiheit dar und hat gerade dort seine Bedeutung, wo die Parteifreiheit nicht schon allen zwingenden Normen einer staatlichen Rechtsordnung unterworfen ist. Das ist aber im Gegensatz zu Schiedsvertrag und Schiedsspruch gerade für das Schiedsverfahren der Fall.

### 3. *Gefahr der Aushöhlung des Art. V Abs. 1d UN-Übereinkommen*

Allerdings ist zu beachten, daß nicht alle zwingenden Vorschriften des staatlichen Rechts zum ordre public im Sinne des Art. V Abs. 2a zu rechnen sind[76]. Bei zu weiter Fassung des ordre public ist die Gefahr einer Aushöhlung des Zugeständnisses des Art. V Abs. 1d nicht von der Hand zu weisen[77]. Insbesondere geht es aber nicht an, unter Berufung auf die weit gefaßte Freiheit der Parteien im Schiedsverfahren das Korrektiv des ordre public mit Vorschriften auszufüllen, die das staatliche Recht sonst zwar als zwingend, aber nicht als zum ordre public

---

[72] Vgl. allgemein zur prozessualen Vorbehaltsklausel, die auch das tatsächliche Zustandekommen des Schiedsspruchs erfaßt, *Neuhaus*, S. 266.

[73] *Fouchard*, Arbitrage, S. 346: «Il apparaît en effet qu'elle ne concerne plus directement ce stade de l'arbitrage, qui ne relève plus que de l'autonomie de la volonté et de son correctif: le respect des droits de la défense. Cette interprétation résulte des dispositions combinées des alinéas d et b du paragraphe 1 de l'article V; le paragraphe 2 de ce même article faisant intervenir l'ordre public, ne vise en revanche que la contrariété à cet ordre qui résulterait de la reconnaissance ou l'exécution de la sentence».

[74] Vgl. *Bertheau*, S. 64; *Walker*, S. 79.

[75] Für die Geltung des ordre public-Vorbehalts für das Verfahren auch *Motulsky*, Rev. Arb. 1959, 11; *Bertheau*, S. 75 (mit Beispielsfall), 63 f.: „Ein Schiedsurteil, das auf Grund einer Nichtbeachtung elementarer Verfahrensgrundsätze zustandegekommen ist, soll vom Vollstreckungsstaat ebensowenig vollstreckt werden müssen, wie ein Schiedsurteil, das in materieller Hinsicht das Rechtsempfinden des Vollstreckungsstaats in unerträglicher Weise verletzt".

[76] Vgl. *Bertheau*, S. 62; *Köhn*, KTS, 1956, 138.

[77] Vgl. *Kitagawa*, Liber Amicorum for *Domke*, S. 139: „I hope that the same article (2) (b) will not perhaps become a timebomb prepared by the countries opposed to the ICC view"; *Bertheau*, S. 64: „Eine zu häufige Anwendung des ordre public-Vorbehalts kann allerdings das Abkommen aushöhlen". Vgl. allgemein *Raape*, S. 100.

gehörend betrachtet, mit anderen Worten, den ordre public des Vollstreckungslandes gerade wegen der weit gefaßten Parteifreiheit zu erweitern[78]. Eine solche Auslegung würde dem Sinn des Art. V Abs. 1d UN-Übereinkommen zuwiderlaufen[79].

## § 9. Das Europäische Übereinkommen über die internationale Handelsschiedsgerichtsbarkeit

Auch das Europäische Übereinkommen[1] trägt zur Lösung der internationalen Schiedsgerichtsbarkeit vom staatlichen Recht bei und räumt dabei dem Parteiwillen eine entscheidende Rolle ein[2]. Jedoch ist der Einfluß zwingender staatlicher Normen auf die Schiedsgerichtsbarkeit nur partiell beseitigt.

### I. Schrankenlose Parteivereinbarungen und Art. IV Abs. 1

Als Ansatzpunkt der Lösung der Schiedsgerichtsbarkeit vom staatlichen Recht im Europäischen Übereinkommen dient insbesondere Art. IV Abs. 1. Er geht von der Unterscheidung zwischen ständigen und ad hoc-Schiedsgerichten aus. Nach dieser grundlegenden Norm für das schiedsgerichtliche Verfahren steht es den Parteien frei, ihre Streitigkeiten einem ständigen Schiedsgericht zu übertragen, mit der Folge, daß sich das Schiedsverfahren nach dessen Schiedsordnung regelt. Die Parteien können aber auch vereinbaren, ein ad hoc-Schiedsgericht zu bestellen. Sie bestimmen dann den oder die Schiedsrichter und regeln die Bestellung der Schiedsrichter bei Entstehen einer Streitigkeit. Des weiteren haben sie die Befugnis, den Ort des Verfahrens und die von den Schiedsrichtern einzuhaltenden Verfahrensregeln festzulegen.

#### 1. *Parteivereinbarungen und Rechtswahl*

Der Wortlaut des Art. IV trägt eine Auslegung, die aus ihm nicht nur die Erlaubnis zum Abschluß schrankenloser Parteivereinbarungen über das Verfahren entnimmt, sondern den Parteien auch die Befugnis der Wahl eines staatlichen Rechts zugesteht. Daß die Parteivereinbarungen dabei eindeutig die bedeutsamere Frage bilden, bringt bereits der Wortlaut zum Ausdruck. In den Kommentaren zu dieser Vorschrift wird denn auch ihr Beitrag zur Lösung des Schiedsverfahrens vom staatlichen Recht hervorgehoben[3].

---

[78] Zu diesem Ergebnis würde jedoch der Vorschlag von *Kornblum*, Unabhängigkeit, S. 188 ff., führen.
[79] Vgl. *Bülow*, DNotZ 1968, 516.
[1] BGBl. 1964 II 426.
[2] Vgl. *Benjamin*, BYBIL 1961, 479, 495; *Pointet*, AIC, Bd. 3, S. 294, 296.

### 2. *Einschränkende Auslegung*

Während *Klein* für Art. IV die Zulässigkeit schrankenloser Parteivereinbarungen, wenn auch mit Vorbehalten, anerkennt[4], vertritt *Gentinetta* die Geltung der zwingenden Vorschriften der den Schiedsvertrag beherrschenden Rechtsordnung für das Schiedsverfahren auch bei dieser Bestimmung. Da der Schiedsvertrag einem bestimmten staatlichen Recht unterworfen bleibe, „und das Verfahren laut ausdrücklicher Vorschrift den Bestimmungen des Schiedsvertrages konform sein muß, (könne) sich die Privatautonomie im Verfahren nur innerhalb der für den Schiedsvertrag geltenden zwingenden Normen der loi compétente entfalten"[5]. Die Berufung auf den Wortlaut des Art. IX Abs. 1 d Europäisches Übereinkommen läßt die erforderliche Differenzierung zwischen den Parteivereinbarungen über das Verfahren und der Schiedsvereinbarung (Art. IX Abs. 1 a) vermissen.

Zwar ist *Gentinetta* zuzugeben, daß der Schiedsvertrag nach dem Europäischen Übereinkommen einem bestimmten staatlichen Recht unterworfen ist (Art. IX Abs. 1 a; Art. VI Abs. 2 a)[6]. Seinen weiteren Folgerungen können wir uns nicht anschließen. Es ist durchaus nicht notwendig, daß die Rechtsordnung des Schiedsvertrags auch das Schiedsverfahren beherrscht. Auf unsere Bemerkungen zu Art. V Abs. 1 UN-Übereinkommen dürfen wir insoweit verweisen, da Art. IX Abs. 1 a—d Europäisches Übereinkommen dem Art. V Abs. 1 a—d UN-Übereinkommen fast wörtlich entspricht[7]. Weiterhin ist der Schluß nicht zwingend, die Schranken der den Schiedsvertrag beherrschenden Rechtsordnung bildeten auch den Rahmen des rechtlich Zulässigen für die Parteivereinbarungen über das Verfahren. Es steht einer internationalen Konvention frei, die Grenzen der Parteifreiheit für einen bestimmten sachlich umgrenzten Bereich (Schiedsverfahren) weiter zu fassen als für einen anderen. Selbst die Tatsache, daß es auch nach dem Europäischen Übereinkommen eine auf das Schiedsverfahren anwendbare Rechtsordnung gibt, steht, wie wir sehen werden, nicht entgegen, die Parteivereinbarungen nicht durch die zwingenden Vorschriften dieser Rechtsordnung zu begrenzen.

---

[3] Vgl. *Kopelmanas*, Ann. fr. dr. int. 1961, 341; *Klein*, ZZP 76, 354 (allerdings mit Vorbehalten 358); *Motulsky*, Ann. Fac. Liège 1964, 155 f.; *Pointet*, AIC, Bd. 3, S. 270; *Kaiser*, S. 83; *Robert*, D. 1961 Chr. 177; *Peyrefitte*, D. 1965 Chr. 118; *Eisemann*, ZHR 132, 284; *Walker*, S. 91, 96.

[4] *Klein*, ZZP 76, 354 (358); vgl. auch *ders.*, SchwJB 1963, 52; *ders.*, SchwJB 1967, 113.

[5] *Gentinetta*, ZSR 1965, 171. In AWD 1969, 51 wiederholt *Gentinetta* diese Argumentation nicht ausdrücklich. Jedoch wird auch hier die Parteifreiheit durch eine Reihe zwingender Normen der „loi de l'arbitrage" eingeschränkt.

[6] Vgl. dazu *Fouchard*, Arbitrage, S. 65.

[7] Vgl. zu der Auseinandersetzung im einzelnen § 8 II.

### 3. Das anzuwendende Recht

a) Die wesentlichste Frage ergibt aber ein Vergleich zwischen Art. V Abs. 1 d UN-Übereinkommen und Art. IV Abs. 1 Europäisches Übereinkommen. Während jene Bestimmung auf eine subsidiär anwendbare Rechtsordnung verweist, fehlt diese Verweisung in Art. IV Abs. 1 Europäisches Übereinkommen. Auch in dessen Art. IX Abs. 1, der in seinen Ziffern a bis d fast wörtlich dem Art. V Abs. 1 a—d entspricht, fehlt in Ziffer d der Hinweis auf eine subsidiär anwendbare Rechtsordnung. Es ist nicht erstaunlich, daß aus dem Fehlen dieses Hinweises Rückschlüsse auf die Tendenz der Konvention, das staatliche Recht auszuschalten, gezogen werden[8].

b) Nicht zwingend erscheint es aber, aus der Tatsache, daß Art. IV Europäisches Übereinkommen den Hinweis auf eine subsidiär anwendbare Rechtsordnung nicht enthält, zu schließen, daß es eine solche Rechtsordnung nicht gibt. Dagegen spricht bereits Art. VII Abs. 2 Europäisches Übereinkommen. Nach dieser Bestimmung ist die Zulässigkeit einer Billigkeitsentscheidung unter anderem davon abhängig, daß das auf das Verfahren anwendbare Recht sie gestattet[9]. Der Streit kann somit nicht darum gehen, ob es ein auf das Verfahren anwendbares Recht gibt, sondern welche Funktionen diesem Recht zukommen sollen.

c) Diese Problemstellung wird deutlich, wenn man die Ausführungen von *Mezger* zu den schrankenlosen Partenvereinbarungen nach Art. IV Abs. 1 und zum anwendbaren Recht gegenüberstellt.

*Mezger* sieht in Art. IV Abs. 1 Europäisches Übereinkommen eine Vorschrift von wahrhaft revolutionärem Charakter[10]. Daß er in Art. IV Abs. 1 die Zulassung von Parteivereinbarungen ohne die Bindung an zwingende Vorschriften einer anwendbaren Rechtsordnung annimmt, geht aus verschiedenen Bemerkungen eindeutig hervor[11]. Die gesetzlichen Vorschriften haben „im Anwendungsbereich des Übereinkommens nur dispositiven Charakter“[12]. Die den Parteien in Art. IV Abs. 1 „verbrieften Rechte sollen ... gelten unabhängig von der auf das Schiedsverfahren etwa anwendbaren Rechtsordnung, notfalls auch dann, wenn deren Regeln abweichenden Inhalt haben“[13].

Trotz des Fehlens des Hinweises auf eine anwendbare Rechtsordnung in Art. IV Abs. 1 bleibe die Frage offen, „ob nicht auch im Rahmen der

---

[8] Vgl. *Fouchard*, Arbitrage, S. 333, insbesondere S. 338: „... la Convention européenne ... ignore delibérément la loi étatique compétente ...“ Vgl. auch *Robert*, Arbitrage, S. 542, 415.

[9] Vgl. dazu *Mezger*, RabelsZ 1965, 281: *Gentinetta*, AWD 1969, 47.

[10] *Mezger*, RabelsZ 1965, 255.

[11] *Mezger*, RabelsZ 1965, 236, 242.

[12] *Mezger*, RabelsZ 1965, 256.

[13] *Mezger*, RabelsZ 1965, 255.

Konvention von 1961 Raum für ein auf das Verfahren anwendbares Recht ist"[14]. Für die Existenz einer solchen anwendbaren Rechtsordnung tritt *Mezger* — auch unabhängig von Art. VII Abs. 2 — ein. Als Argument dient das Bedürfnis nach einer solchen Rechtsordnung. „Man denke nur an die Frage der Mitwirkung der ordentlichen Gerichte beim Schiedsverfahren, aber auch an verschiedene andere Fragen, die die Parteien oder die Schiedsordnung hätten regeln können, aber nicht geregelt haben. Sie erfordern auch im Rahmen des Übereinkommens von 1961 ein auf das Verfahren anwendbares Recht[15]."

Zwei Gruppen von Gründen sind es wohl, aus denen das Bedürfnis nach einer anwendbaren Rechtsordnung hergeleitet wird. Einmal die Bedeutung der Rechtsordnung in ihrer Funktion, Lücken der Parteivereinbarungen durch subsidiär anwendbare Rechtsnormen zu schließen. Ferner hat die anwendbare Rechtsordnung die Aufgabe, zu bestimmen, welches staatliche Gericht für die Hilfsfunktionen während des Verfahrens zuständig ist. Daß gerade diese Funktion durch die Modifizierung des Europäischen Übereinkommens durch das Pariser Arrangement an Bedeutung gewonnen hat, sei nur nebenbei erwähnt. Alle Hilfsfunktionen, welche nach Art. IV Abs. 2 bis 7 Europäisches Übereinkommen[16] den Präsidenten der zuständigen Handelkammern oder einem besonderen Komitee übertragen werden sollten, werden danach für die Staaten Westeuropas von den zuständigen staatlichen Gerichten ausgeübt. Im einzelnen bleibt die Regelung der Zuständigkeit offen. Damit gewinnt die Frage nach der auf das Verfahren anwendbaren Rechtsordnung an Bedeutung, denn staatliche Gerichte sind nur für die Schiedsverfahren zuständig, auf die ihre Rechtsordnung anwendbar ist[17].

Auch die sich anschließende Frage nach der Bestimmung des anwendbaren Rechts beantwortet *Mezger*. Fehlt eine Parteivereinbarung über das anzuwendende Recht, so soll „nach der Bedeutung, die an verschiedenen Stellen des Übereinkommens dem Ort des Schiedsverfahrens beigemessen wird — Art. IV Abs. 1 b; Abs. 3 Satz 2; Abs. 4 c; Art. VI Abs. 2 b; Art. IX Abs. 1 — ... dieser Ort die entscheidende Anknüpfung sein"[18]; ansonsten gilt das von den Parteien gewählte Recht[19].

d) Aus diesen Bemerkungen ergibt sich, daß das anzuwendende Recht nicht die Funktion hat, in seinen zwingenden Normen den Parteiverein-

[14] *Mezger*, RabelsZ 1965, 257.
[15] *Mezger*, RabelsZ 1965, 275.
[16] Vgl. dazu unten 5 c.
[17] Nach Art. IV Abs. 2—7 Europäisches Übereinkommen wurde allein die Zuständigkeit des Handelskammerpräsidenten innerhalb eines bestimmten Landes offengelassen.
[18] *Mezger*, RabelsZ 1965, 275 f.; vgl. auch 290.
[19] So auch zu Art. VII Abs. 2 *Fouchard*, Arbitrage, S. 340, ohne Diskussion der Funktionen der gewählten anwendbaren Rechtsordnung.

barungen Schranken zu setzen. Diese Bedeutung fehlt dem anwendbaren Recht nicht nur, wenn die Parteien es nicht bestimmt haben, sondern auch, wenn sie eine auf das Schiedsverfahren anwendbare Rechtsordnung wählen. Für den Bereich des Schiedsverfahrens gehen die Parteivereinbarungen in beiden Fällen den Normen des anwendbaren Rechts vor[20,20a].

Es erscheint aber nicht notwendig, zum Nachweis der Existenz eines anwendbaren Rechts mit allerdings beschränkten Funktionen auf das Bedürfnis nach einem solchen Recht zurückzugreifen. Dazu genügt bereits Art. VII Abs. 2 Europäisches Übereinkommen. Darüber hinaus setzt die Annahme, Art. IV Abs. 1 modifiziere den Charakter der Normen einer an sich anwendbaren Rechtsordnung, bereits die Anknüpfung an eine zu modifizierende Rechtsordnung voraus[21].

### *4. Der Umfang der Parteifreiheit*

Gesteht Art. IV Abs. 1 Europäisches Übereinkommen somit den Parteien die Befugnis zu, die Bildung des Schiedsgerichts und das Schiedsverfahren unabhängig von den Schranken zwingender staatlicher Normen zu regeln, so ist doch der Bereich, auf den diese Parteifreiheit eingegrenzt ist, Gegenstand der Kontroverse[22].

a) So wird die Frage gestellt, ob die Parteien die Befugnis haben, unter Berufung auf Art. IV Europäisches Übereinkommen die durch das anwendbare staatliche Recht gewährte Möglichkeit der Ablehnung des oder der Schiedsrichter auszuschließen. Nach der Meinung von *Mezger* umfaßt Art. IV Abs. 1 den Ausschluß der Schiedsrichterablehnung nicht. „Die Suprematie des Parteiwillens über jede positive Satzung" dürfe nicht „über das ausdrücklich in der Konvention zugestandene Maß hinaus ausgedehnt werden"[23]. Dieser Satz ist von allgemeiner Bedeutung, da er es erlaubt, die Rechtsmacht der Parteien auf Materien einzuschränken, die ihr eine völkerrechtliche Konvention ausdrücklich zugesteht, und sie somit im Zweifel eng auszulegen.

---

[20] Einer ähnlichen Konstruktion sind wir bereits bei der Interpretation des Art. 2 Abs. 1 Genfer Protokoll durch *Renggli* begegnet.

[20a] Eine andere Funktion hat das anwendbare Recht aber bei *Robert*, Arbitrage, S. 412, 416. — «La conclusion est donc que s'il y a primauté indiscutable de la volonté des parties pour la fixation des règles de procédure, cette volonté ne pourra pratiquement pas s'exercer autrement que dans le cadre d'un droit national de procédure (S. 416)». — Zu Unrecht gesteht *Robert* zwingenden staatlichen Normen eine die Parteifreiheit beschränkende Funktion zu.

[21] Vgl. im einzelnen unten § 11.

[22] Vgl. z. B. zur Vereidigung von Zeugen durch das Schiedsgericht *Lagergren*, Sources, S. 223. Gegen die Übertragung von Vernehmung und Vereidigung an das Schiedsgericht *Gentinetta*, AWD 1969, 51.

[23] *Mezger*, RabelsZ 1965, 290.

b) Daß völkerrechtliche Verträge, „die Beschränkungen der staatlichen Gesetzgebungshoheit enthalten", im Zweifel eng auszulegen sind, gehört „zu den meist zitierten und zugleich zweifelhaftesten Auslegungsregeln"[24] bei der Interpretation völkerrechtlicher Verträge[25]. Dieses Prinzip hat aber lediglich subsidiäre Geltung, wenn sich mit anderen Auslegungsregeln der Sinn der Regelung nicht ermitteln läßt[26].

Der Wortlaut des Art. IV Abs. 1 Europäisches Übereinkommen läßt aber nicht den Schluß zu, daß der sachlich auf die Bildung des Schiedsgerichts und die Verfahrensregelung begrenzte Bereich der Parteifreiheit durch nur zwingende Normen des staatlichen Rechts eingeschränkt werden sollte[26a]. Dagegen spricht das Wort „insbesondere", das man der Aufzählung der den Parteien bei Vereinbarung eines Gelegenheitsschiedsgerichts möglichen Verfahrensregelung voranstellte, und das eine Einschränkung auf die aufgezählten Materien verwehrt. Rückschlüsse ließen sich lediglich aus dem Pariser Arrangement entnehmen, das mit dem Europäischen Übereinkommen in engem Zusammenhang steht, und aus dem sich ergibt, daß das Verfahren bei der Bildung des Schiedsgerichts nicht in dem Ausmaß dem staatlichen Einfluß entzogen werden soll, wie es Art. IV Europäisches Übereinkommen in seiner Gesamtheit vorsah. Eine solche Argumentation erscheint aber deshalb nicht zulässig, weil das Pariser Arrangement nicht von allen Vertragsstaaten des Europäischen Übereinkommens abgeschlossen wurde und die nicht modifizierte Bestimmung des Art. IV Abs. 1 Europäisches Übereinkommen nicht für die Vertragsstaaten nach ihrer Beteiligung am Pariser Arrangement verschieden ausgelegt werden kann.

### *5. Der Mechanismus des Art. IV Abs. 2—7 Europäisches Übereinkommen*

Nur nebenbei sei erwähnt, daß der Mechanismus des Art. IV Abs. 2—7 Europäisches Übereinkommen die Trennung der Schiedsgerichtsbarkeit vom Staat noch vertiefen sollte. Wegen des Einflusses des Pariser Arrangements wird er jedenfalls unter den Staaten Westeuropas nicht zum Tragen kommen.

a) Auch die Schiedsrichter sollten nach dem Europäischen Übereinkommen bei der Bildung des Schiedsgerichts und während des Schiedsverfahrens wichtige eigene Befugnisse haben. So sieht Art. IV Abs. 3

---

[24] *Bernhardt*, Auslegung, S. 143.

[25] Vgl. dazu im einzelnen *Bernhardt*, Auslegung, S. 142; *Berber* Bd. 1, S. 447; *Guggenheim*, Bd. 1, S. 128.

[26] Vgl. *Berhardt*, Auslegung, S. 155.

[26a] Gegen die Privatautonomie bei Rekusationsgründen und der Frage der Bindung staatlicher Gerichte an die Ablehnungsentscheidung nichtstaatlicher Instanzen wendet sich aber *Gentinetta*, AWD 1969, 49 ff.

für den Fall des ad hoc-Verfahrens vor, daß sie die zur Gestaltung des schiedsrichterlichen Verfahrens erforderlichen Maßnahmen treffen können. Darunter fallen die Bestimmung des Ortes des Schiedsverfahrens, die Festlegung der Verfahrensregeln und die Bestellung der fehlenden Schiedsrichter[27]. Allerdings stehen diese Befugnisse den Schiedsrichtern nach der Systematik des Art. IV nur subsidiär zu, wenn eine Regelung durch die Parteien fehlt oder die Parteien sich nicht einigen können[28].

b) Das Europäische Übereinkommen sieht darüber hinaus die Einschaltung der Präsidenten der Handelskammer oder des Besonderen Komitees für Hilfstätigkeiten bei der Bildung des Schiedsgerichts und während des Ablaufs des Schiedsverfahrens vor. Ein Rückgriff auf staatliche Gerichte sollte dadurch vermieden werden.

In diesem Zusammenhang sei an Bestrebungen erinnert, durch völkerrechtlichen Vertrag beauftragten oder errichteten Organen Hilfstätigkeiten im Rahmen der Schiedsgerichtsbarkeit zu übertragen[29]. Als Beispiel sei der Vorschlag von *Carabiber* dargestellt[30]. Bei ihm verbindet sich die Idee der Zulassung eines internationalen Schiedsspruchs, der allein auf dem Parteiwillen beruht, mit der Anregung, einen „greffe international" einzurichten. Diese durch internationalen Vertrag einzurichtende Institution soll ihre Dienste zur Verfügung stellen, „pour authentifier les sentences rendues par application des accords conclus sans nécessité d'un exéquatur national"[31]. Damit werden die Kontrollfunktionen, die einer staatlichen Zwangsvollstreckung vorausgehen, einer völkerrechtlichen Institution übertragen, während die Durchführung der Zwangsvollstreckung bei den Einzelstaaten verbleibt[32].

In diese Kategorie von Hilfsorganen ordnen sich auch die in Art. IV Abs. 2—7 Europäisches Übereinkommen vorgesehenen ein mit dem Unterschied, daß ihre Funktionen nicht auf dem Gebiet der Vollstreckung, sondern auf dem der Hilfstätigkeiten während des Schiedsverfahrens und bei der Bildung des Schiedsgerichts liegen. Sie werden durch völkerrechtlichen Vertrag errichtet oder beauftragt[33] und sind bei der Ausübung ihrer Tätigkeit an die Vorschriften des Europäischen Übereinkommens gebunden.

---

27 Vgl. im einzelnen zu den Bedenken hinsichtlich des Umfangs der Befugnisse nach Art. IV Abs. 3 S. 1 bei Weigerung einer Partei ihren Schiedsrichter zu benennen: *Fouchard*, Arbitrage, S. 275; *Kaiser*, S. 90 f.

28 Vgl. *Klein*, ZZP 76, 355 f.; *Fouchard*, Arbitrage, S. 274.

29 Vgl. die im einzelnen hinsichtlich der Art und der Funktionen der Hilfsorgane unterschiedlichen Vorschläge bei *Minoli*, ITA, S. 188; *van Ommeren*, Rev. Arb. 1961 (congrès de Paris), 107 ff.; *Arendt*, Rev. Arb. 1966 (congrès de Rotterdam), 121 ff.; *Kagel*, ITA, S. 209 ff.

30 Vgl. *Carabiber*, Rev. Arb. 1964, 8 f.; *ders.*, ITA, S. 157; *ders.*, Atti, S. 217.

31 *Carabiber*, Rev. Arb. 1964, 8.

32 Zuweilen verbindet *Carabiber* diesen Vorschlag auch mit einer loi uniforme (Rev. Arb. 1964, 9).

33 Vgl. *Bülow*, KTS 1959, 100; *Robert*, Arbitrage, S. 410.

Parteien oder Schiedsrichter können unter besonderen Voraussetzungen nach Art. IV Abs. 2—7 Europäisches Übereinkommen die Hilfe des Präsidenten der zuständigen Handelskammer oder des Besonderen Komitees[34] in Anspruch nehmen[35]. Im einzelnen steht diese Befugnis dem Kläger zu, wenn die Parteien sich darüber einig sind, den Streit einem ständigen Schiedsgericht zu übertragen, das ständige Schiedsgericht aber nicht bestimmt haben und sich über seine Bestimmung nicht einigen können (Art. IV Abs. 5). Das gleiche gilt bei fehlender Einigung, ob der Streit einem ad hoc- oder einem ständigen Schiedsgericht übertragen werden soll (Art. IV Abs. 6). Soll der Rechtsstreit von einem ad hoc-Schiedsgericht entschieden werden, und einigen sich die Parteien nicht über die Bestellung des Einzelschiedsrichters oder die Schiedsrichter nicht über die zu treffenden Maßnahmen, so können primär der Kläger, an zweiter Stelle auch der Beklagte oder die Schiedsrichter die Unterstützung des Präsidenten der zuständigen Handelkammer oder des Besonderen Komitees in Anspruch nehmen (Art. IV Abs. 3).

c) Die Tragweite der Beseitigung des Einflusses staatlicher Gerichte auf das schiedsrichterliche Verfahren mit Hilfe des Art. IV Abs. 2 bis 7 Europäisches Übereinkommen ist aber durch das Pariser Arrangement vom 17. Dezember 1962 erheblich eingeschränkt worden[36]. Unter den Staaten Westeuropas wird dadurch der Mechanismus des Art. IV Abs. 2 bis 7 beseitigt. Die vorgesehenen Befugnisse der Schiedsrichter, der Präsidenten der zuständigen Handelskammern oder des Besonderen Komitees entfallen. Auf Antrag einer Partei werden die Hilfsfunktionen durch das zuständige staatliche Gericht wahrgenommen[37]. Damit hat die Bestrebung des Übereinkommens, die Schiedsgerichtsbarkeit von den staatlichen Hilfsfunktionen zu lösen, zum Teil versagt[38].

## II. Die Kompetenz-Kompetenz

### *1. Keine Kompetenz-Kompetenz*

Das Europäische Übereinkommen selbst gesteht den Schiedsgerichten keine Kompetenz-Kompetenz zu.

a) Daß die Frage der Kompetenz-Kompetenz im Übereinkommen 1961 in einem „durchaus negativen Sinn entschieden worden" ist[39], mag

[34] Zusammensetzung und Verfahren des Besonderen Komitees sind in der Anlage zum Europäischen Übereinkommen geregelt.
[35] Zur praktischen Bedeutung dieser Vorschriften vgl. *Eisemann,* ZHR 132, 204.
[36] BGBl. 1964, II 448. Vgl. dazu *Golsong,* Ann. fr. dr. int. 1962, 741 ff.
[37] Vgl. *Klein,* SchwJB 1963, 52.
[38] *Panchaud,* Rev. Arb. 1966, 7.
[39] *Bülow,* AWD 1961, 145; vgl. auch ders., DNotZ 1968, 514.

seinen Grund in der Wirkung der Kompetenz-Kompetenz auf den Bereich der Zuständigkeit der staatlichen Gerichte gehabt haben[40]. Die Schiedsgerichte eignen sich mit der unrichtigen Entscheidung über ihre Zuständigkeit eine Entscheidungskompetenz an, die ihnen nicht zusteht. Wegen der bindenden Wirkung ihrer Entscheidung schränken sie damit zugleich die an sich gegebene Zuständigkeit der staatlichen Gerichte ein.

b) Das Übereinkommen räumt den Schiedsgerichten lediglich die vorläufige Entscheidung über ihre Zuständigkeit ein. Sie sind nicht verpflichtet, wegen einer ihre Zuständigkeit betreffenden Frage das Verfahren auszusetzen und die Entscheidung der staatlichen Gerichte einzuholen. Diese Entscheidungsbefugnis steht aber unter dem Vorbehalt der Überprüfung durch das staatliche Gericht (Art. V Abs. 3). Eine Bindung des staatlichen Gerichts besteht somit nicht[41].

### 2. *Abweichende Stellungnahme des staatlichen Rechts*

a) Allerdings ist zu beachten, daß das Europäische Übereinkommen die Gerichte der Einzelstaaten nicht verpflichtet, die Entscheidung des Schiedsgerichts über seine Zuständigkeit nachzuprüfen, wenn das staatliche Recht die Kompetenz-Kompetenz anerkennt[42], denn die Überprüfung ist gerade für den Fall vorbehalten, daß sie dem staatlichen Gericht nach seinem Recht zusteht (Art. V Abs. 3).

b) Das deutsche Recht gestattet die Kompetenz-Kompetenz der Schiedsgerichte nicht. Zwar hat der Bundesgerichtshof dem Schiedsgericht die Kompetenz-Kompetenz für den Fall zugestanden, daß sie ihm von den Parteien vertraglich eingeräumt wurde[43]. Dieses Urteil ist aber zu Recht kritisiert worden[44]. § 1041 II ZPO erlaubt den Parteien lediglich, das Schiedsgericht wirksam vom Begründungszwang der Entscheidung zu entbinden (§ 1041 I Ziff. 5 ZPO). Der Schluß e contrario aus dieser Ausnahmebestimmung führt dazu, den Schiedsrichtern die endgültige Entscheidung über die Wirksamkeit der Grundlagen ihrer Zuständigkeit zu verweigern (§ 1041 I Ziff. 1 ZPO)[45].

---

[40] Vgl. *Kopelmanas*, Rev. trim. dr. comm. 1957, 904; *Kaiser*, S. 109, weist zu Recht auf die souveränitätsrechtlichen Aspekte der Frage der Kompetenz-Kompetenz hin.

[41] Vgl. *Pointet*, AIC, Bd. 3, S. 282; *Klein*, ZZP 76, 348; *Mezger*, RabelsZ 1965, 264; *Robert*, D. 1961. Chr. 179; *Kaiser*, S. 109; *Gentinetta*, AWD 1969, 51.

[42] Vgl. *Kopelmanas*, Ann. fr. dr. int. 1961, 344; *Fouchard*, Arbitrage, S. 158; *Kaiser*, S. 109; *Maier*, S. 15.

[43] BGH, KTS 1961, 26

[44] *Schwab*, KTS 1961, 25; *Kitagawa*, Liber Amicorum for *Domke*, S. 140.

[45] Vgl. dazu *Schwab*, KTS 1961, 25; *Schottelius*, KTS 1959, 137 f.; *Kreuzer*, NJW 1954, 543; *Baumgärtel*, S. 247. A. M. aber *Habscheid*, KTS 1964, 152. *Habscheid* sieht in der Vereinbarung der Kompetenz-Kompetenz einen zweiten Schiedsvertrag, der wiederum auf sein gültiges Zustandekommen nach-

### 3. *Kompetenz-Kompetenz und Parteivereinbarung*

Erkennt aber ein bestimmtes staatliches Recht die Kompetenz-Kompetenz der Schiedsgerichte nicht an, so ist es den Parteien auch verwehrt, sie dem Schiedsgericht unter Berufung auf Art. IV Abs. 1 Europäisches Übereinkommen, der dem Parteiwillen den Primat für die Verfahrensregelung zugesteht, verbindlich zu übertragen. Das widerspräche dem Sinn des Art. V Abs. 3. Die Staaten wollten sich der grundsätzlichen Berechtigung zur Überprüfung der Zuständigkeit der Schiedsgerichte nicht entäußern. Da auch die Befugnis der Parteien zu Vereinbarungen über das Verfahren auf dem Zugeständnis der Staaten beruht, wird man davon ausgehen müssen, daß sie sich die Überprüfungsbefugnis vorbehalten wollten. Die den Parteien zugestandene Rechtsmacht erstreckt sich nicht auf die Vereinbarung der Kompetenz-Kompetenz[46].

## III. Die Lösung des Schiedsspruchs vom staatlichen Recht

Den Erörterungen der rechtlichen Regelung des Schiedsspruchs durch das Europäische Übereinkommen ist vorauszuschicken, daß das Übereinkommen nur einen Ausschnitt aus dieser Problematik geregelt hat[47].

### 1. *Der nationale Schiedsspruch*

Das Europäische Übereinkommen verzichtet selbst nicht auf die Anknüpfung des Schiedsspruchs an ein bestimmtes staatliches Recht, sondern setzt sie voraus. Das ergibt sich aus Art. IX Abs. 1, der von der Existenz eines Ursprungslandes des Schiedsspruchs ausgeht, in dem der Schiedsspruch durch die staatlichen Gerichte bei einem Verstoß gegen die Rechtsordnung aufgehoben werden kann. Insoweit ist es berechtigt, wenn manche Autoren ausführen, der Schiedsspruch sei auch unter der Herrschaft des Europäischen Übereinkommens einem nationalen Recht unterworfen[48].

---

zuprüfen ist. Damit verneint er im Ergebnis die bindende Wirkung der Entscheidung und damit die Kompetenz-Kompetenz, da den staatlichen Gerichten die Überprüfung der Wirksamkeit der Kompetenz-Kompetenz-Vereinbarung vorbehalten ist.

[46] Im Ergebnis ebenso *Kitagawa*, Liber Amicorum for *Domke*, S. 140. Durch Berufung auf Art. 13 Abs. 4 der Schiedsordnung der IHK als Bestandteil einer von den Parteien eventuell vereinbarten Schiedsordnung läßt *Kitagawa* aber erkennen, daß er zur Frage der Kompetenz-Kompetenz auch das davon zu scheidende Problem der Abtrennbarkeit des Schiedsvertrags vom Hauptvertrag rechnet. Vgl. zu dieser Unterscheidung: *Schwab*, KTS 1961, 17 ff.

[47] Vgl. *Motulsky*, Ann. Fac. Liège 1964, 162.

[48] Vgl. *Klein*, SchwJB 1963, 52 („... la sentence demeure(nt) ratachée(s) à une loi nationale" (arg. Art. IX Abs. 1); *ders.*, ZZP 76, 353; *ders.*, SchwJB

### 2. *Art. IX Abs. 1 Europäisches Übereinkommen und der internationale Schiedsspruch*

Zu dieser Aussage steht die Meinung, Art. IX Abs. 1 Europäisches Übereinkommen erkenne den internationalen Schiedsspruch an, nicht in Widerspruch, sofern man die besondere Bedeutung der „Internationalität" des Schiedsspruchs berücksichtigt.

a) Nach Art. IX Abs. 1 ist die Aufhebung des Schiedsspruchs in seinem Ursprungsland für den mit dem unter das Europäische Übereinkommen fallenden Schiedsspruch befaßten Richter eines Vertragsstaates nur dann erheblich, wenn der Schiedsspruch aus einem der in Art. IX Abs. 1 genannten Gründe aufgehoben wurde[49]. Art. IX Abs. 1 regelt damit die Frage der Abhängigkeit der Wirksamkeit des Schiedsspruchs von seinem Bestand im Ursprungsland[50].

b) Allein auf diese begrenzte Lösung[51] des Schiedsspruchs von seinem Bestand im Ursprungsand bezieht sich die Annahme, Art. IX habe wirklich internationale Schiedssprüche[52] geschaffen. Daß diese Schiedssprüche sehr wohl in ihrem Ursprungsland aufgehoben und damit an dessen Regeln bewertet werden können, ist nicht abzustreiten.

c) Der in diesem Sinne verwendete Begriff des internationalen Schiedsspruchs ist aber weiterhin von dem die rechtliche Regelung kennzeichnenden Begriff des supranationalen Schiedsspruchs zu unterscheiden. Der Schiedsspruch wird — negativ — von einem bestimmten nationalen Recht nicht getragen, er ist nicht positiv einer supranationalen Ordnung unterworfen. Das läßt der Ausgangspunkt der Regelung — die Unterwerfung des Schiedsspruchs unter ein bestimmtes staatliches Recht — erkennen. Das Europäische Übereinkommen beseitigt somit nicht die Bewertung der Schiedssprüche an den Normen einer Rechtsordnung, sondern schränkt lediglich die Auswirkungen der erfolgten Bewertung ein.

---

1967, 113; *Bertheau*, S. 122 (kein staatenloser Spruch); *Gentinetta*, ZSR 1965, 171; *ders.*, AWD 1969, 47; *Roth*, S. 135.

[49] Vgl. zu Art. IX Abs. 2 oben § 8 V 2.

[50] Vgl. *Mezger*, RabelsZ 1965, 284 f.

[51] *Pointet*, AIC, Bd. 3, S. 292: „L'art. IX présente une innovation en détachant la sentence — *du moins* du point de vue de son annulation pour des motifs d'ordre public autres que ceux limitativement precisés — de l'état dans lequel ou d'après la loi duquel la sentence a été rendue. Le pas en avant — de *portée du reste limitée* — dans la voie de ce qu'on est convenue d'appeler la «sentence internationale» nous paraît toutefois justifié, ..." (hervorgehoben durch Verfasser).

[52] *Mezger*, RabelsZ 1965, 295 f. Auch *Motulsky*, Ann. Fac. Liège 1964, 150 spricht von einer „étape vers la sentence internationale".

### 3. Art. VIII Europäisches Übereinkommen

Noch begrenzter ist der Beitrag des Art. VIII Europäisches Übereinkommen zur Lösung des Schiedsspruchs vom staatlichen Recht. Art. VIII regelt die Frage der Begründung des Schiedsspruchs. Danach wird vermutet, die Parteien seien davon ausgegangen, der Schiedsspruch werde begründet werden. Die Vermutung greift nicht ein, wenn die Parteien ausdrücklich etwas anderes vereinbart haben oder nach dem schiedsrichterlichen Verfahrensrecht, dem sie sich unterworfen haben, eine Begründung des Schiedsspruchs nicht üblich ist. In diesem Fall besteht jedoch die Möglichkeit, daß eine oder beide Parteien nachträglich die Begründung des Schiedsspruchs verlangen.

Die Bewertung dieser Vorschrift ist umstritten. Während *Fouchard* in ihr einen mit der Tendenz des Übereinkommens übereinstimmenden Beitrag zur Lösung der Schiedsgerichtsbarkeit vom staatlichen Recht sieht[53], erkennt *Mezger* einen Widerspruch zum Sinn des Übereinkommens, den Willen der Parteien an die erste Stelle zu setzen[54]. Die Divergenz erklärt sich aus einer verschiedenen Setzung der Akzente bei beiden Autoren. *Fouchard* sieht allein die nicht zu bestreitende Möglichkeit der Ausschaltung eines bestimmten staatlichen Rechts, die darin besteht, daß die Parteien entgegen der Regelung des anwendbaren staatlichen Rechts ausdrücklich auf eine sonst erforderliche Begründung verzichten können und die gleiche Wirkung auch durch die Unterwerfung unter eine Schiedsordnung, die den Begründungszwang nicht kennt, erreichen können. Dagegen vernachlässigt er die Schwierigkeiten, die durch die fehlende Bindung der Parteien an eine einmal getroffene Entscheidung entstehen. Eine Regelung allein durch den Parteiwillen, die im Laufe des Verfahrens zu verändern ist, führt aber — zwar auf anderer Ebene als der des Konflikts zwischen staatlichen Rechten — ein Element der Unsicherheit in das Schiedsverfahren ein, das zu vermeiden das erklärte Ziel aller Bestrebungen eines „détachement de l'arbitrage des législations étatiques" ist.

---

[53] *Fouchard*, Arbitrage, S. 349: «La Convention ... prend pour base de la réglementation la volonté des parties, de laquelle dépendra uniquement la solution ... En accord avec l'esprit général de la Convention, favorable au détachement de l'arbitrage commercial international à l'égard de toute loi étatique, aucune référence expresse n'est faite à l'application ni au contenu des lois nationales en présence ... Le traditionnel conflit des lois perd de son acuité et surtout de son importance ...».

[54] *Mezger*, RabelsZ 1965, 283.

*Dritter Abschnitt*

# Die rechtliche Einordnung der schrankenlosen Parteivereinbarungen

## § 10. Supranationale rechtliche Ordnung

Art. V Abs. 1 d UN-Übereinkommen und Art. IV Abs. 1 Europäisches Übereinkommen überlassen die Regelung des Schiedsverfahrens weitgehend den Parteivereinbarungen. Nicht alle zwingenden Normen über das Schiedsverfahren bilden die Schranken der Parteiregelung, sondern allein die zum ordre public des Vollstreckungslandes gehörenden Bestimmungen. Über den Geltungsgrund der Parteivereinbarungen sagen Art. V Abs. 1 d UN-Übereinkommen und Art. IV Abs. 1 Europäisches Übereinkommen unmittelbar nichts aus. Wenn man in diesen Bestimmungen die Anerkennung eines supranationalen Schiedsverfahrens sieht, so handelt es sich dabei um eine Übertragung allgemeiner Vorstellungen über den Geltungsgrund von Parteivereinbarungen auf diese Vorschriften.

Für die Kritik ergeben sich folglich zwei Ausgangspunkte. Einmal wird es darum gehen, die Berechtigung von Lehren zu prüfen, die den Geltungsgrund von Parteivereinbarungen nicht im positiven Recht sehen wollen[1]. Insbesondere gilt es aber, nach der Vereinbarkeit solcher Auffassungen mit der rechtlichen Regelung der internationalen Konventionen zu fragen[2].

### I. Parteivereinbarungen als selbständige Rechtsquelle

#### 1. *Selbständige Verbindlichkeit der Parteivereinbarungen*

a) Die Auffassung, Parteivereinbarungen hätten selbständige verbindliche Kraft[3], einer ihnen übergeordneten Rechtsordnung bedürfe es nicht, um ihnen rechtliche Wirkungen zu verleihen, wurde im Rahmen der Schiedsgerichtsbarkeit nicht erst in Verbindung mit der Interpretation internationaler Konventionen vertreten.

---

[1] Vgl. I, II, III.
[2] Vgl. IV.
[3] *Tallon,* Sources, S. 156, kennzeichnet diese Meinung treffend: „It tends to assigne to party autonomy a value in itself, independant of any support in a national legislation".

So sieht *Holleaux* in den Parteivereinbarungen die Rechtsquelle der Regelung der Schiedsgerichtsbarkeit. Er vertritt die Idee einer „... autonomie absolue de la volonté, considérée non plus opérant élection d'une législation positive, mais étant elle même la loi régissant directement l'opération voulue par les parties"[4]. Auch *Carabiber* hält die „volonté des parties" für eine „source normative du droit arbitral"[5]. Die von ihm vorgeschlagene „sentence internationale" definiert er als einen rechtlich im „cadre de l'autonomie des parties" situierten Schiedsspruch[6].

b) In den Bestimmungen internationaler Konventionen, die den Parteivereinbarungen den Vorrang vor zwingenden staatlichen Normen einräumen, will man eine Bestätigung dieser Ideen erkennen[7].

### 2. *Begründung und Kritik*

a) Der französischen Rechtslehre ist die These, der Vertrag sei eine selbständige Rechtsquelle — nicht dem staatlichen Recht unterworfen, sondern ihm gleichrangig — nicht unbekannt. Die sie vertretenden Autoren knüpfen an den Wortlaut des Art. 1134 I CC an, nach dem Verträge „tiennent lieu de loi à ceux, qui les ont faites". Verträge können verpflichtende Kraft aber nur beanspruchen, wenn sie im Rahmen der gesetzlichen Vorschriften zustandegekommen sind[8]. Das stellt Art. 1134 I CC selbst klar. Der Vertrag muß somit, um „zur Quelle von subjektiven Rechten und Pflichten" zu werden, auf dem Gesetz beruhen[9]. Die gesetzliche Grundlage ist folglich die Voraussetzung seiner verpflichtenden Kraft und ihm nicht gleichrangig, sondern übergeordnet[9a].

Die Abhängigkeit der rechtlichen Verbindlichkeit von Parteivereinbarungen von der Verleihung durch das Gesetz bringt *Radbruch* treffend zum Ausdruck. „Wille kann niemals Verpflichtung erzeugen, nicht fremde, aber auch nicht eigene Verpflichtung, er kann höchstens die Sachlage hervorbringen wollen, an die eine über ihm stehende Norm die

[4] *Holleaux*, Rev. crit. 1956, 179.
[5] *Carabiber*, Recueil 1960 (I), 141.
[6] *Carabiber*, Rev. Arb. 1961, 180.
[7] Vgl. *Carabiber*, Rev. Arb. 1961, 180 ff.
[8] Vgl. Art. 1134 I CC: „légalement formées."
[9] *Zajtay*, S. 147 (insbesondere Anm. 3).
[9a] Diesen Gesichtspunkt übersieht *Walker*. Ihm schwebt ein nur durch zu einem internationalisierten ordre public zusammengefaßte Grundprinzipien begrenztes Schiedsverfahren vor (S. 53 ff.). Wenn er dabei den internationalen Schiedsspruch als einen rein geistigen Vorgang bezeichnet, der folglich von jeder staatlichen Rechtsordnung unabhängig sei (S. 23), so ist ihm entgegenzuhalten, daß auch geistige Vorgänge, insbesondere wenn sie an die Außenwelt treten, rechtlich bewertet werden können. Auch die Befugnis der Parteien, im Einzelfall ein Schiedsgericht zu vereinbaren, beruht auf dem Gesetz.

Verpflichtung knüpft ... Nicht der Vertrag bindet also, sondern das Gesetz bindet an den Vertrag[10]."

b) Den hauptsächlichen Einwand gegen die Abhängigkeit der Parteivereinbarungen vom Gesetz bilden aber Erwägungen über die Priorität von individuellem Vertrag und Gesetz. Am Anfang der Entwicklung stehe nicht das Gesetz, sondern die Einzelperson, von welcher der Staat erst seine Befugnisse abgeleitet habe[11].

Die Auseinandersetzung mit dieser Ansicht kann nicht an der Funktion vorbeigehen, welche die Parteivereinbarungen über das Schiedsverfahren zu erfüllen haben. Sie sollen eine Regelung schaffen, deren Wirksamkeit im Falle des Rückgriffs auf ein staatliches Gericht von diesem anerkannt wird. Der Grund des Tätigwerdens der staatlichen Gerichte[12] liegt aber sicherlich nicht im Willen der Parteien, die staatliche Sanktion für ihre Vereinbarungen zu erreichen, sondern im Willen des staatlichen Gesetzgebers, Parteivereinbarungen unter bestimmten Voraussetzungen als wirksam anzuerkennen und den Parteien zu ihrer Durchsetzung die Hilfe staatlicher Gerichte zuteil werden zu lassen. Daß dieser Sachverhalt in den Fällen verwischt wird, in denen die Voraussetzungen der staatlichen Hilfe auf die Beachtung einiger Grundprinzipien des staatlichen Rechts eingeschränkt sind, ändert am Grund des Tätigwerdens staatlicher Gerichte nichts[13].

Daraus ergibt sich eindeutig, daß die historische Entwicklung nicht das entscheidende Argument[14] für die Priorität des Vertrages vor dem Gesetz zu liefern vermag. Allein von Bedeutung ist es, ob nach der heutigen Rechtslage der Parteiwille selbständig rechtliche Wirkungen hervorrufen kann, oder ob diese rechtliche Wirkung und letztlich die Sanktion auf den Willen des Gesetzgebers zurückzuführen ist. Vergegenwärtigt man sich den Grund des Tätigwerdens staatlicher Gerichte und damit

---

[10] *Radbruch*, S. 244. Vgl. auch die Bemerkungen von *Niboyet*, Anm. zu Cour de cassation, S. 1951, 1, 1 zur „autonomie de la volonté": „Aller plus loin et y voir un pouvoir absolu des contractants d'échapper à toute loi, c'est une solution asociale, parce qu'aucun individu ne peut avoir la prétention de vivre en marge de la loi et d'être son seul législateur". Ähnlich *Lalive*, Recueil 1967 (I), 640 f.

[11] Dieser Idee begegnen wir bei *Kitagawa*, Liber Amicorum for *Domke*, S. 138. Durch den Staatsvertrag verpflichte sich die Einzelperson stillschweigend, alle Streitigkeiten den staatlichen Gerichten zu übertragen, „while both parties explicitely conclude an arbitration agreement".

[12] Vgl. zu dieser Argumentation *Batiffol*, Aspects philosophiques, S. 74 und *ders.*, Anm. zu Cour de cassation, Rev. crit. 1950, 613: « ... et sur le terrain final de la sanction on ne voit guère comment un juge pourra donner force obligatoire à un contrat si la loi ne lui en donnerait pas l'ordre ...» Vgl. auch *Larenz*, Schuldrecht, Bd. I, § 5.

[13] Vgl. außerdem die Argumentation der Lehre von der prozessualen Rechtsnatur der Schiedsgerichtsbarkeit oben § 2 II 2.

der Sanktionierung der Parteivereinbarungen, so kann die Überordnung der Rechtsordnung über die Parteivereinbarungen nicht zweifelhaft sein.

c) Schließlich wird die Qualität von Parteivereinbarungen als selbständige Rechtsquelle mit dem Argument begründet, der Staat habe nach der heutigen Auffassung kein Rechtssetzungsmonopol mehr. Er dürfe nicht mehr beanspruchen, einzige Quelle des Rechts zu sein[15].

Die selbständige verpflichtende Kraft von Parteivereinbarungen vermag diese Argumentation nicht zu stützen. Zum einen kann von einer Abdankung der Lehre vom Rechtssetzungsmonopol des Staates keine Rede sein[16]. Vor allen Dingen bringt man aber eine Materie mit dem staatlichen Gesetzgebungsmonopol in Kollision, die eine solche Kollisionsmöglichkeit an sich nicht enthält. Das staatliche Recht gestattet den Parteien, im Rahmen der Privatautonomie ihre Rechtsbeziehungen zu anderen Rechtssubjekten schöpferisch nach ihrem Willen zu gestalten[17]. Man kann diese Befugnis als eine rechtsschöpferische Tätigkeit bezeichnen, sofern man betont, daß es sich dabei um die Schaffung „individueller" Normen, nicht um Schöpfung von für eine Vielzahl von Fällen und für eine unbestimmte Anzahl von Rechtssubjekten Geltung beanspruchender Normen handelt, welche normativ, das heißt unabhängig von einem auf ihre Geltung gerichteten Willen, gegenüber den Rechtsunterworfenen wirken[18]. Allein für die Setzung dieser Rechtsnormen beansprucht der Staat ein Monopol.

Eine Kollision mit dem staatlichen Gesetzgebungsmonopol besteht somit bei Abschluß von Parteivereinbarungen nicht. Auch eine Aufgabe des staatlichen Rechtsetzungsmonopols wäre deshalb nicht geeignet, die Geltung vom staatlichen Recht unabhängiger Parteivereinbarungen zu begründen, da es den Abschluß von Parteivereinbarungen gar nicht umfaßt. Die Lehre von der selbständigen verpflichtenden Kraft von Parteivereinbarungen begegnet allein der bereits oben im positiven Sinne beantworteten Frage, ob Parteivereinbarungen, um rechtliche Relevanz zu erlangen, der Verleihung der Rechtswirkungen durch eine übergeordnete Rechtsordnung bedürfen.

---

[14] Vgl. *Schwab*, Liber Amicorum for *Domke*, S. 306.

[15] Vgl. *Carabiber*, Recueil 1960 (I), 141. Er spricht von einer Abrogation des staatlichen Rechtssetzungsmonopols.

[16] Vgl. dazu *Eisemann*, Incoterms, S. 33 (mit Literatur): Am Prinzip des staatlichen Rechtssetzungsmonopols ... „hat sich zumindest in der herrschenden Lehre und Rechtssprechung Europas wie auch der anglo-amerikanischen Länder, von den latein-amerikanischen Rechtsordnungen ganz abgesehen, so gut wie nichts geändert". Vgl. auch *Kronstein*, Kartelle, S. 270.

[17] Vgl. dazu *Enneccerus-Nipperdey*, Allgemeiner Teil, § 49 I: Die Privatautonomie begründe nur Rechtsverhältnisse und subjektive Rechte, sie dürfe nicht mit der objektives Recht setzenden eigentlichen Autonomie (der Satzungsautonomie — der Verf.) verwechselt werden; *Kronstein*, Kartelle, S. 235 (zu der bereits von *Savigny* betonten Unterscheidung).

[18] Auch *Kelsen* sieht die als Normen aufgefaßten Verträge von Einzel-

### II. Überpositive Geltungsgrundlage der Parteivereinbarungen

Parteivereinbarungen entbehren der Abhängigkeit von einer ihnen übergeordneten positiven Rechtsordnung aber nicht nur, wenn sie als eine dem staatlichen Recht gleichrangige Rechtsquelle aufgefaßt werden, sondern wenn ihre Geltung aus einer überpositiven Grundlage abgeleitet wird[19].

#### *1. Verbindlichkeit der Parteivereinbarungen über das Verfahren und „Pacta sunt servanda"*

Den Geltungsgrund der Parteivereinbarungen sieht *Kitagawa* in dem Prinzip „Pacta sunt servanda". Die Verbindlichkeit „of arbitration agreement comes from ‚Pacta sunt servanda' as well as other ordinary contracts without any state authorization"[20]. Damit ist positiv ausgesagt, daß Parteivereinbarungen ihre Verbindlichkeit aus einer über ihnen stehenden Rechtsgrundlage herleiten. Negativ wird diese Rechtsgrundlage als nicht-staatlich qualifiziert. Der Satz „Pacta sunt servanda" ist somit als Bestandteil einer überpositiven — naturrechtlichen — Ordnung zu verstehen.

Diese Klarstellung ist erforderlich, da man sich auch in positiven Rechtsordnungen auf „Pacta sunt servanda" beruft. Insbesondere im Völkerrecht gilt dieses Prinzip als Geltungsgrundlage völkerrechtlicher Verträge[21]. Es ist insoweit jedoch Bestandteil der Völkerrechtsordnung und kein naturrechtliches Prinzip[22].

---

personen nur als unterste Stufe eines hierarchisch aufgebauten Normsystems. Vgl. dazu *Nawiasky*, Allgemeine Rechtslehre, S. 216, 45.

[19] Vgl. *Tallon*, Sources, S. 156: sofern man die Parteiautonomie als vorstaatliches Prinzip auffaßt, ermöglicht sie „the emergence of an international legal system which itself is autonomus".

[20] *Kitagawa*, Liber Amicorum for *Domke*, S. 138 (übertragen auf Art. V Abs. 1 d UN-Übereinkommen, S. 139).
Für das Gebiet der Verträge zwischen einem Staat und einem ausländischen nicht-staatlichen Partner vertritt *Verdross* die Ansicht, der Vertrag selbst sei die Rechtsordnung, welche die Beziehungen der Parteien regle (vgl. *Verdross*, ZaöRV 1957/58, 635 ff.; *ders.*, ZfRV 1965, 129 ff.; ihm folgend *Bourquin*, BL 1960, 860 ff.; ähnlich *Kipp*, Berichte der DGesVR, Heft 5, S. 154 ff.). Die verpflichtende Kraft des Vertrages entnimmt er dem Satz „Pacta sunt servanda". Diese These wird überwiegend abgelehnt (vgl. *Zweigert*, Berichte der DGesVR, Heft 5, S. 198; *Spofford*, Recueil 1964 (III), 192; *Delaume*, AJIL 1962, 64 Anm. 3; *Schlesinger-Gündisch*, RabelsZ 1964, 26 ff.; *Mann*, BYBIL 1959, 48 ff.; *McNair*, BYBIL 1957, 7; *Lalive*, SchwJB 1962, 295). Der Vertrag kann nicht alle Probleme erschöpfend regeln. Die von *Verdross* vorgeschlagene Lösung, Rechtsnormen oder allgemeine Rechtsgrundsätze in den Vertrag aufzunehmen, erscheint als methodischer Umweg.

[21] Vgl. *Berber*, Bd. 1, S. 62.

[22] Vgl. *Guggenheim*, Bd. 1, S. 14 f.: Sofern Naturrecht Bestandteil des Völkerrechts wird, „verliert es seinen naturrechtlichen Charakter. Seine Einverleibung in das positive Recht führt zwangsläufig zu seiner Auflösung als Naturrechtssatz" (S. 14), es wird „im Wege des völkerrechtlichen Rechts-

Zuweilen nimmt man auch im Bereich des positiven staatlichen Rechts auf den Satz „Pacta sunt servanda“ Bezug. Wenn *Nawiasky* ausführt, die verbindliche Kraft von Verträgen ergeben sich aus dem Satz „Pacta sunt servanda“, so liegt darin allerdings nicht die Berufung auf eine überpositive Geltungsgrundlage der Vereinbarung, da er die Verbindlichkeit von Rechtsgeschäften von der staatlichen Ermächtigung abhängig macht[23]. Damit kann man die Bezugnahme auf den Satz „Pacta sunt servanda“ allenfalls als Hinweis auf die Herkunft einer in staatliches Recht aufgenommenen Regel verstehen.

## 2. *Naturrecht und positives Recht*

Sieht man den Satz „Pacta sunt servanda“ aber als ein vorstaatliches Prinzip an, so hat man ihn dem Naturrecht zuzuordnen[24]. Dessen Existenz und Inhalt sind umstritten[25]. Zur Auseinandersetzung mit der Ableitung bindender Wirkung von Parteivereinbarungen aus einem naturrechtlichen Satz ist es jedoch nicht erforderlich, in die Diskussion über die Existenz des Naturrechts einzutreten. Geht eine progressive Naturrechtslehre[26] gegen die notwendige Geltungsgrundlage der Parteivereinbarungen im positiven Recht an, so genügt es, sich die von der Naturrechtslehre selbst geforderten Funktionen des Naturrechts gegenüber dem positiven Recht zu vergegenwärtigen[27], um dem Satz „Pacta sunt servanda“ in unserem Zusammenhang seine Bedeutung abzusprechen. An der Existenz des positiven Rechts kann auch die Naturrechtslehre nicht vorbeigehen.

a) Naturrechtssätzen wird die Aufgabe zugeschrieben, der zur Setzung positiven Rechts befugten Gewalt die Grundsätze aufzuzeigen, die sie bei der Ausgestaltung des positiven Rechts zu beachten hat[28]. Insoweit richten sich die Naturrechtssätze an den Gesetzgeber. Sie verlangegn von ihm ein Tätigwerden in einem bestimmten Sinne. Sie können in dieser Funktion folglich nicht unmittelbar zur Grundlage der Rechtsbeziehungen von Einzelpersonen werden.

---

setzungsverfahrens positives Völkerrecht“ (S. 15). Vgl. auch *Nawiasky*, Allgemeine Rechtslehre, S. 30: „Man kann von einer Denaturierung des Naturrechts sprechen“.

[23] *Nawiasky*, Allgemeine Rechtslehre, S. 214.

[24] Vgl. *Batiffol*, Aspects philosophiques, S. 70.

[25] Vgl. dazu *Riezler*, Festschrift für *Schulz*, Bd. 2, S. 333; *Zippelius*, S. 68 ff.

[26] Zwei Strömungen der Naturrechtslehre lassen sich unterscheiden. Während die progressive Richtung der positivrechtlichen Entwicklung vorauseilen will, liefert die andere lediglich eine „Rechtfertigungsideologie für das geltende positive Recht“ (*Guggenheim*, Bd 1, S. 15 Anm. 29). Die Auffassung *Kitagawas* ist der ersten Gruppe zuzuordnen, da er die Geltung der Vereinbarungen unmittelbar aus einem naturrechtlichen Satz ableitet.

[27] Vgl. zu diesem Ansatzpunkt *Francescakis*, Mélanges *Maury*, Bd. 1, S. 116.

[28] In dieser Funktion bezeichnet *Coing*, S. 57, sie als Leitsätze.

b) Ein Naturrechtssatz kann sich nach der Naturrechtslehre aber als Grenzsatz[29] unmittelbar an die Einzelpersonen richten. Die Funktion eines Grenzsatzes gesteht man ihm jedoch nur zu, wenn das positive Recht zu ihm in Widerspruch tritt. Erst dann entsteht die Frage, „welche Wirkungen (er) neben dem positiven Recht und gegen es entfalten“ kann[30]. Dieses umstrittene Problem[31] der Gehorsamsverweigerung gegenüber dem positiven Recht[32] wird in Hinblick auf den Satz „Pacta sunt servanda“ in keinem Fall angesprochen.

Geht man überhaupt von der Existenz des Naturrechts aus, so ist nicht zu übersehen, daß Sätze des Naturrechts in das positive Recht aufgenommen werden können. Ein Vorgang, der sich als Umbildung des Naturrechts in positives Recht qualifizieren läßt[33], und den die Naturrechtslehre selbst anerkennt. Ein naturrechtlicher Satz des Inhalts „Pacta sunt servanda“ wäre in jedem Fall Bestandteil des positiven Rechts geworden, da die Rechtsordnungen die Privatautonomie anerkennen. Unmittelbar auf den naturrechtlichen Satz zurückzugreifen, erscheint daneben nicht zulässig[34], da sich ein Problem der Gehorsamsverweigerung gegenüber dem staatlichen Recht nicht stellt. Daß die staatlichen Rechte das Grundprinzip „Pacta sunt servanda“ im einzelnen technisch ausgeschaltet haben, ändert daran nichts. Wesentlich ist allein die Übernahme des Grundsatzes, während dem Gesetzgeber ein „erheblicher Spielraum“ bleibt, „sowohl, was die Tatbestandsseite, wie auch was die technisch begriffliche Ausgestaltung im einzelnen angeht[35]“.

c) Auch wenn man überhaupt die Existenz eines über den positiven Rechten stehenden Naturrechts vertritt, dürfte man nach den Funktionen, welche die Naturrechtslehre selbst den Naturrechtssätzen zuzuge-

---

[29] Vgl. *Coing*, S. 57.

[30] *Coing*, S. 58.

[31] Ablehnend zu dieser Funktion *Nawiasky*, Allgemeine Rechtslehre, S. 29; *Zippelius*, S. 46.

[32] «... l'antique problème de la désobéissance aux lois injustes», *Francescakis*, Mélanges *Maury*, Bd. 1, S. 117.

[33] Vgl. dazu *Francescakis*, Mélanges *Maury*, Bd. 1, S. 117: „le droit naturel se sera mué en droit positif“; *Riezler*, Festschrift für *Schulz*, Bd. 2, S. 334; *Nawiasky*, Allgemeine Rechtslehre, S. 30: „Das Naturrecht kommt nicht unmittelbar, sondern als Bestandteil“ einer positiven Rechtsordnung zur Anwendung.

[34] Vgl. *Riezler*, Festschrift für *Schulz*, Bd. 2, S. 343; *Klein*, SchwJB 1963, 57; *ders.*, Rev. crit. 1958, 481; *Batiffol*, Aspects philosophiques, S. 76 f.; *Schlesinger-Gündisch*, RabelsZ 1964, 27, erscheint der Rückgriff auf den Satz „Pacta sunt servanda“ nur vertretbar, „wo das positive Recht keine Lösung anzubieten hat“. Vgl. auch *Fragistas*, Rev. crit. 1960, 14; *Neuhaus*, S. 8: „Naturrecht hat nicht die Aufgabe, durch eingehende Einzelbestimmungen das positive Recht der Staaten entbehrlich zu machen oder auch nur zu ergänzen ...“

[35] *Coing*, S. 57.

stehen bereit ist, die Parteivereinbarungen über das Schiedsverfahren nicht unmittelbar auf den naturrechtlichen Satz „Pacta sunt servanda" stützen, sondern müßte ihre Grundlage im positiven Recht suchen.

### III. Außerstaatliche Rechtsbildung

Die Gestattung schrankenloser Parteivereinbarungen in den internationalen Konventionen läßt sich schließlich nicht als Anerkennung einer außerstaatlichen Rechtsbildung interpretieren.

#### *1. Heteronome Wirkung des außerstaatlichen Rechts*

Die Idee der außerstaatlichen Rechtsbildung unterscheidet sich von der einer selbständigen verpflichtenden Kraft der Verträge und der einer überpositiven, naturrechtlichen Geltungsgrundlage der Parteivereinbarungen[36]. Die Vereinbarungen der Parteien seien rechtlichen Normen unterworfen. Es fehle nicht an den sie beherrschenden Normen, sondern allein an der Staatlichkeit dieser Normen. Das „außerstaatliche Recht" gelte unabhängig von einem auf seine Geltung gerichteten Parteiwillen. Damit wird die heteronome Geltung von Normen behauptet[37], die insofern wirken wie die Normen des staatlichen Rechts, obwohl sie nicht zu den Rechtsquellen des staatlichen Rechts gehören[38].

#### *2. Anerkennung des außerstaatlichen Rechts in den internationalen Konventionen*

a) Gerade diese heteronome Wirkung des „außerstaatlichen Rechts" führt bei der Begründung der Anerkennung des „außerstaatlichen Rechts" in den internationalen Konventionen zu Schwierigkeiten[39]. Für diese Begründung bedarf es zunächst einer Bestimmung der Konvention, welche die Anerkennung des außerstaatlichen Rechts ausspricht, eines Ansatzpunktes, wenn wir unserer Terminologie folgen. Ansatzpunkte findet Fouchard insbesondere in Art. V Abs. 1 d UN-Übereinkommen und Art. IV Europäisches Übereinkommen. Seine Argumentation vermag die Anerkennung der außerstaatlichen Rechtsbildung durch diese Bestimmungen jedoch nicht nachzuweisen.

---

[36] Vgl. *Rubellin-Devichi*, S. 126.

[37] Vgl. zum Normbegriff *Nawiasky*, Allgemeine Rechtslehre, S. 18.

[38] Vgl. dazu *Goldmann*, Recueil 1963 (II), 480 Anm. 29 a. E.: «Il ne s'agit pas ..., de savoir si l'autonomie de la volonté des contractants peut aller jusqu'à leur permettre de détacher leur convention de toute règle autre que les clauses mème qu'ils y insèrent, mais bien de décider si de telles règles, *indépendants de leurs volontés et s'imposant à celles-ci*, peuvent trouver leur source ailleurs que dans le droit d'un Etat déterminé, ou dans des Conventions interétatiques". Vgl. auch *Lalive*, Recueil 1967 (I), 649.

[39] Vgl. dazu die Bemerkungen von *Schinnerer*, ZfRV 1968, 196 f.

b) Zwei Stufen seiner Begründung sollte man auseinanderhalten. Zunächst sieht er in der Anerkennung der schrankenlosen Parteivereinbarungen die Bestätigung der verbindlichen Kraft von Parteivereinbarungen „en dehors de toute intervention étatique“[40]. Jede Erklärung, die in diesen Vorschriften eine konstitutive Anerkennung einer vorher nicht bestehenden Parteifreiheit sehe, verkenne, daß diese Bestimmungen lediglich „a posteriori“ rein deklaratorisch ein Phänomen berücksichtigen, das bereits vorher bestand und in den Bedürfnissen der Praxis seinen Ursprung fand[41]. Soweit sich die Ausführungen auf die verbindliche Kraft von Parteivereinbarungen unabhängig von staatlicher Gestattung beziehen, führen sie in die Diskussion nichts wesentlich Neues ein.

Solange sich die Begründung darauf beschränkt, den Hinweis auf die schrankenlosen Parteivereinbarungen als deklaratorische Anerkennung einer bereits bestehenden Situation zu erklären, bleiben jedenfalls die Parteivereinbarungen die Grundlage der Geltung der von *Fouchard* als Teil der „außerstaatlichen Rechtsbildung“ qualifizierten Materien (z. B. der Schiedsordnungen). Auch die als Ansatzpunkte in den internationalen Konventionen aufgefaßten Bestimmungen enthalten nur den Hinweis auf die Parteivereinbarungen und nicht den auf eine sie beherrschende „außerstaatliche Rechtsordnung“.

Hier setzt die zweite Stufe der Argumentation ein. Mit der Anerkennung der schrankenlosen Parteivereinbarungen sei in Wahrheit die „außerstaatliche Rechtsbildung“ anerkannt. „... les deux Conventions récentes se présentent plutôt comme une reconnaissance officielle ... des créations de la pratique arbitrale internationale“[42], die sich nicht am staatlichen Recht orientiere. Die beiden neuen Konventionen beschränkten sich darauf, die „autonomie de l'arbitrage international en matière de procédure“[43], die seit langem bestehe, zu berücksichtigen.

Der Widerspruch zur Behauptung einer heteronomen Wirkung des „außerstaatlichen Rechts“ ist nicht schwer zu erkennen. Die Konventionen beschränken sich darauf, die Parteivereinbarungen für maßgeblich zu erklären. Daß die Parteien auch die Geltung von Schiedsordnungen vereinbaren können, ist nicht weiter problematisch. Jedoch setzt die Konvention die Parteivereinbarungen voraus. Von einer Anerkennung einer heteronom wirkenden „außerstaatlichen Rechtsordnung“

[40] *Fouchard,* Arbitrage, S. 335.
[41] *Fouchard,* Arbitrage, S. 335.
[42] *Fouchard,* Arbitrage, S. 335: « ... celle-ci a provoqué l'éclosion de réglements arbitraux qui se suffisent à eux mêmes; la plupart d'entre eux ne se refèrent à aucune loi étatique, et les autres n'y font appel qu'à titre subsidiaire, voire très subsidiaire“.
[43] *Fouchard,* Arbitrage, S. 336.

kann folglich keine Rede sein. Somit sollte es gerade den Anhängern der Idee einer „außerstaatlichen Rechtsbildung“ verwehrt sein, die Anerkennung der schrankenlosen Parteivereinbarungen als mittelbare Anerkennung der „außerstaatlichen Rechtsbildung“ aufzufassen.

c) Ein weiterer Widerspruch zwischen der Behauptung einer „außerstaatlichen Rechtsbildung“ und ihrer Übertragung auf eine gesetzlich normierte Schiedsgerichtsbarkeit ergibt sich aber bei einem Vergleich der Definition des „außerstaatlichen Rechts“ und der Situation, in der es zur Anwendung einer internationalen Konvention kommt.

*Fouchard* sieht im Vorliegen einer außerstaatlichen Sanktion eine der Bedingungen für die Existenz des „außerstaatlichen Rechts“[44]. Die internationale Konvention, in der man die Anerkennung des außerstaatlichen Rechts sieht, kommt aber überhaupt nur dort zum Tragen, wo sich die außerstaatliche Sanktion als nicht wirksam erwiesen hat oder wo sie fehlt. Insoweit müßte gerade in diesem Fall folgerichtig das Vorliegen eines „außerstaatlichen Rechts“ verneint werden.

Diese Erwägung bestätigt uns in der Ansicht, daß die „außerstaatliche Rechtsbildung“ überhaupt nur im Rahmen der freien Schiedsgerichtsbarkeit von Bedeutung ist, wo sich ihr Wert oder Unwert auf die Erklärung einer durch Anwendung wirtschaftlichen Zwanges entstandenen Situation beschränkt.

### IV. Supranationale Parteivereinbarungen im Zusammenhang mit den Bestimmungen völkerrechtlicher Konventionen

Letztlich entscheidend ist aber für die Interpretation der Bestimmungen völkerrechtlicher Konventionen, daß man nicht annehmen kann, sie folgten in einer Vorschrift allgemeinen Lehren über den überpositiven Charakter oder die überpositive Grundlage der Parteivereinbarungen, während die anderen Bestimmungen von der Abhängigkeit der Parteivereinbarungen von der Gestattung des positiven Rechts ausgehen, indem sie selbst vereinheitlichtes Recht schaffen oder auf die verschiedenen staatlichen Rechte kollisionsrechtlich verweisen[45].

Wir haben bereits betont, daß sich dieser Einwand allein gegen die Einordnung der Parteivereinbarungen als überpositiver oder auf überpositiver Grundlage beruhender Ordnung bezieht[46]. Es erscheint nicht notwendig, aus diesem Einwand Rückschlüsse auf die Schranken der

---

[44] Vgl. oben § 5 II 3, 4.

[45] Vgl. zum Inhalt der Konventionen *Jonasco-Nestor*, Sources, S. 180; *Klein*, Rev. crit. 1962, 635; *Bertheau*, S. 116.

[46] Vgl. oben § 8 III 2.

Parteifreiheit zu ziehen[47]. Eine solche Argumentation verliert ihren zwingenden Charakter, wenn der Vorrang der Parteivereinbarungen nicht notwendigerweise als Anerkennung einer supranationalen Ordnung zu verstehen ist. Allein diese Anerkennung könnte man aus den völkerrechtlichen Konventionen nach dem Inhalt ihrer übrigen Bestimmungen nicht entnehmen.

Gerade hier muß der Versuch ansetzen, den Vorrang der Parteivereinbarungen vor dem Gesetz einerseits und die Grundlage der Parteivereinbarungen in einer positiven Normenordnung zu verbinden. Erfolg wird ihm dann beschert sein, wenn es gelingt, die Ausschließlichkeit der Alternative zwischen der Anknüpfung des Schiedsverfahrens an ein unmodifiziertes staatliches Recht, auf das eine völkerrechtliche Konvention kollisionsrechtlich verweist, oder dem Fehlen der Anknüpfung der Parteivereinbarungen an ein staatliches Recht zu widerlegen und sie als eine nicht berechtigte Einschränkung der Problematik auf zwei Lösungsmöglichkeiten zu erklären, die nicht allein zur Wahl stehen.

## § 11. Die subsidiäre Funktion des anwendbaren Rechts

### I. Die fehlende Bewertung an den Normen des anwendbaren Rechts

#### *1. Die Grundlagen der Erklärung*

Zwei gesicherte Grundlagen hat die Interpretation von Art. V Abs. 1 d UN-Übereinkommen und Art. IV Abs. 1 Europäisches Übereinkommen. Die Existenz eines auf das Schiedsverfahren anwendbaren Rechts, auf das die Konventionen verweisen[1], und die beschränkte Funktion dieses Rechts, dem allein subsidiäre Aufgaben zukommen.

#### *2. Die Rolle dispositiver Normen*

Betrachtet man die Verweisung auf das anwendbare Recht allein von der Funktion her, die dem anwendbaren Recht im Ergebnis zukommt, so ist der Unterschied zu einer normalen kollisionsrechtlichen Verweisung nicht zu übersehen. Eine kraft Kollisionsrecht anzuwendende staatliche Rechtsordnung gilt in der Regel mit ihren zwingenden und dispositiven Normen. Die zwingenden Normen der verwiesenen Rechtsordnung bilden den Maßstab des rechtlich Zulässigen.

---

[47] So aber *Fragistas*, Rev. crit. 1960, 16 Anm. 1, der mit diesem Argument die durch Art. V Abs. 1 d UN-Übereinkommen gewährte Parteifreiheit auf die Befugnis zur Rechtswahl einschränkt.

[1] Art. V Abs. 1 d UN-Übereinkommen und Art. IV Abs. 1 i. V. mit Art. VII Abs. 2 Europäisches Übereinkommen.

Gerade das ist bei der Verweisung auf das anwendbare Recht nach den zu interpretierenden Bestimmungen nicht der Fall. Das anwendbare Recht hat rein subsidiäre Funktion; rechtliche Schranken der Parteivereinbarungen sind aus ihm nicht zu entnehmen. Das anwendbare Recht erfüllt damit nach dem Willen der Konvention Aufgaben, die man normalerweise dispositiven Normen reserviert. Dispositive Rechtssätze gestatten den Parteien, „etwas anderes zu bestimmen (sog. ermächtigende Rechtssätze), und treffen für den Fall, daß das nicht geschehen ist, ihrerseits eine Regelung ... (sog. ergänzende Rechtssätze)“[2]. Da eine staatliche Rechtsordnung aber nicht nur dispositive Normen enthält, welche die ihnen zugedachte Aufgabe ohne weiteres zu erfüllen vermögen, da sie abweichenden Parteivereinbarungen bestimmungsgemäß den Vorrang einräumen[3], kann das verwiesene Recht subsidiäre Funktionen nur erfüllen, wenn man es inhaltlich modifiziert.

### 3. *Zwingende verbietende und gebietende Normen*

Allerdings ist dabei zu beachten, daß auch die zwingenden Normen sich in zwei Gruppen einteilen lassen, auf die die Beseitigung ihrer Eigenschaft, rechtliche Schranken für das Schiedsverfahren aufzustellen, verschieden wirkt. Es kann sich dabei um Normen handeln, die bestimmte Parteivereinbarungen über das Verfahren verbieten. Wegen ihres Bezugs auf Parteivereinbarungen ergibt sich eine Kollision mit ihnen nur, wenn die Parteien abweichende Vereinbarungen getroffen haben, sonst sind sie tatbestandsmäßig nicht anwendbar. Ergänzende Aufgaben bei fehlenden Parteivereinbarungen vermögen sie ihrem Inhalt nach nicht zu erfüllen. Da die internationalen Konventionen darüber hinaus den gegen die zwingenden staatlichen Normen verstoßenden Parteivereinbarungen Wirkung beilegen wollen, fällt nach der Art der Normen die Beseitigung ihres zwingenden Charakters notwendigerweise mit ihrer Unanwendbarkeit zusammen.

Dagegen schreiben zwingende gebietende Normen[4] eine bestimmte Regelung vor und verbieten eine davon abweichende. Sie sind auch nach Beseitigung ihres zwingenden Charakters in der Lage ergänzende Funk-

[2] *Rosenberg*, § 7, 2. Vgl. allgemein zu dispositiven Rechtsnormen *Enneccerus-Nipperdey*, Allgemeiner Teil, § 49 III; *Larenz*, Schuldrecht, § 8 III.

[3] Dispositive Normen enthalten folglich die Erlaubnis der Abweichung von der in ihnen vorgesehenen Regelung (*Nawiasky*, Allgemeine Rechtslehre, S. 117). Auch wenn das staatliche Recht in weitem Umfang dispositive Normen enthält, beruht die von ihnen abweichende Parteivereinbarung auf der Grundlage der staatlichen Rechtsnormen, die die Abweichung gestatten. Auch hier kann der „Parteiwille ... nur insoweit in Betracht kommen, als die staatlichen Normen ihn berechtigen“. (*Nawiasky*, Allgemeine Rechtslehre, S. 213).

[4] Vgl. dazu *Enneccerus-Nipperdey*, Allgemeiner Teil, § 49 IV.

tionen zu erfüllen. Das Abweichungsverbot tritt hinter den abweichenden Parteivereinbarungen zurück, während ihre positive Regelung bei fehlenden Parteivereinbarungen von Interesse ist. Den gebietenden Normen kommt in diesem Fall die gleiche Funktion zu, die man dispositiven Normen originär zuerkennt.

Die inhaltliche Modifizierung des anwendbaren Rechts muß folglich nach der ihm zugedachten Funktion in einer Dispositiverklärung[5] seiner sich auf das Schiedsverfahren beziehenden Normen bestehen. Das hat zur Folge, daß zwingende verbietende Normen gegenüber abweichenden Parteivereinbarungen praktisch unanwendbar sind und zwingende gebietende Normen bei fehlenden Parteivereinbarungen wenigstens Ergänzungsfunktionen wahrnehmen können, während sie entgegenstehenden Parteivereinbarungen ebenfalls weichen.

### *4. Kollisionsrechtliche Verweisung und Modifizierung des verwiesenen Rechts*

Versucht man von diesem Ergebnis her die Art der Verweisung auf das anwendbare Recht zu bestimmen, so ist offensichtlich, daß es sich nicht allein um eine kollisionsrechtliche Verweisung handeln kann. Andererseits scheidet aber auch eine materiellrechtliche Verweisung[6] aus. Zwei Unterschiede sind nicht zu übersehen. Nicht immer wird das anwendbare Recht von den Parteien gewählt. Bei fehlender Parteibestimmung ist es aber nicht vertretbar anzunehmen, einzelne Bestimmungen eines staatlichen Rechts seien von den Parteien in ihre Vereinbarungen aufgenommen worden. Zudem sind die Parteivereinbarungen über das Schiedsverfahren aber nicht an die zwingenden Normen einer anwendbaren Rechtsordnung gebunden, die den Rahmen der Zulässigkeit einer materiellrechtlichen Verweisung auf Normen eines fremden Rechts normalerweise abstecken.

Allein vom Ergebnis her betrachtet — in Hinblick auf die subsidiäre Funktion der anwendbaren Rechtsordnung — ist die Abweichung von der normalen kollisionsrechtlichen Verweisung offenkundig. Auf dem Wege zu diesem Ergebnis ist die kollisionsrechtliche Verweisung auf das anwendbare Recht aber notwendiger Ausgangspunkt. Eine Modifizierung des Charakters einer bestimmten staatlichen Rechtsordnung durch eine internationale Konvention ist nur möglich, wenn diese Rechtsordnung durch die Konvention selbst für anwendbar erklärt worden ist. Sonst fehlt es an einem zu modifizierenden Objekt. Damit

---

[5] Vgl. *Mezger*, RabelsZ 1965, 256: Gesetzliche Regelungen hätten im Anwendungsbereich des Europäischen Übereinkommens nur dispositiven Charakter.

[6] Vgl. dazu § 12 I.

bildet die Verweisung auf das anwendbare Recht in den Konventionen zwar eine kollisionsrechtliche Verweisung, mit der aber eine inhaltliche Modifizierung der anwendbaren Rechtsordnung verbunden ist.

## II. Die Erklärung der subsidiären Funktion des anwendbaren Rechts

### *1. Die Modifizierung anwendbaren Rechts*

a) Die Erklärung der Modifizierung eines anwendbar erklärten Rechts hat von der Tatsache auszugehen, daß die Anwendbarkeit der Rechtsordnung auf dem Willensakt des Gesetzgebers der Gemeinschaft beruht, dessen Organ das Recht anwenden soll[7].

Eine ausländische Rechtsordnung wird im Inland nicht angewendet, weil sie selbst hier gelten will. Die Ansicht, „daß die Normen kraft ihres eigenen Geltungswillens auch im Ausland gelten, und umgekehrt jeder Staat auf seinem Gebiet auch fremde Normen gelten läßt, ist" — wie *Beitzke* ausführt — „mit der herrschenden Auffassung von der Territorialhoheit" schwer vereinbar[8]. Dieser Auffassung entspreche vielmehr die Annahme, jeder Staat, der ja „für die Bestimmung der Rechtsfolgen, welche auf seinem Gebiet eintreten sollen", zuständig sei, bestimme „diese Rechtsfolgen selbst: entweder unmittelbar durch sein eigenes materielles Recht oder mittelbar durch Verweisung auf ausländisches Recht mittels seines IPR"[9]. Daraus ergibt sich, daß ausländisches Recht durch den heimischen Richter nur angewendet[10] werden kann, weil das Recht der Gemeinschaft, dessen Organ er ist, ihm den Befehl dazu erteilt. Diese Auffassung entspricht der in Deutschland herrschenden Meinung[11].

---

[7] Vgl. *Bauer*, S. 45 f.: Für die Rechtsanwendung durch die Organe muß „im Rahmen der Organisation der Gemeinschaft ein entsprechender Befehl erteilt werden ... Dieser Rechtsanwendungsbefehl kann sich (auch) auf fremdes Recht richten, d. h. auf Normen, die von den Organen einer anderen Gemeinschaft regelmäßig angewendet werden, deren Anwendung also nur für diese Organe verbindlich ist, durch den Rechtsanwendungsbefehl aber auch für die eigenen Organe verbindlich gemacht wird".

[8] *Beitzke*, Festgabe für *Smend*, S. 5 (mit weiteren Gründen).

[9] *Beitzke*, Festgabe für *Smend*, S. 9.

[10] Vgl. zur Kontroverse über die hier nicht bedeutsame Möglichkeit der Unterscheidung zwischen Geltung und Anwendbarkeit des fremden Rechts einerseits *Raape*, S. 120 Anm. 121, andererseits *Beitzke*, Festgabe für *Smend*, S. 13.

[11] Vgl. *Triepel*, S. 168: Die Anwendungsnorm befiehlt dem Richter, „... das Recht einer ... fremden Rechtsquelle anzuwenden, vielleicht ohne jede Rücksicht darauf, ob diese Quelle ihrerseits gewillt ist, das in Frage kommende Verhältnis zu regeln"; *Raape*, S. 120 Anm. 121; *Bauer*, S. 45 f.; *Nagel*, ZZP 75, 439.

b) Steht somit fest, daß das Recht der Gemeinschaft, deren Organ einen bestimmten Sachverhalt rechtlich zu beurteilen hat, darüber entscheidet, ob inländisches oder fremdes Recht anzuwenden ist, so ist weiterhin nicht zu übersehen, daß selbst bei einer Anwendbarerklärung fremden Rechts das fremde Recht bei seiner Anwendung durch den inländischen Richter inhaltlich modifiziert werden kann[12]. Diese Tatsache wäre für die Ableitung der Anwendbarkeit des fremden Rechts aus seinem eigenen Geltungswillen nicht erklärlich, da das Recht dann die Gestalt haben müßte, die es selbst nach dem Willen seines Schöpfers haben will. Gerade weil die inländische Rechtsordnung aber über die Anwendbarkeit entscheidet, kann sie auch die Art der Anwendung durch den inländischen Richter beeinflussen.

Zwar wird die Identität zwischen dem im Inland angewendeten fremden Recht und dem in seinem Heimatland angewendeten Recht der Normalfall sein[13]. Notwendig ist diese Identität nicht. Es ist schon nicht selbstverständlich, daß ein einzelstaatliches Recht Sachverhalte mit Auslandsberührung mit dem Instrumentarium des Kollisionsrechts behandelt. Die „mehr oder weniger gleichberechtigte Anwendung fremden ... Rechts durch inländische Gerichte, (die) ein besonderes Rechtsanwendungsrecht (erheischt)..., das für jeden Fall die Anwendung entweder des eigenen oder eines bestimmten fremden Rechts vorschreibt“[14], ist nur eine der möglichen Varianten der Behandlung von Sachverhalten mit Auslandsberührung. Daneben stehen die Gleichbehandlung inländischer und ausländischer Sachverhalte „unter ausschließlicher Anwendung inländischen Rechts“[15] und ferner die besondere Behandlung von Sachverhalten mit Auslandsbeziehung „durch Schaffung von ... materiellem Sonderrecht. Auf dieser Stufe werden die Besonderheiten der Fälle mit Außenbeziehungen ... wohl in Rechnung gestellt, aber das fremde Recht als solches ... (wird) immer noch ignoriert“[16].

Selbst wenn sich ein staatliches Recht aber für die Lösung von Sachverhalten mit Auslandsberührung durch gleichberechtigte Anwendung eines fremden Rechts entschieden hat, mischen sich in die Frage nach dem anwendbaren fremden Recht Elemente anderer Grundkonzeptionen der Regelung von Sachverhalten mit Auslandsbeziehung. Als Beispiel sei auf die Technik der Anpassung verwiesen, die der Richter anwendet, wenn „Normen verschiedener Rechtsordnungen zum Zusam-

---

[12] Vgl. zu den verschiedenen Möglichkeiten der inhaltlichen Modifizierung *Bauer*, S. 59 ff.

[13] Vgl. *Dölle*, Festschrift für *Raape*, S. 153: „Ausländisches Recht hat der eigene Richter in genau derselben Weise anzuwenden wie der ausländische Richter ...“.

[14] *Neuhaus*, S. 15.

[15] *Neuhaus*, S. 13.

[16] *Neuhaus*, S. 14.

menwirken berufen sind, die inhaltlich nicht miteinander harmonieren"[17]. Der nach Kollisionsrecht vorgehende Richter kann das fremde an sich anwendbare Recht teilweise ignorieren, indem er es im Wege der Anpassung modifiziert[18]. Auch der Vorbehalt des ordre public kann zu einer Modifizierung des anwendbaren fremden Rechts führen[19].

### *2. Modifizierung des anwendbaren Rechts durch internationale Konventionen*

a) Der die Grundlage der Anwendbarkeit eines bestimmten staatlichen Rechts bildende Rechtsanwendungsbefehl kann sich auch aus einer internationalen Konvention ergeben, welche die staatliche Gemeinschaft, deren Organ der rechtsanwendende Richter ist, für ihren innerstaatlichen Bereich für anwendbar erklärt hat[20].

---

[17] *Steindorff*, Sachnormen, S. 26.

[18] Vgl. *Neuhaus*. S. 14, 248: Die anzuwendende Rechtsordnung nehme im Einzelfall eine andere Gestalt an; *Bauer*, S. 66: Anpassung kann „sogar zur Abänderung positiven Rechts führen". Daß der Richter daneben auch die Möglichkeit haben kann, einen der widersprüchlichen Rechtsanwendungsbefehle nicht zu beachten, sei nur nebenbei erwähnt (vgl. zu den verschiedenen Lösungsmöglichkeiten *Neuhaus*, S. 251 f., der kollisionsrechtliche und materiellrechtliche Lösungen gegenüberstellt).

[19] So hält die französische Rechtsprechung die Goldklausel in internationalen Verträgen für zulässig, auch wenn zwingende Normen eines fremden Rechts sie verbieten. Allerdings ist die Art des Vorgehens der Rechtsprechung — an der sich nach der Aussage *Mezgers*, EMS, S. 30, die IHK bei ihrem Vorentwurf orientierte — durchaus zweifelhaft. Während die Entscheidung der Cour de Cassation vom 21. Juni 1950 (D. 1951, 751) vermuten läßt, daß das Gericht der Goldklausel in internationalen Verträgen in Anwendung des Instrumentariums des Kollisionsrechts Geltung beilegt (vgl. *Hamel*, Anm. D. 1951, 751; *Batiffol*, Anm. Rev. crit. 1950, 611; kritisch *Niboyet*, Anm. S. 1951, 1, 1), haben frühere Urteile unter Vermeidung kollisionsrechtlicher Fragen die Goldklausel in internationalen Verträgen unmittelbar für zulässig erachtet (vgl. zur Entwicklung der Rechtsprechung *Lerebours-Pigeonnière*, Clunet 1951, 5 — die ersten Urteile wurden durch die Gesetze vom 25. 6. 1928 und vom 18. 2. 1937 bestätigt — und zur Methode der Urteile *Batiffol*, Anm. Rev. crit. 1950, 611; *Mezger*, EMS, S. 31). Für diesen Fall spricht *Francescakis*, Théorie, S. 17, von einer „règle de droit international privé matériel (appliquée) lorsque le contrat, quelle que fût la loi qui lui était applicable correspondait à un règlement international". Insoweit wäre eine Ähnlichkeit mit den zu besprechenden Vorschriften internationaler Konventionen zu verneinen, da die Goldklausel auf Grund einer unmittelbar anwendbaren französischen Erlaubnisnorm und nicht erst nach Ausschaltung einer fremden zwingenden Verbotsnorm als Ersatznorm anwendbar wäre. In jedem Fall beruht aber die Wirksamkeit der Goldklausel auf einer französischen Erlaubnisnorm. Zwar ist es richtig, daß die Vereinbarung der Goldklausel von französischen Gerichten stets für zulässig erachtet wird. Die Konstante in diesem Resultat ist aber nicht die Anerkennung eines „ordre contractuel international", der selbst wie eine „règle positive" wirkt (so *Leboulanger*, Clunet 1963, 86), sondern die französische Erlaubnisnorm, die die Parteifreiheit in internationalen Sachverhalten erweitert, ob sie unmittelbar oder mittelbar zur Ausfüllung der durch Ausschaltung der fremden Verbotsnorm entstandenen Lücke zur Anwendung kommt.

[20] Vgl. zur Art der Geltungsanordnung oben § 3 IV 2.

b) Soweit danach das eigene staatliche Recht der Gemeinschaft[21] durch den Richter anzuwenden ist, ist die Erklärung der Modifizierung seines Inhalts durch die Konvention nicht problematisch. Die im innerstaatlichen Bereich geltende internationale Konvention kann die Normen der staatlichen Rechtsordnung modifizieren, weil die staatliche Geltungsanordnung für die eine Modifizierung vorsehenden Normen der Konvention die Grundlage der Modifizierung der staatlichen Normen bildet.

c) Auch die Modifizierbarkeit des anwendbaren fremden staatlichen Rechts ist auf die Tatsache zurückzuführen, daß die zu modifizierende Rechtsordnung zwar nicht von dem Gesetzgeber erlassen wurde, der die modifizierende Norm in seinem innerstaatlichen Bereich für wirksam erklärt hat, jedoch die Anwendbarkeit der fremden Rechtsordnung auf der im innerstaatlichen Bereich wirksamen Bestimmung der Konvention beruht, die zugleich ihre modifizierte Anwendung vorsieht. Die Parallele zur oben[22] allgemein dargestellten Anwendbarkeit fremden Rechts und seiner inhaltlichen Veränderung ist offensichtlich.

In den hier zu besprechenden Normen gehen die beiden sonst in UN-Übereinkommen und Europäischem Übereinkommen enthaltenen Normkategorien eine eigenartige Verbindung ein. Beide Übereinkommen enthalten Kollisionsnormen, die für die Regelung der von der Konvention erfaßten Rechtsbeziehungen auf ein staatliches Recht verweisen (z. B. Art. V Abs. 1 a UN-Übereinkommen) und somit eigenes und fremdes staatliches Recht gleichbehandeln.

Ferner weisen sie vereinheitlichtes Recht auf, das für den Anwendungsbereich der Konvention[23] eine eigene sachliche Regelung enthält[24] (z. B. Art. II UN-Übereinkommen). Diese vereinheitlichten Normen entsprechen ihrer Funktion nach jenen Normen des staatlichen Rechts, die für Sachverhalte mit Auslandsbeziehung[25]besondere sachliche Regeln zur Verfügung stellen. Diese Normen haben die Aufgabe, durch die von ihnen vorgesehene unmittelbar anwendbare Regelung eine kolli-

---

[21] Diese Möglichkeit besteht auch nach dem UN-Übereinkommen. Dessen Anwendungsbereich umfaßt nach Art. I Abs. 1 S. 1 den im Ausland nach inländischem Verfahrensrecht erlassenen Schiedsspruch.

[22] Vgl. 1.

[23] Vgl. *Mezger*, RabelsZ 1965, 234: „Das ist in Wahrheit ein Stück einheitlichen internen Rechts der Schiedsgerichtsbarkeit, wenn es auch nur — anders als eine echte einheitliche Gesetzgebung — im Verhältnis zwischen den Vertragsstaaten, genauer in bezug auf die Rechtsverhältnisse gilt, die wegen ihrer Beziehung zu den Vertragsstaaten in den Geltungsbereich des Übereinkommens fallen".

[24] Vgl. zum Inhalt der Konventionen: *Jonasco-Nestor*, Sources, S. 180; *Klein*, Rev. crit. 1962, 635; *Bertheau*, S. 116.

[25] Freilich können unter das UN-Übereinkomen auch sachlich rein interne Schiedsverfahren fallen, deren einzige Auslandsbeziehung in der Vollstreckung im Ausland liegt.

sionsrechtliche Fragestellung zu vermeiden[26]. Eine unmittelbar anwendbare sachliche Regelung enthalten auch die vereinheitlichten Normen des UN-Übereinkommens und des Europäischen Übereinkommens. Die Geltung dieser Normen ist mit dem Anwendungsbereich der Konventionen identisch[27]. Die hier zu besprechenden Normen der Konventionen entsprechen weder der einen noch der anderen Normkategorie allein. Vielmehr gehen in ihnen beide Regelungen eine eigenartige Verbindung ein. Daß das durch den Vorrang der Parteivereinbarungen vor dem Gesetz zu erreichende Ergebnis sich mit einer kollisionsrechtlichen Verweisung allein nicht erreichen läßt, haben wir oben[28] dargelegt. Andererseits versagt aber auch ein Erklärungsversuch, der die zu interpretierenden Bestimmungen des Art. V Abs. 1 UN-Übereinkomen und des Art. IV Abs. 1 Europäisches Übereinkommen allein als vereinheitlichte Erlaubnisnormen auffaßt, da bei dieser Erklärung die Existenz eines anwendbaren Rechts vernachlässigt wird[29]. Die zu beobachtende Parallele bezieht sich weniger auf die Kollisionsnormen und Sachnor-

---

[26] Als Beispiel sei auf die oben 1 a. E. besprochene Rechtsprechung zur Goldklausel verwiesen, deren Einordnung unter diese Normkategorie allerdings nur in den frühen Urteilen zweifelsfrei ist. Eine besondere unmittelbar anwendbare Sachnorm verwendet auch der arrêt Gosset (vgl. oben § 2 II 3).

[27] Auf die Parallele zwischen den unmittelbar anwendbaren staatlichen Sachnormen für internationale Sachverhalte und den vereinheitlichten Normen internationaler Konventionen mit auf internationale Fälle eingeschränktem Anwendungsbereich verweist zu Recht *Francescakis*, Théorie, S. 17: „On observera enfin que les conventions internationales sur les matières de droit privé procèdent souvent par adoption de règles matérielles de droit international la définition des rapports régies par les règles coïncidant avec la délimitation du domaine d'application de la convention en cause". Auch die in innerstaatliches Recht aufgenommenen Regeln einer „loi uniforme" können diese Ähnlichkeit aufweisen, wenn der Anwendungsbereich der „loi uniforme" auf internationale Sachverhalte eingeschränkt ist (vgl. zu dieser Einschränkung *Philipps*, S. 45 und Anm. 117 zum Unterschied zum römischen jus gentium).

[28] Vgl. oben I.

[29] Die Verbindung beider Normkategorien vernachlässigt *Fouchard*, Arbitrage, S. 335, wenn er ausführt, man könnte gegen seine Theorie einwenden, die Parteivereinbarungen hätten ihre Grundlage unmittelbar in den internationalen Konventionen. „On pourrait certes soutenir que le principe (der notwendigen Anknüpfung von Verträgen von Privatpersonen an ein staatliches Recht — der Verfasser) demeure, puisque la force obligatoire des dispositions privées de procédure ... trouve ici encore sa source dans une règle étatique, en l'espèce une loi internationale, adoptée d'un commun accord par plusieurs Etats. Une telle explication ... n'est guère convaincante; d'une part une Convention internationale ne se réduit pas à la somme des ratifications nationales dont elle fait l'objet; elle est soumise, par sa nature au droit international public, ordre supérieur, ou en tout cas différent, des ordres juridiques nationaux ..." Ganz abgesehen davon, daß diese als supranational qualifizierte Regel nichts anderes wäre als eine im innerstaatlichen Bereich durch staatliche Geltungsanordnung für wirksam erklärte vereinheitlichte Norm, übersieht *Fouchard* dabei die Existenz eines auf das Schiedsverfahren anwendbaren Rechts.

men des staatlichen Rechts, sondern auf die in der Modifizierung eines anwendbaren Rechts verwirklichte Verbindung beider Grundkonzeptionen der Behandlung von Sachverhalten mit Auslandsberührung. Bei der Einordnung der Bestimmungen sind zwei Fragen auseinanderzuhalten: zum einen die Technik der Regelung, die den Parteivereinbarungen den Vorrang vor dem Gesetz einräumt, zum anderen die Frage nach dem Geltungsgrund der schrankenlosen Parteivereinbarungen.

Von der Technik der Regelung her betrachtet, enthalten sie einen Rechtsanwendungsbefehl, der auf das auf das Schiedsverfahren anzuwendende Recht gerichtet ist, verbunden mit einer Modifizierung des Rechts, dessen Anwendung befohlen ist. Somit verbindet sich die kollisionsrechtliche Verweisung auf das anwendbare Recht mit einer Beseitigung der rechtlichen Schranken der Parteivereinbarungen in dem verwiesenen Recht. Die Regelung des Schiedsverfahrens ergibt sich damit allein aus den Parteivereinbarungen und den originär dispositiven oder veränderten Normen der verwiesenen Rechtsordnung.

Während sich bei einer normalen kollisionsrechtlichen Verweisung die Geltungsgrundlage der Parteivereinbarungen allein aus der verwiesenen Rechtsordnung ergibt, ist in unserem Falle zu unterscheiden. Allein die originär dispositiven Normen der verwiesenen Rechtsordnung können als Grundlage der Parteivereinbarungen herangezogen werden, da sie nach dem Willen ihres Schöpfers die abweichenden Parteivereinbarungen gestatten wollen. Im übrigen aber beruht die Zulässigkeit der Abweichung von zwingenden Normen des verwiesenen Rechts auf der Ausschaltung der rechtlichen Schranken durch die Konvention und damit auf den konventionellen Bestimmungen sebst. Durch die Veränderung der verwiesenen Rechtsordnung erweitern sie selbst den Umfang der Parteifreiheit[30]. Die zur kollisionsrechtlichen Verweisung hinzutretende Modifizierung der verwiesenen Rechtsordnung betrifft im Gegensatz zu dem allein an den Richter gerichteten Rechtsanwendungsbefehl auch unmittelbar die Rechtsbeziehungen der Parteien[31], da sich

[30] Auf die Erweiterung der Parteifreiheit durch UN-Übereinkommen und Europäisches Übereinkommen verweist auch *Klein*, SchwJB 1963, 57. Nicht recht konsequent erscheinen deshalb seine Bedenken gegen Art. V Abs. 1 d UN-Übereinkommen, die sich allein aus der Annahme einer überpositiven Grundlage der Parteivereinbarungen erklären lassen (vgl. dazu oben § 8 II). Auf den Geltungsgrund der Parteivereinbarungen im Willen des nationalen Gesetzgebers verweist auch *Lalive*, Recueil 1967 (I) 647.

[31] Vgl. zur Veränderung eines anwendbaren Rechts durch den Rechtsanwendungsbefehl *Bauer*, S. 48 f,: „Der Rechtsanwendungsbefehl kann aber zugleich die Funktion einer Grenznorm haben, dann nämlich, wenn er den Umfang der von ihm berufenen Norm verändert. Dann greift er in die Norm selbst ein, nicht anders, als wenn er ihren sachlichen Inhalt verändern würde. Auch in diesem Fall ist der Rechtsanwendungsbefehl selbst an das Organ gerichtet, die in ihm zugleich enthaltene Grenznorm wird aber zum Bestandteil der fremden Sachnorm und ist daher auch an den einzelnen adressiert".

gerade durch die Veränderung der verwiesenen Rechtsordnung ihre Freiheit erweitert. Daß damit die Grundlage der Parteivereinbarungen in jedem Fall im positiven Recht — den dispositiven Normen der verwiesenen Rechtsordnung und der vereinheitlichten Erlaubnisnorm der Konvention — zu suchen ist, sei hier nochmals hervorgehoben.

### III. Die Verbindung der Rechtswahl und des Vorranges der Parteivereinbarungen

Nicht unproblematisch ist es, ob der Vorrang der Parteivereinbarungen vor dem Gesetz nur zum Tragen kommt, wenn die Parteien die Bestimmung des auf das Verfahren anwendbaren Rechts offengelassen haben, oder auch, wenn sie ein anwendbares staatliches Recht gewählt haben.

#### *1. Die Ansicht Mezgers*

Für die Möglichkeit der Verbindung des Vorranges der Parteivereinbarungen vor dem staatlichen Recht und der Rechtswahl der Parteien hat sich insbesondere[32] *Mezger* eingesetzt. Am klarsten läßt sich seine Ansicht aus der in seinem Gegenvorschlag zum Vorentwurf der Internationalen Handelskammer enthaltenen Bestimmung des Art. VI a entnehmen. Danach finden „die Vorschriften des Landes, dessen Recht auf das Schiedsverfahren ... anwendbar ist" (Recht des Ortes des Erlasses des Schiedsspruchs oder von den Parteien ausdrücklich oder stillschweigend gewähltes Recht) „nur insoweit Anwendung, als die Parteien nicht Abweichendes vereinbart haben"[33]. Aber auch aus der Kritik am Vorentwurf der Internationalen Handelskammer wird diese Auffassung deutlich. Das „anwendbare Recht, d. h. das von den Parteien unter den möglichen Rechten gewählte Recht, verdient bei internationalen Schiedsverfahren, auch vom Boden der Lehre der IHK über den Vorrang des Parteiwillens, mehr Bedeutung, als ihm in dem Entwurf der IHK zuteil" wurde[34]. Die Begriffe des internationalen Schiedsverfahrens und -spruchs machten den viel schwierigeren Begriff des auf das Schiedsverfahren anwendbaren Rechts „und damit den des „Ursprungslandes des Schiedsspruchs", nämlich des Landes, dessen Recht den Schiedsspruch beherrscht", nicht überflüssig[35]. Die Internationale Handelskammer habe zu Unrecht unterlassen, in dieser Frage „die Ergebnisse der modernen Doktrin und der Rechtsvergleichung im Sinne einer Zwischenschaltung

---

[32] Auch die Ansicht *Rengglis* (vgl. oben § 7 II 2 b) führt im Ergebnis zum Vorrang der Parteivereinbarungen vor einer gewählten Rechtsordnung.
[33] *Mezger,* EMS, S. 66.
[34] *Mezger,* EMS, S. 36.
[35] *Mezger,* EMS, S. 32.

der kollisionsrechtlichen Parteiautonomie zwischen dem konkreten Parteiwillen einerseits und die Anknüpfung an das Ortsrecht andererseits, zu verwerten“[36].

Diesen Begriff des auf das Schiedsverfahren anwendbaren Rechts verwendet *Mezger* auch bei der Interpretation des Art. IV Abs. 1 Europäisches Übereinkommen[37]. Es gebe ein auf das Schiedsverfahren anwendbares Recht, dessen zwingende Normen aber für den Anwendungsbereich der Konvention dispositiv seien. Dieses Recht soll primär von den Parteien gewählt werden[38].

Der in der Kritik am Vorentwurf der Internationalen Handelskammer enthaltene Hinweis auf die Ergebnisse der modernen Doktrin und Rechtsvergleichung auf dem Gebiet der kollisionsrechtlichen Parteiautonomie[39] ist wohl im Zusammenhang mit den Ausführungen zu sehen, man solle keine logischen Bedenken haben, „einer Rechtsordnung, die nur zur Ergänzung des Parteiwillens herangezogen wird“, die Funktion zuzusprechen, „diesem Parteiwillen Geltung (zu) verleihen oder zu versagen“[40]. Werde diese „Rechtsordnung nicht durch objektive Anknüpfung streng und schematisch bestimmt, ... wie durch den Ort des Schiedsspruchs, sondern selbst durch den kollisionsrechtlichen Parteiwillen, hinter dem das Ortsrecht nur noch hilfsweise als Resultat einer vermuteten oder fingierten Rechtswahl gilt“, ändere „sich das Bild“. Dann liege „es nicht viel anders als sonst im internationalen Vertragsrecht, wo man ohne logische Bedenken zuläßt[41], daß die Nichtigkeit eines Vertrages auf Grund einer Rechtsordnung ausgesprochen wird, die ihre Zuständigkeit einer Rechtswahl in diesem Vertrage selbst verdankt“[42].

Es kann nicht verborgen bleiben, daß das angeführte Beispiel genau den umgekehrten Fall zu der von *Mezger* behandelten Problematik betrifft. Während in diesem Beispiel die Normen einer gewählten Rechtsordnung zum Tragen kommen und unmodifiziert ihre Kontrollfunktion ausüben, geht es bei dem von *Mezger* gesehenen Problem doch eigentlich darum, ob die Normen einer Rechtsordnung, obwohl sie gewählt wurden, dieser Kontrollfunktion enthoben werden können. So ist zwar die Versagung der Wirkung durch die gewählte Rechtsordnung belegt, nicht aber deren Verleihung.

---

[36] *Mezger*, EMS, S. 52.

[37] Auch nach Art. V Abs. 1 d UN-Übereinkommen umfasse die Befugnis der Parteien die Rechtswahl *und* die konkreten Parteivereinbarungen (*Mezger*, RabelsZ 1959, 244 Anm. 44).

[38] Vgl. oben § 9 I 3.

[39] *Mezger*, EMS, S. 52.

[40] *Mezger*, EMS, S. 42.

[41] Vgl. dazu insbesonder *Haudek*, S. 5 ff; ablehnend zur modernen Lehre von der Parteiautonomie *Kronstein*, Kartelle, S. 273.

[42] *Mezger*, EMS, S. 42 f.

Zwei Fragen muß man hier jedoch auseinanderhalten. Die Frage, ob eine kollisionsrechtlich verwiesene Rechtsordnung notwendigerweise mit ihren zwingenden Normen zur Anwendung kommt. Zum anderen die Frage, woraus sich die eventuell zulässige Nichtbeachtung zwingender Normen der verwiesenen Rechtsordnung ableitet.

### 2. *Die Ausschaltung der zwingenden Normen der gewählten Rechtsordnung*

Gerade für eine die Parteiautonomie anerkennende Auffassung ist die Verbindung von Rechtswahl und Ausschaltung der zwingenden Normen der gewählten Rechtsordnung an sich nicht zu vertreten, da sie es den Parteien zwar erlaubt, die zwingenden Normen der an sich zuständigen Rechtsordnung auszuschließen[43], sie jedoch an die zwingenden Normen der gewählten Rechtsordnung bindet[44]. Die für diese Regelung gegebene Begründung erweist sich aber in Hinblick auf die Gestattung des Vorranges der Parteivereinbarungen in internationalen Konventionen als nicht durchschlagend.

a) So führt das Reichsgericht[45] aus, es sei nicht möglich, ein Rechtsverhältnis der Gesetzgebung eines bestimmten Staates zu unterwerfen, „dabei jedoch ein einzelnes gegenwärtiges oder befürchtetes künftiges, eine Sonderfrage regelndes Gesetz von der Geltung" auszuschließen, sofern es sich nicht um nach dem Willen der gewählten Rechtsordnung dispositives Recht handle. „Denn nur eine solche uneingeschränkte Unterwerfung unter irgendeine bestimmte gesetzgebende Gewalt gibt die auch für das zwischenstaatliche Rechtsleben unentbehrliche Gewähr dafür, daß das Schuldverhältnis nötigenfalls auch gegen den selbstsüchtigen Willen des wirtschaftlich stärkeren Partners oder auch beider Parteien unter Beachtung der jeweiligen allgemeinen Belange entsprechend den gemeinsamen Rechtsanschauungen der durch die gleiche Gesittung verbundenen Staaten geregelt wird."

b) Diese Bemerkungen des Reichsgerichts richten sich gegen den Versuch der Parteien, eigenmächtig auch die zwingenden Normen der gewählten Rechtsordnung zu überspielen, obwohl das Kollisionsrecht, auf dem die Befugnis zur Rechtswahl beruht, die Beachtung der zwingenden

---

[43] *Kronstein*, Kartelle, S. 242: Die Rechtswahl „schaltet ... die „an sich" anwendbare(n) Rechtsordnung(en) mit allen ihren dispositiven und zwingendnen Normen aus. Einen Schranke bildet lediglich die sehr eng auszulegende Vorbehaltsklausel".

[44] Vgl. *Köhn*, KTS, 1956, 131 Anm. 14; *Kronstein*, Kartelle, S. 242, 271; *Haudek*, S. 10: „Haben die Parteien sich durch kollisionsrechtliche Verweisung einem bestimmten Recht unterworfen, so stehen sie dergestalt unter seiner Herrschaft, daß sie sich seinen zwingenden Vorschriften auch durch ausdrückliche Vereinbarung nicht entziehen können".

[45] RG, JW 1936, 2059.

Normen des gewählten Rechts verlangt. Der in den Konventionen enthaltene, auf das auf das Schiedsverfahren anwendbare Recht gerichtete Rechtsanwendungsbefehl enthält dagegen selbst die Modifizierung der anwendbaren Rechtsordnung. Gegen eine Geltung dieser Modifizierung auch bei Rechtswahl durch die Parteien bestehen keine Bedenken, da auch die Anwendbarkeit der gewählten Rechtsordnung auf dem Rechtsanwendungsbefehl der Konvention beruht, der für das gewählte Recht eine Modifizierung vorsehen kann.

Die vom Reichsgericht allgemein vorgetragenen Einwände sind dabei gegenstandslos. Folgerungen aus einer rechtlichen Bewertung, die den Schutz der schwächeren Partei und übergeordnete rechtliche Belange ins Auge faßt, verbieten sich, wenn eine internationale Konvention für einen eng umgrenzten Bereich erkennbar eine andere Bewertung der Parteifreiheit zugrundegelegt hat.

Der einzige Einwand gegen eine Erstreckung des Vorranges der Parteivereinbarungen auch vor der gewählten Rechtsordnung könnte sich aus der Feststellung ergeben, die Parteien verhielten sich widersprüchlich, wenn sie einerseits ein bestimmtes staatliches Recht für das Schiedsverfahren wählten, andererseits aber den Vorrang der Parteivereinbarungen vor dessen zwingenden Bestimmungen beanspruchten. Jedoch wird man den Parteien nicht anlasten dürfen, daß sie mehr getan haben, als die Konvention von ihnen verlangt. Es soll ihnen nicht deshalb der Umfang ihrer Freiheit eingeschränkt werden, weil sie die Frage des anwendbaren Rechts nicht offengelassen haben.

### 3. *Geltungsgrundlage im gewählten Recht*

Das von *Mezger* angesprochene Problem, ob eine Rechtsordnung mit rein subsidiärer Funktion die Grundlage für Parteivereinbarungen bilden kann, die ihr inhaltlich widersprechen, erscheint uns lösbar. Sicherlich können Normen, die originär dispositiv sind — also auf eine subsidiäre Funktion vorbereitet sind — die Geltungsgrundlage für von ihnen abweichende Parteivereinbarungen bilden, da sie diese Abweichung gerade gestatten wollen. Bei der Dispositiverklärung einer staatlichen Rechtsordnung durch internationale Konventionen kann sich diese Gestattung allenfalls aus den Normen des staatlichen Rechts ergeben, die selbst gestatten wollen, weil sie dispositiv sind, und die deshalb nicht modifiziert worden sind. Im übrigen ist der Einfluß der Konvention nicht zu übersehen, dem allein es zuzurechnen ist, daß die Parteien eine erweiterte Freiheit im Rahmen eines bestimmten staatlichen Rechts genießen. Insoweit ist die konventionelle Erlaubnisnorm — der in der Konvention zum Ausdruck gekommene Erlaubniswille — selbst das die Parteivereinbarungen tragende Element.

## IV. Folgerungen

### *1. Geltungsgrundlage der Parteivereinbarungen im positiven Recht*

Aus der Erklärung des Vorranges der Parteivereinbarungen vor dem Gesetz als positivrechtlicher Gestattung lassen sich verschiedene Folgerungen ziehen. Zunächst erweisen sich alle jene Interpretationen des Art. V Abs. 1 d UN-Übereinkommen und des Art. IV Abs. 1 Europäisches Übereinkommen als nicht überzeugend, die gerade aus der Annahme, der Vorrang der Parteivereinbarungen lasse sich nur aus einer überpositiven Grundlage der Parteivereinbarungen ableiten und eine solche Erklärung sei mit den übrigen Bestimmungen der Konventionen nicht vereinbar, die schrankenlosen Parteivereinbarungen ablehnen[46]. Da eine positive Norm die Parteifreiheit erweitert, lassen sich aus der Widersprüchlichkeit der Annahme einer überpositiven Grundlage keine Folgerungen ziehen. Daß eine zur Modifizierung des staatlichen Rechts befugte Norm und das dispositive staatliche Recht selbst die vom staatlichen Recht abweichenden Parteivereinbarungen gestatten können, haben wir oben[47] dargelegt.

### *2. Ausbleiben der rechtlichen Bewertung*

Ferner läßt sich mit dieser Erklärung das mittels des „détachement de l'arbitrage des législations nationales" eigentlich angestrebte Ziel, die rechtliche Bewertung des Schiedsverfahrens am einzelstaatlichen zwingenden Recht zu vermeiden, durchaus erreichen. Die weitergehenden Folgerungen auf eine überpositive Grundlage der Parteivereinbarungen erweisen sich für das praktische Ergebnis als irrelevant.

Für die Parteien ergibt sich aus dem Ausbleiben der rechtlichen Bewertung die Möglicheit, die Anknüpfung des Schiedsverfahrens an ein bestimmtes staatliches Recht offenzulassen. Auch die dann von dem mit der rechtlichen Prüfung des Schiedsspruchs befaßten Richter vorgenommene Anknüpfung des Schiedsverfahrens an das Recht des Ortes des Erlasses des Schiedsspruchs führt ja nicht zu einer rechtlichen Bewertung des Schiedsverfahrens.

Den Parteien steht es aber frei, die kollisionsrechtliche Frage zu regeln, ohne daß sich deswegen rechtliche Schranken aus der gewählten Rechtsordnung ergeben. Die Parteien können dadurch die Rechtsordnung, aus der die subsidiär anwendbaren Normen entnommen werden sollen, bestimmen. Darüber hinaus empfiehlt sich die Beachtung der

---

[46] So aber *Klein*, SchwJZ 1961, 248; *ders.*, Festgabe, S. 153, Anm. 23; *ders.*, SchwJB 1963, 51 Anm. 30; *Gentinetta*, ZSR 1965, 171; *Fragistas*, Rev. crit. 1960, 16 Anm. 1 (für Einschränkung auf Rechtswahl).

[47] Vgl. oben II 2.

kollisionsrechtlichen Problematik aber, weil sie für die Bestimmung der für Hilfsmaßnahmen während des Schiedsverfahrens[48] zuständigen staatlichen Gerichte von Bedeutung ist[49].

### 3. *Fragestellung de lege ferenda*

Schließlich läßt sich nach der hier vorgetragenen Auffassung die Fragestellung de lege ferenda vom Ballast der Lehren über eine überpositive Grundlage der Schiedsgerichtsbarkeit befreien. Jeder Fortschritt im Bereich der normierten Schiedsgerichtsbarkeit geht vom staatlichen Recht oder von internationalen Konventionen aus. Somit läßt sich diese Fragestellung dahin präzisieren, welcher Bereich der Parteifreiheit im Rahmen der internationalen Schiedsgerichtsbarkeit durch das positive Recht überlassen werden kann, ohne daß das staatliche Interesse an der Wahrung des öffentlichen Wohls[50] beeinträchtigt wird.

---

[48] Allerdings ist zu beachten, daß sich die Erweiterung der Parteifreiheit im Rahmen der Hilfsfunktionen während des Verfahrens nur bei Art. IV Abs. 1 Europäisches Übereinkommen auswirken kann. Nach dem UN-Übereinkommen ist der Wert der schrankenlosen Parteivereinbarungen nach Anwendungsbereich und Funktion des Übereinkommens auf die Vollstreckung der Schiedssprüche beschränkt.

[49] Vgl. dazu oben § 9 I 3.

[50] Vgl. zu diesem Gesichtspunkt *Schwab*, KTS 1961, 24.

*Vierter Teil*

# Parteiwille und Völkerrecht

## § 12. Völkerrechtsordnung und Schranken der Parteivereinbarungen

Einen anderen Ansatzpunkt als alle bisher erörterten Vorschläge wählt *Fragistas* für die Lösung der internationalen privaten Schiedsgerichtsbarkeit vom staatlichen Recht. Die als Ansatzpunkt herangezogene Befugnis der Rechtswahl (Parteiautonomie) führt allerdings nur dann zu einer Lösung vom staatlichen Recht, wenn man ihren Umfang nicht auf die Wahl einer staatlichen Rechtsordnung einschränkt (I). Da *Fragistas* die Zulässigkeit der kollisionsrechtlichen Verweisung auf das Völkerrecht und damit der Unterwerfung der Schiedsgerichtsbarkeit unter eine zwar übernationale, aber doch den Parteivereinbarungen übergeordnete Rechtsordnung annimmt, bedarf die Beziehung dieses Vorschlages zur Anerkennung schrankenloser Parteivereinbarungen der Erörterung (II).

### I. Der Vorschlag von Fragistas

Der Vorschlag von *Fragistas* erlaubt die Anwendung völkerrechtlicher Normen auf die private internationale Schiedsgerichtsbarkeit bereits zum gegenwärtigen Zeitpunkt, sofern die Parteien im Rahmen der Rechtswahl auf die Völkerrechtsordnung verwiesen haben[1].

#### *1. Die Lösung vom staatlichen Recht*

*Fragistas* strebt die Lösung der Schiedsgerichtsbarkeit vom staatlichen Recht an. Die supranationale Schiedsgerichtsbarkeit sei ein „fait social, une réalité que l'on ne peut pas méconnaître"[2]. Die Parteien hätten den Willen, die internationalen Schiedsgerichten anvertrauten Streitigkeiten über den nationalen Bereich hinauszuheben; „... il existe des cas où l'on peut constater la volonté des parties de déborder tout cadre étatique et de soumettre l'arbitrage directement à un ordre

---

[1] *Fragistas,* Rev. crit. 1960, 1 ff. Daß es solche Schiedsverfahren noch nicht gibt, kann man *Fragistas* nicht entgegenhalten (so aber *Gentinetta,* ZSR 1965, 168), denn er sieht seinen Vorschlag zwar als gegenwärtig durchführbar, nicht aber als durchgeführt an. (Vgl. oben § 3 II 2).

[2] *Fragistas,* Rev. crit. 1960, 15 f.

supranational[3]." Die Parteien hätten auch den Eindruck, ihre Streitigkeit einem über jede staatliche Rechtsordnung hinausgehobenen Schiedsgericht zu übertragen.

Die Begründung, mit der die Möglichkeit bejaht wird, die Schiedsgerichtsbarkeit vom staatlichen Recht zu lösen, stößt auf Bedenken. Das von den Parteien an den Schiedsgerichtshof der Internationalen Handelskammer verwiesene Verfahren wird nicht dadurch zu einem supranationalen, weil die Parteien an seine Supranationalität glauben. Entweder ist es ein solches, dann sind die über die Verweisung hinausgehenden, sie vielleicht motivierenden Parteivorstellungen unschädlich, aber überflüssig. Oder das Schiedsgericht, das der Schiedsgerichtshof der Internationalen Handelskammer einsetzt, ist ein nationales, dann haben sich die Parteien zwar nicht bei der Verweisung, wohl aber bei den motivierenden Vorstellungen geirrt. In beiden Fällen sind die bloßen Vorstellungen irrelevant; „... there are many things that parties desire but that the legislator does not think fit to grant them and that may in fact be undesirable[4]." Die Frage der Zulässigkeit der Lösung vom staatlichen Recht stellt sich unabhängig von den Vorstellungen der Parteien. Sie bemißt sich als Rechtsfrage nicht nach dem tatsächlichen Willen der Parteien, da dessen Macht die rechtliche Gestattung, etwas relevant wollen zu können, vorgeschaltet ist.

### 2. *Anzuwendendes materielles Recht*

Der Materie nach ist die Loslösung vom staatlichen Recht bei *Fragistas* auf das die Schiedsgerichtsbarkeit beherrschende Recht beschränkt. Das vom Schiedsgericht in der Hauptsache anzuwendende materielle Recht will er weiterhin einer bestimmten staatlichen Rechtsordnung entnehmen, deren Bestimmung er der Rechtswahl der Parteien überläßt. Sollte ein Parteiwille nicht feststellbar sein, sei das Schiedsgericht frei, das anzuwendende Recht „ex aequo et bono, selon les éléments objectifs du cas" zu bestimmen[5].

### 3. *Kollisionsrechtliche Verweisung auf das Völkerrecht*

Jedes Schiedsgericht müsse aber einer Rechtsordnung unterworfen sein, „l'arbitrage supranational ne peut être suspendu en l'air"[6]. Die Möglichkeit, beide Grundthesen — Lösung vom staatlichen Recht und notwendige Unterwerfung unter eine positive Rechtsordnung — zu ver-

[3] *Fragistas,* Rev. crit. 1960, 17; zustimmend *Rubellin-Devichi,* S. 123. Vgl. auch die Argumentation von *Motulsky,* Ann. Fac. Liège, 1964, 151.

[4] *Mann,* Liber Amicorum for *Domke,* S. 178 Anm. 13. Vgl. auch *Lalive,* Recueil 1967(I), 647 f.

[5] *Fragistas,* Rev. crit. 1960, 17 f.

[6] *Fragistas,* Rev. crit. 1960, 14.

binden, sieht *Fragistas* im Völkerrecht, auf das die Parteien verweisen könnten. Der Rückgriff auf das Naturrecht erscheint ihm nicht vertretbar, da dessen Begriff selbst kontrovers sei.

Den Parteien wird damit die Macht eingeräumt, die Schiedsgerichtsbarkeit durch kollisionsrechtliche Verweisung dem Völkerrecht zu unterwerfen. Das Gegenstück zur kollisionsrechtlichen Verweisung bildet die materiellrechtliche Verweisung, durch die Normen einer fremden Rechtsordnung in einen Vertrag eingefügt werden, während der Vertrag als solcher der auf ihn anwendbaren Rechtsordnung unterworfen bleibt[7]. Damit wäre die Schiedsgerichtsbarkeit aber weiterhin einem staatlichen Recht unterstellt. Eine Lösung, die *Fragistas* gerade vermeiden will. Das Völkerrecht, auf das kollisionsrechtlich verwiesen ist, soll die die Schiedsgerichtsbarkeit beherrschende Rechtsordnung sein.

### 4. *Lückenausfüllung*

Da die Völkerrechtsordnung aber auf die ihr zugedachte Rolle nicht genügend vorbereitet ist, räumt *Fragistas* dem Schiedsgericht die Befugnis ein, Lücken im verfahrensrechtlichen Bereich durch die allgemeinen Rechtsgrundsätze auszufüllen, „principes qui ont plus ou moins un caractère de droit naturel“[8]. Bei Fehlen solcher Rechtsgrundsätze soll der Schiedsrichter das Problem „ex aequo et bono“ lösen.

### 5. *Normierte Schiedsgerichtsbarkeit*

Daß der Vorschlag von *Fragistas* sich nicht auf die freie Schiedsgerichtsbarkeit bezieht, lassen seine Ausführungen klar erkennen. Er legt Wert auf eine solide rechtliche Basis der Schiedsgerichtsbarkeit in einer positiven Rechtsordnung. Zum anderen zeigt sein Versuch, die kollisionsrechtliche Verweisung auf das Völkerrecht im Rahmen einer völkerrechtlichen Konvention zum Tragen zu bringen[9], daß er den Parteien trotz Unterwerfung der Schiedsgerichtsbarkeit unter das Völkerrecht die Möglichkeit der Vollstreckung des Schiedsspruches durch die staatlichen Gerichte bewahren möchte.

## II. Völkerrecht und schrankenlose Parteivereinbarungen

Während die bisher behandelten Versuche, die Existenz einer supranationalen Ordnung nachzuweisen, sich darauf beschränkten, den Parteivereinbarungen selbst den Charakter einer supranationalen Ordnung zuzuerkennen und sie folglich dem Bewertungsmaßstab einer beherr-

---

[7] Vgl. dazu *Haudek*, S. 3, 37 ff.
[8] *Fragistas*, Rev. crit. 1960, 17.
[9] Vgl. *Fragistas*, Rev. crit. 1960, 16 Anm. 1.

schenden Rechtsordnung zu entziehen, werden durch die kollisionsrechtliche Verweisung auf das Völkerrecht die Parteivereinbarungen einer übergeordneten rechtlichen Ordnung unterstellt, aus der sich rechtliche Schranken der Parteivereinbarungen herleiten könnten. Würde man sich mit dieser theoretischen Feststellung begnügen, wäre die Zuordnung des Vorschlages von *Fragistas* zu Erörterungen über schrankenlose Parteivereinbarungen abzulehnen. Praktisch sind die Parteivereinbarungen aber bei einer Unterstellung unter das Völkerrecht von rechtlichen Schranken befreit, da die Völkerrechtsordnung sich auf die private Schiedsgerichtsbarkeit beziehende zwingende Normen nicht enthält.

### *1. Fehlen passender Normen*

a) Um den Beweis für diese Behauptung aufstellen zu können, gilt es zunächst an die Funktionen zu erinnern, die Rechtsnormen im Rahmen der privaten Schiedsgerichtsbarkeit zukommen. Sie haben zunächst die Aufgabe, die Geltungsgrundlage für Schiedsvereinbarungen abzugeben und damit die Parteivereinbarungen auf eine rechtliche Basis zu stellen. Rechtsordnungen erkennen den Parteivereinbarungen rechtliche Wirkungen aber nur unter bestimmten Voraussetzungen zu, deren Grenzen einzuhalten sind. Diese Schranken können weiter oder enger sein und für bestimmte abgegrenzte Bereiche weitgehend entfallen. Ferner hat die Rechtsordnung die Funktion, Lücken der Parteivereinbarungen durch ihre Rechtsnormen zu schließen. Allerdings darf man die Bedeutung dieser Funktion nicht überschätzen, da gerade bei Verweisung auf die Schiedsordnung einer internationalen Schiedsorganisation, die *Fragistas* als Musterbeispiel für das Bedürfnis nach einer Lösung der Schiedsgerichtsbarkeit vom staatlichen Recht dient, das Auftreten von Lücken selten sein wird.

b) Allein der Aufgabe, den Parteivereinbarungen Geltung zu verschaffen — einer der drei Funktionen — wird die Völkerrechtsordnung gerecht. Weder begrenzt sie die Zulässigkeit der Vereinbarungen[10], noch kann sie die Funktion der Lückenausfüllung übernehmen. Damit ist im Ergebnis die rechtliche Regelung nicht einer Rechtsordnung, sondern schrankenlosen Parteivereinbarungen und Entscheidungen der Schiedsrichter überlassen.

Daß auf völkerrechtliche Verträge, die, soweit sie sich auf die private Schiedsgerichtsbarkeit beziehen und unmittelbar anwendbare, vereinheitlichte Regeln enthalten, noch am ehesten eine rechtliche Lösung für

---

[10] Auch unabhängig von dem Bezug auf die private Schiedsgerichtsbarkeit existieren zwingende Normen des Völkerrechts praktisch nicht. Vgl. *Niboyet*, Bd. 1, S. 22.

die private Schiedsgerichtsbarkeit zur Verfügung stellen könnten, nicht kollisionsrechtlich verwiesen werden kann, sollte selbstverständlich sein[11]. Diese Materie klammert auch *Fragistas* implicite aus. Ist der völkerrechtliche Vertrag durch die staatliche Ratifizierung im innerstaatlichen Bereich anwendbar geworden, gilt er auch ohne kollisionsrechtliche Verweisung für Privatpersonen innerhalb seines Anwendungsbereiches. Eine Verweisung auf nicht ratifizierte Verträge würde dagegen auf dem Umweg über die kollisionsrechtliche Verweisung völkerrechtlichen Verträgen auch für die Angehörigen eines Staates Geltung verschaffen, der seine Bestimmungen für seinen innerstaatlichen Bereich nicht übernehmen wollte und eben deshalb den Vertrag nicht ratifiziert hat.

Auch die anderen Rechtsquellen des Völkerrechts — allgemeine Rechtsgrundsätze und Völkergewohnheitsrecht — sind auf die Regelung der privaten Schiedsgerichtsbarkeit nicht vorbereitet[12]. Aussagen über so spezielle Fragen der Schiedsfähigkeit des Streitgegenstandes oder der Bestimmung einer Frist für die Niederlegung des Schiedsspruches lassen sich aus ihnen nicht ermitteln[13].

Auch *Fragistas* bleibt die Unangepaßtheit der Völkerrechtsordnung an die Probleme der privaten Schiedsgerichtsbarkeit nicht verborgen. Der von ihm vorgeschlagene Ausweg, die Lücken der Völkerrechtsordnung durch Entscheidungen der Schiedsrichter „ex aequo et bono" auszufüllen, erscheint aber nicht gangbar[14]. Von Lückenausfüllung kann man

---

[11] Völkerrechtliche Verträge scheiden als möglicher Gegenstand einer kollisionsrechtlichen Verweisung auch dann aus, wenn man sie nicht als der Völkerrechtsordnung gleichrangige, sondern von der Geltungsgrundlage im Völkerrecht abhängige Materie auffaßt (vgl. dazu *Guggenheim*, Bd. 1, S. 55; vgl. auch *Niboyet*, Bd. 1, S. 20, 45).

[12] *Klein*, SchwJB 1963, 57 bemerkt zu Recht, daß „toute lacune dans le réglement d'arbitrage adopté par les parties donnera inévitablement lieu à des controverses".

[13] *Zweigert*, Berichte der DGes VR, Heft 5, S. 197 will bereits die Befugnis der Rechtswahl auf Rechtsordnungen einschränken, die auf das Rechtsverhältnis passende Normen enthalten. Damit wird die Frage der Praktikabilität der verwiesenen Rechtsordnung in die Zulässigkeitsproblematik vorgezogen. Allerdings wird eine Verweisung auf die Völkerrechtsordnung nicht völlig abgelehnt. Man dürfe nur die Zulässigkeit der Verweisung nicht vorschnell bejahen, sondern sie nur dann zulassen, wenn sich die „Ansiedlung des Vertrages in einer positiven Rechtsordnung schlechthin verbietet" (S. 203). Nach dieser Formel müßte *Zweigert* in unserem Fall die Zulässigkeit der kollisionsrechtlichen Verweisung auf die Völkerrechtsordnung verneinen. Damit stimmt diese Auffassung im Ergebnis mit der hier vertretenen überein. Sie führt allerdings dazu, daß die Zulässigkeit der Verweisung auf das Völkerrecht immer nur in Hinblick auf die Beziehung des konkreten Rechtsverhältnisses zur Völkerrechtsordnung geprüft werden kann.

[14] Vgl. *Klein*, SchwJB 1963, 57: «vouloir tout régler par décision souveraine des arbitres ou ex aequo et bono serait ouvrir la porte à l'incertitude et, bien souvent, à l'arbitraire».

nicht sprechen, wenn die Rechtsordnung überhaupt keine passenden Normen enthält. Fehlen diese Normen vollständig, so wendet man die Rechtsordnung im Ergebnis überhaupt nicht an, sondern überläßt allein den Parteien und Schiedsrichtern die Regelung des Verfahrens und die Festlegung der Schranken, die sie sich selbst auferlegen wollen. Übergeordnete rechtliche Schranken bestehen nicht. Eine Entscheidung der Schiedsrichter „ex aequo et bono" in dem von *Fragistas* vorgeschlagenen Sinne geht damit weit über das Maß an Freiheit hinaus, das staatliche Rechte einem nach Billigkeit entscheidenden Schiedsrichter zuerkennen, da er an die Schranken zwingender staatlicher Normen gebunden ist[15].

Im Ergebnis ist damit das Schiedsverfahren allein den Parteivereinbarungen und den Entscheidungen der Schiedsrichter unterworfen, da die Völkerechtsordnung keine zwingenden Schranken enthält.

### 2. *Fehlen völkerrechtlicher Hilfsorgane*

Von der durch Unangepaßtheit der Normen des Völkerrechts an die private internationale Schiedsgerichtsbarkeit entstehenden Problematik ist die Frage zu unterscheiden, ob die Unterwerfung privater Schiedsverfahren unter die Völkerrechtsordnung nicht selbst bei passenden Normen zu Schwierigkeiten führen würde, die eine Verweisung auf die Völkerrechtsordnung nicht ratsam erscheinen lassen. Zwei Probleme sind dabei zu trennen.

a) Während des Ablaufs eines Schiedsverfahrens kann die Hilfe einer außerhalb des Verfahrens stehenden Autorität erforderlich sein. Untersteht ein Schiedsgericht einer bestimmten staatlichen Rechtsordnung, so werden Streitigkeiten über die Ablehnung von Schiedsrichtern oder die Vereidigung von Zeugen dem Gericht des Staates übertragen, dessen Recht auf das Verfahren anwendbar ist. Geht man davon aus, daß die Gerichte der das Verfahren beherrschenden Rechtsordnung für Hilfeleistungen während des Schiedsverfahrens zuständig sind, so müßten konsequenterweise bei einer Unterwerfung unter die Völkerrechtsordnung völkerrechtliche Hilfsorgane die Hilfsfunktionen erfüllen. Das Schiedsgericht ist zwar entgegen der Ansicht von *Fragistas*[16] bei Unterwerfung unter die Völkerrechtsordnung kein völkerrechtliches, da die Art der anzuwendenden Verfahrensnormen auf die Natur des Schiedsgerichts keinen Einfluß hat[17]. Es bleibt ein privates Schiedsgericht selbst bei Anwendung völkerrechtlicher Normen. Für die Bestimmung der zuständigen Hilfsinstitutionen ist die angewandte Rechtsordnung aber von Bedeutung[18].

---

[15] Vgl. *Schottelius*, Schiedsgerichtsbarkeit, S. 61; *ders.*, EMS, S. 77; *Robert*, Liber Amicorum for *Domke*, S. 227; *Mezger*, ITA, S. 231.
[16] *Fragistas*, Rev. crit. 1960, 18.
[17] Vgl. *Hallier*, S. 19 Anm. 88.

Die in den staatlichen Rechten für private Schiedsgerichte vorgesehenen Hilfsfunktionen fehlen aber in der Völkerrechtsordnung. Die Völkerrechtsordnung ist auf die ihr zugedachte Rolle, die privaten Schiedsgerichte zu betreuen, auch institutionell nicht vorbereitet[19]. Die Idee der Bildung völkerrechtlicher Hilfsorgane für private Schiedsgerichte taucht allerdings in der Diskussion um die Reform der internationalen privaten Schiedsgerichtsbarkeit zuweilen auf[20]. Ohne eine Mitwirkung der Staaten bei der Bildung solcher völkerrechtlicher Institutionen[21] lassen sich diese Vorschläge jedoch nicht verwirklichen. Als eine Aufforderung an die Staaten, diese Institutionen staatsvertraglich zu errichten, wollen sie auch verstanden werden. Gerade weil *Fragistas* aber nicht erst die Mitwirkung der Staaten abwarten will, sondern eine heute zu verwirklichende Verbesserung der rechtlichen Situation der internationalen privaten Schiedsgerichtsbarkeit vorschlägt, müssen sich bei der Verbindung der privaten Schiedsgerichtsbarkeit mit der Völkerrechtsordnung in ihrer heutigen Gestalt Schwierigkeiten ergeben.

Durch eine kollisionsrechtliche Verweisung auf die Völkerrechtsordnung in ihrer gegenwärtigen Gestalt läßt sich die erforderliche Mitwirkung der Staaten bei der Umformung dieser Völkerrechtsordnung nicht vorwegnehmen.

b) Dagegen erscheint es nicht konsequent, Schiedssprüchen, welche die Parteien zulässigerweise dem Völkerrecht unterstellt haben, die Vollstreckung durch staatliche Institutionen zu verwehren[22], gerade weil sie der Völkerrechtsordnung unterstehen. Gesteht eine internationale Konvention den Parteien die Befugnis zur Rechtswahl zu, und umfaßt diese Befugnis auch die Verweisung auf das Völkerrecht, so darf die Verweisung auf das Völkerrecht nicht als Grund für die Verweigerung der Vollstreckung herangezogen werden. Somit ist dieser Problematik die Frage vorgeschaltet, ob die Verweisung auf das Völkerrecht überhaupt

---

[18] Es erscheint deshalb folgerichtig, den Rückgriff auf ein staatliches Gericht scheitern zu lassen, da es nur für Schiedsverfahren zuständig ist, die seinem Verfahrensrecht unterliegen. Vgl. dazu *Schlesinger-Gündisch*, RabelsZ 1964, 17 f.

[19] Sogar völkerrechtliche Gerichte begegnen einer Fülle von Schwierigkeiten, wenn es etwa darum geht, Zeugen zu vernehmen. Vgl. *Dahm*, Bd. 2, S. 532 f.

[20] Vgl. dazu *Carabiber*, Rev. Arb. 1964, 8 f.; *ders.*, ITA, S. 157; *van Ommeren*, Rev. Arb. 1961 (congrès de Paris), 107 ff.; *Minoli*, ITA, S. 188; vgl. auch *Arendt*, Rev. Arb. 1966 (congrès de Rotterdam), 121 ff.

[21] Vgl. aber für das Spezialgebiet der Investitionsverträge zwischen Staaten und nichtstaatlichen Partnern aus fremden Staaten die Konvention der Weltbank vom 14. Oktober 1966. Über die Einordnung der in der Konvention vorgesehenen Schiedsgerichte als private oder völkerrechtliche bestehen allerdings Zweifel (vgl. dazu *Schwarzenberger*, Liber Amicorum for *Domke*, S. 318).

[22] Anders aber *Klein*, SchwJB 1963, 57.

zulässig ist. Eine Befugnis, auf das Völkerrecht kollisionsrechtlich zu verweisen, wird man Privatpersonen aber zu verweigern haben[23].

## § 13. Die Zulässigkeit der kollisionsrechtlichen Verweisung auf das Völkerrecht durch Privatpersonen

Den Umfang der Parteiautonomie auch auf die kollisionsrechtliche Verweisung auf das Völkerrecht zu erstrecken, setzt voraus, daß man überhaupt die Geltung der Parteiautonomie im Rahmen der privaten Schiedsgerichtsbarkeit anerkennt.

### I. Parteiautonomie und Schiedsgerichtsbarkeit

Das Rechtsinstitut der Parteiautonomie hat vor allem im Schuldrecht seine Bedeutung und wird von den meisten Rechtsordnungen bei der Anknüpfung von Verträgen des Obligationenrechts weitgehend anerkannt.

#### *1. Parteiautonomie und Rechtsnatur der Schiedsgerichtsbarkeit*

a) Sieht man das materielle Recht aber nicht nur als das Hauptanwendungsgebiet der Parteiautonomie an, sondern schränkt deren Anwendung auf dieses Gebiet ein, so setzt die Frage nach der Geltung der Parteiautonomie für die Schiedsgerichtsbarkeit die Bejahung der materiellrechtlichen Natur von Schiedsvertrag, Schiedsverfahren und Schiedsspruch voraus. Auf diese Abhängigkeit weisen allerdings eine Reihe von Autoren hin[1]. Danach sollte den Anhängern der materiellrechtlichen Theorie die Antwort auf unsere Frage leicht fallen. Weil Schiedsvertrag, Schiedsverfahren und Schiedsspruch materiellrechtlicher Natur sind, gilt für sie das Prinzip der Rechtswahl durch die Parteien[2].

b) Auch mit der prozessualen Theorie ist die Parteiautonomie jedoch vereinbar. Allerdings ist zu beachten, daß die allgemein als prozessual qualifizierte Theorie[3] tatsächlich zwei Varianten aufweist, deren Unter-

---

[23] Vgl. § 13 II.

[1] Vgl. *Klein*, Rev. crit. 1958, 255: «... la loi de l'autonomie est un principe de rattachement particulier aux obligations contractuelles». Aus der Bemerkung von *Klein*, Considérations, S. 34, geht aber hervor, daß die Bedeutung der Rechtsnatur für die Anwendbarkeit der Parteiautonomie insbesondere in Hinblick auf die Jurisdiktionstheorie behauptet wird. Vgl. auch *Kronstein*, Kartelle, S. 335; *Bertheau*, S. 5 ff.; *Sausser-Hall*, Annuaire 1952 (I), 520 und passim; *Weisbart*, S. 85; *Robert*, Arbitrage, S. 491.

[2] Vgl. zu dieser Folgerung BGH, KTS 1964, 101; dazu *Habscheid*, KTS 1965, 7 (mit Bezug auf den Schiedsvertrag); vgl. auch BGH, JZ 1957, 26 mit Anm. *Habscheid*.

[3] Daß bei Verwendung dieser Bezeichnung Vorsicht geboten ist, hebt auch *Mezger*, Mélanges *Maury*, S. 288 Anm. 28, hervor.

schiede so bedeutsam sind, daß eine auch terminologische Differenzierung wünschenswert erscheint. Die schiedsrichterliche Tätigkeit wird einerseits als Ausübung delegierter Hoheitsgewalt aufgefaßt (Jurisdiktionstheorie)[4], andererseits gründet man die Entscheidungskompetenz des Schiedsgerichts auf die freiwillige Vereinbarung der Parteien und ordnet Schiedsvertrag, Schiedsverfahren und Schiedsspruch wegen ihrer unmittelbaren Hauptwirkungen auf prozessualem Gebiet dem Prozeßrecht zu (prozessuale Theorie)[5].

Allein für die Jurisdiktionstheorie ist die Anknüpfung an das Recht des Staates, auf dessen Territorium das Schiedsverfahren stattfindet, notwendig[6], da staatliche (delegierte) Hoheitsrechte nur innerhalb des Hoheitsgebietes des delegierenden Staates ausgeübt werden können[7]. Die Parteien haben damit praktisch nur die Möglichkeit, den Ort des Verfahrens zu bestimmen[8]. Das hat zur Folge, daß mit der Bestimmung des Ortes des Schiedsverfahrens die Wahl einer anderen Rechtsordnung als der des Verfahrensortes[9] unbeachtlich ist[10].

c) Dagegen führt die Ansicht von der prozessualen Natur von Schiedsvertrag, Schiedsverfahren und Schiedsspruch zwar zur Anwendung des Internationalen Zivilprozeßrechts[11], wenn man diese Materie auf „alle Normen des Zivilprozeß. . . .-Rechts (erstreckt), welche „internationale" Sachverhalte betreffen"[12]. Damit ist aber die von der herrschenden Meinung anerkannte Parteiautonomie[13]dogmatisch vereinbar[14]. Dem Prozeß-

[4] Vgl. zu deren Kritik § 1 I 2.

[5] Vgl. zu diesem Unterschied oben § 1 I 3.

[6] Vgl. die Ansicht von *Sausser-Hall*, Annuaire 1952 (I), 520 und passim. Vgl. auch *Klein*, Considérations, S. 224: „... aussi cette thèse mène-t-elle nécessairement à un rattachement territorial"; *ders.*, Festgabe, S. 146 Anm. 4.

[7] Vgl. insbesondere *Vogel*, S. 101 f., 342 ff.; vgl. auch zur Einschränkung der Gerichtsgewalt auf das Hoheitsgebiet *Nagel*, ZZP 75, 416 f., 418 f.

[8] Vgl. zu dieser Konsequenz *Lagergren*, Sources, S. 211. *Lagergren* selbst teilt diese Ansicht nicht.

[9] Die Verweisung auf das fremde Recht kann nur als materiellrechtliche Verweisung Geltung haben. Als Vertragsinhalt weichen die verwiesenen Normen aber den zwingenden Bestimmungen der Rechtsordnung des Verfahrenslandes (zu dieser Folgerung kommt zu Recht *Lagergren*, Sources, S. 211).
Auch die Ansicht von *Mann*, Liber Amicorum for *Domke*, dürfte im Sinne einer Einschränkung der Befugnisse des Parteiwillens auf die materiellrechtliche Verweisung zu verstehen sein. *Mann* widerspricht allerdings der Abhängigkeit der zwingenden Anknüpfung an das Recht das Verfahrensortes von der Einstellung zum Theorienstreit. Sein Ergebnis beruhe auf rein praktischen Erwägungen (S. 179 Anm. 22 a. E.).

[10] Diese Folgerung zieht *Sausser-Hall*, Annuaire 1952 (I), 536. Das Ortsrecht gelte „sans égard à la loi que les parties ont désignée dans l'exercice de leur autonomie" (531).

[11] Das ist *Kronstein*, Kartelle, S. 335, zuzugeben.

[12] *Neuhaus*, RabelsZ 1955, 201.

[13] Vgl. z. B. *Baumbach-Schwab*, S. 77 (für Schiedsvertrag) und S. 125 (für Schiedsverfahren).

[14] A. M. aber *Kronstein*, Kartelle, S. 335: „Eine Antwort auf die Frage

recht ist es durchaus nicht unbekannt, Anleihen bei Normen oder Grundsätzen anderer Rechtsmaterien zu nehmen, wenn ein Bedürfnis nach Übertragung dieser Regelungen auf prozessuale Verhältnisse besteht[15]. So werden gerade auf Schiedsverträge Normen des materiellen Rechts analog angewendet, ohne daß dadurch der prozessuale Charakter des Schiedsvertrages leidet[16]. Insoweit bedarf es auch für die Übertragung des primär für das materielle Recht geltenden Prinzips der Rechtswahl nicht etwa der Bejahung der materiellrechtlichen Natur von Schiedsvertrag, Schiedsverfahren und Schiedsspruch. Es genügt vielmehr eine Begründung für die Berechtigung der analogen Anwendung des Grundsatzes in jenem Teilgebiet des internationalen Zivilprozeßrechts, das sich auf die internationale Schiedsgerichtsbarkeit bezieht.

Ausdrückliche Begründungen der Übertragung sind jedoch selten[17]. So qualifiziert es *Mezger* als ein Vorurteil, zu glauben, die Parteiautonomie sei aus dem Gebiet des Prozeßrechts verbannt[18]. Die gleichen zwingenden Gründe wie im Gebiet des Schuldrechts rechtfertigen ihre Anwendung hier auch[19]. *Rubellin-Devichi,* die der Ansicht *Mezgers* folgt, beruft sich zudem auf die Notwendigkeit der Anwendung der Parteiautonomie für das Schiedsverfahren[20].

---

nach dem auf den Schiedsvertrag anwendbaren Recht hängt — wenn man dieses Problem dogmatisch betrachtet — zunächst davon ab, welche Rechtsnatur man dem Schiedsvertrag zuerkennt. ... Faßt man die Schiedsvereinbarung als prozessualen Vertrag auf, ... dann müßte die Qualifikation folgerichtig nach den Grundsätzen des internationalen Zivilprozeßrechts vorgenommen werden; das ist jedoch bei einem Teil der Verfechter der prozessualen Anschauung nicht der Fall".

[15] Vgl. z. B. zur mittelbaren Anwendung der §§ 119 ff. BGB auf den Schiedsvertrag *Baumbach-Schwab*, S. 54.

[16] Vgl. *Baumgärtel*, S. 241; *Habscheid*, KTS 1955, 36; *ders.*, KTS 1967, 2; *Baumbach-Schwab*, S. 77.

[17] So beschränkt sich *Raape*, S. 557, auf die Präzisierung der Frage, „an welche Verfahrensordnung" man das Schiedsgerichtsverfahren anknüpfen könne. „Man sieht, das ist keine Frage des IPR, sondern des internationalen Prozeßrechts, aber gleichfalls ein Anknüpfungsproblem. Nicht nur im internationalen Privatrecht, auch im internationalen Prozeßrecht begegnet uns also einmal das Problem der Anknüpfung — ein überraschender Befund". Nach *Habscheid*, Anm. zu BGH, JZ 1957, 26, hat die Parteiautonomie auch auf prozessualem Gebiet Gültigkeit. Den Ausschluß der Parteiautonomie durch die prozessuale Theorie bestreitet auch *Fragistas*, Rev. crit. 1960, 8. Vgl. auch *Bruns*, ZZP 70, 19.

[18] *Mezger*, Mélanges *Maury*, Bd. 1, S. 288 Anm. 28: «En réalité une théorie qui se qualifie de processualiste parce qu'elle considère et respecte la sentence arbitrale issue d'une procédure spéciale admise et protégée par le législateur et les autorités d'un pays déterminé est compatible dans les rapports internationaux avec l'autonomie de la volonté"; *ders.*, ITA, S. 236 (für Schiedsverfahren); vgl. auch *ders.*, AWD 1964, 203.

[19] *Mezger*, Mélanges *Maury*, Bd. 1, S. 287: „les mêmes raisons impérieuses qui justifient l'autonomie de la volonté en matière d'obligations contractuelles s'imposent ici" (mit Bezug auf Schiedsverfahren und Schiedsspruch).

[20] *Rubellin-Devichi*, S. 89.

Dennoch liegt der Grund, der die Anwendung der Parteiautonomie für die prozessuale Theorie dogmatisch rechtfertigt, weniger in dem nicht abzustreitenden Bedürfnis der Schiedsgerichtsbarkeit nach einer anpassungsfähigeren Regelung als der starren Unterwerfung unter das am Ort des Schiedsverfahrens geltende Recht. Am Ausgangspunkt der Begründung muß vielmehr der Unterschied zwischen der normalerweise im internationalen Zivilprozeßrecht gestellten Frage und ihrer Modifizierung für die Schiedsgerichtsbarkeit stehen. Das internationale Zivilprozeßrecht behandelt typischerweise nicht das Nebeneinander verschiedener Rechtsordnungen, sondern verschiedener Gerichtsorganisationen[21]. Wie *Neuhaus* treffend ausführt, verbirgt sich „hinter der Frage nach der anwendbaren Prozeßordnung ... die Frage nach der zuständigen nationalen Gerichtsordnung“, da jedes staatliche Gericht von seinem einheimischen Recht ausgeht. Die Problematik privater Schiedsgerichte sei jedoch besonderer Art[22].

Daß die mit der Schiedsgerichtsbarkeit befaßten staatlichen Gerichte ihre lex fori anwenden, ist selbstverständlich. Warum diese lex fori aber für die Regelung der Schiedsgerichtsbarkeit, die selbst keine staatliche Hoheitsgewalt ausübt, der Rechtswahl der Parteien die Anerkennung versagen soll, ist nicht einzusehen. Den Parteien, aus deren Vereinbarung sich die Entscheidungskompetenz der Schiedsrichter ableitet, soll es überlassen bleiben[23], die Rechtsordnung zu bestimmen, der sie Schiedsvertrag, Schiedsverfahren und Schiedsspruch unterwerfen wollen. Im Rahmen der Regelung der Schiedsgerichtsbarkeit stellt sich nicht das Problem einer Abgrenzung zwischen verschiedenen Gerichtsorganisationen, gegenüber der die Frage nach dem anzuwendenden Prozeßrecht zurücktritt, sondern ein echtes Anknüpfungsproblem[24].

Mit dieser Präzisierung der internationalprozeßrechtlichen Fragestellung für die Schiedsgerichtsbarkeit läßt sich auch einem Einwand gegen die Zulässigkeit der Parteiautonomie nach der prozessualen Theorie zuvorkommen. Aus dem Gebiet des Prozeßrechts scheidet man jegliche kollisionsrechtliche Problematik gewöhnlich aus[25]. Der Grund dieser Aussage findet sich aber wiederum im gewöhnlichen Bezug prozessualer Normen auf die Regelung der staatlichen Gerichtsbarkeit. Weil staatliche Gerichte staatliche Hoheitsgewalt ausüben, die auf ein bestimmtes Hoheitsgebiet eingeschränkt ist[26], sind auch die diese Tätigkeit regelnden Normen[27] territorial begrenzt wirksam[28].

---

[21] *Neuhaus*, S. 15; *ders.*, RabelsZ 1955, 203.
[22] *Neuhaus*, RabelsZ 1955, 202 f.
[23] Vgl. ähnlich *Roth*, S. 131.
[24] Vgl. *Raape*, S. 557.
[25] Vgl. *Bauer*, S. 79; *Vogel*, S. 237.
[26] Vgl. zur territorialen Begrenzung der Gerichtsgewalt *Nagel*, ZZP 75, 416 ff.
[27] Prozessuale Normen werden von der in Deutschland herrschenden Lehre

Der Grund für die territoriale Begrenzung besteht nicht, wenn man die Tätigkeit der Schiedsgerichte nicht als Ausübung staatlicher Hoheitsgewalt, sondern allein von prozessualen Normen beherrscht ansieht. Eine irgendwie geartete souveränitätsrechtliche Problematik fehlt dann für ein in Frankreich durch deutsche prozessuale Normen geregeltes Schiedsverfahren[29].

### 2. *Die Bedeutung der Frage*

a) Über dem Ausmaß des Streites um die Zulässigkeit der Parteiautonomie in Abhängigkeit zur Rechtsnatur der Schiedsgerichtsbarkeit ist aber die vom praktischen Standpunkt vorrangige Tatsache nicht zu übersehen, daß staatliche Rechte und internationale Konventionen der Parteiautonomie weitgehend Rechnung tragen. Gegenüber einer positivrechtlichen Anerkennung der Rechtswahl der Parteien beschränkt sich der Streit um die Auswirkung der Rechtsnatur der Schiedsgerichtsbarkeit auf die Rechtswahl auf die Feststellung, die Parteiautonomie werde systemgerecht oder systemwidrig zugelassen[30].

b) Besonders durch die internationalen Konventionen hat die Frage aber erheblich an Bedeutung eingebüßt. War noch bei Art. 2 Abs. 1 Genfer Protokoll bestritten, ob die Bezugnahme auf den Parteiwillen überhaupt die kollisionsrechtliche Parteiautonomie betrifft[31], so haben ihr jedenfalls das UN-Übereinkommen und das Europäische Übereinkommen bedeutsame Funktionen eingeräumt[32]. Selbst bei der umstrit-

---

in ihrer Gesamtheit dem öffentlichen Recht zugeordnet, auch soweit sie die Prozeßhandlungen der Parteien regeln (vgl. *Rosenberg*, § 1 V; *H. J. Hellwig*, S. 45 ff.; *Lent-Jauernig*, § 2 VI; *A. Blomeyer*, § 1 II; anders *Goldschmitt*, S. 148). Die französische Prozeßrechtslehre ist hier differenzierter (vgl. *Solus-Perrot*, Bd. 1, S. 15; *Neuner*, S. 24; *Enneccerus-Nipperdey*, § 34 IV 1 c).

[28] Vgl. zu diesem Grund der Ausschaltung der kollisionsrechtlichen Problematik aus diesem Gebiet des öffentlichen Rechts *Vogel*, S. 237: „Wenn deshalb gesagt wird, daß der Staat auf dem Gebiet des öffentlich-staatlichen Rechts nur jeweils sein „eigenes Recht" anwende, so ist das nur ein anderer Ausdruck dafür, daß der Staat im Rahmen der öffentlichrechtlichen Normen nur jeweils seine eigene Staatsgewalt zum Ausdruck bringen vermag..."

[29] Vgl. dazu *Mezger*, ITA, S. 236.

[30] Ein Beispiel für die Konzessionsbereitschaft einer sich an der Jurisdiktionstheorie orientierenden Rechtsprechung an den Parteiwillen bietet die Entscheidung des österreichischen OHG, Zentralblatt für die juristische Praxis 1936, 46. Das Gericht sieht den Schiedsspruch als Ausfluß staatlicher Gerichtshoheit an, läßt aber gleichwohl für die Nationalität des Schiedsspruchs den Ort entscheiden, an dem er *mit Willen der Parteien* gefällt wurde. Damit kann auch ein in Berlin erlassener Schiedsspruch ein österreichischer sein. Auf die eigenartige Verbindung von Jurisdiktionstheorie und Berücksichtigung des Parteiwillens weist auch *Mezger*, Nouv. rev. 1936, 157, in der Besprechung der Entscheidung hin.

[31] Vgl. dazu oben § 7 III.

[32] Vgl. Art V Abs. 1 a, d, e UN-Übereinkommen; Art. IV Abs. 1; Art. VI Abs. 2 a (mittelbar auch in b, c); Art. IX Abs. 1 a, d Europäisches Übereinkommen.

tenen Auslegung des Art. V Abs. 1 d UN-Übereinkommen besteht hinsichtlich der Zulässigkeit der Rechtswahl durch die Parteien Einmütigkeit[33].

c) Dennoch sehen wir in den weiteren Erörterungen über den Umfang der Parteiautonomie zunächst von ihrer Anerkennung durch die internationalen Konventionen ab, da sich die Erörterungen von *Fragistas* nicht auf deren Bestimmungen beschränken. Zwar haben die internationalen Konventionen den Umfang der Parteiautonomie gegenüber den in staatlichen Rechten enthaltenen Schranken erweitert. An der Unzulässigkeit der kollisionsrechtlichen Verweisung auf das Völkerrecht haben sie nichts geändert[34].

## II. Die Zulässigkeit der kollisionsrechtlichen Verweisung auf Völkerrecht durch Privatpersonen

### *1. Verträge zwischen staatlichen und nicht-staatlichen Partnern*

Die Frage der Zulässigkeit der kollisionsrechtlichen Verweisung auf das Völkerrecht wird vor allem im Zusammenhang mit Verträgen zwischen staatlichen und nicht-staatlichen Partnern diskutiert. Allerdings stößt die Meinung, die den Parteien die Befugnis der Verweisung auf das Völkerrecht zugesteht[35], überwiegend auf Ablehnung. Die Skala der abweichenden Lösungen ist weit gefaßt. Auf der einen Seite steht die These, jeder nicht zwischen Staaten abgeschlossene Vertrag sei notwendigerweise einem bestimmten innerstaatlichen Recht unterworfen[36]. Manche Autoren vertreten die Anwendung einer weder innerstaatlichen noch völkerrechtichen Rechtsordnung, die sich in einer Zwischensphäre zwischen beiden Bereichen herausbilde und zum Teil herausgebildet habe[37]. Ferner nimmt man an, der Vertrag selbst bilde eine Rechtsordnung[38].

Soweit die Argumente dieser Diskussion sich auf die speziellen Probleme[39] der Verträge zwischen staatlichen und nichtstaatlichen Partnern

---

[33] Trotz Ablehnung des Vorranges der konkreten Parteiabreden vor dem staatlichen Recht erklären die Rechtswahl für zulässig: *Contini*, AJIL 1959, 303; *Quigley*, Yale L. J. 70, 1066, 1068 f.; *Fragistas*, Rev. crit. 1960, 16 Anm. 1; *Bülow-Arnold*, Anm. 55 zu Art. V UN-Übereinkommen; *Gentinetta*, ZSR 1965, 174 Anm. 105; wohl auch *Klein*, SchwJB 1961, 248.

[34] Vgl. unten II 4 e.

[35] Vgl. *Mann*, BYBIL 1959, 41 ff.

[36] Vgl. *Vedel*, Rev. Arb. 1961 (congrès de Paris), 128 (unter Berufung auf den Internationalen Gerichtshof, Serie A 20/21, S. 41); dagegen *Mann*, BYBIL 1959, 47 f.; *Mosler*, ZaöRV 1962, 4; *Verdross*, ZfRV 1965, 129; *Hambro*, Recueil 1962 (I), 46.

[37] Vgl. insbesondere *McNair*, BYBIL 1957, 1 ff. (für allgemeine Rechtsgrundsätze); *Lalive*, SchwJB 1962, 301; *Kahn*, Clunet 1965, 387.

[38] Vgl. insbesondere *Verdross*, ZfRV 1965, 129 ff.

[39] Zu den speziellen Problemen dieser Verträge *Zweigert*, Berichte der DGesVR, Heft 5, S. 204 ff.

beziehen, können wir sie in unserem Zusammenhang nicht verwerten. Es sei insbesondere hervorgehoben, daß *Mann* seinen Vorschlag, den Parteien die Rechtswahl des Völkerrechts zu gestatten, auf die Verträge zwischen staatlichen und nichtstaatlichen Partnern einschränkt und eine Übertragung auf die private Schiedsgerichtsbarkeit ablehnt[40]. Jedoch verdienen einzelne Argumente der Diskussion, die sich — pro et contra — mit der Anwendbarkeit völkerrechtlicher Normen auf Privatpersonen auseinandersetzen, auch für unser Thema Beachtung, da Parallelen zu der von *Fragistas* gegebenen Begründung bestehen.

### 2. *Die Grundlage der Parteiautonomie in den staatlichen Rechten*

a) Die Parteiautonomie beruht auf der Gestattung eines bestimmten staatlichen Rechts[41]. Insoweit ergeben sich in bezug auf die Grundlage der kollisionsrechtichen Verweisung auf das Völkerrecht[42] keine Besonderheiten gegenüber der Wahl einer fremden staatlichen Rechtsordnung[43], da auch sie sich aus der Parteiautonomie ableitet. Das die Parteiautonomie gestattende staatliche Recht bildet folglich den Beurteilungsmaßstab für die Zulässigkeit der Rechtswahl des Völkerrechts. Von dieser Feststellung geht auch *Mann* aus. Die Frage der Zulässigkeit der kollisionsrechtlichen Verweisung auf das Völkerrecht beziehe sich auf die „doctrine of the proper law in private international law rather than to public international law"[44].

---

[40] Vgl. *Mann*, Liber Amicorum for *Domke*, S. 179 Anm. 15. Während *Klein*, SchwJB 1963, 53, die Ansicht von *Mann* als Beleg für die These von *Fragistas* heranzieht, stellt *Mann* ausdrücklich klar, daß er eine Ausdehnung auf die private Schiedsgerichtsbarkeit ablehnt. Bereits in BYBIL 1959, 46 hat er Verträge zwischen Privatpersonen aus der Diskussion ausgeschlossen, denn hier könne der Vorbehalt, „a reference to public international law might involve political or social dangers", gerechtfertigt sein.

Die Politisierung des Verfahrens befürchten auch *Schlesinger-Gündisch*, RabelsZ 1964, 25, und lehnen deshalb die kollisionsrechtliche Verweisung auf das Völkerrecht durch Privatpersonen ab. Vgl. allgemein *Neuhaus*, S. 29; andererseits *Delaume*, Clunet 1966, 65.

[41] Vgl. *Köhn*, KTS 1956, 132; *Mann*, Liber Amicorum for *Domke*, S. 164; *Lagergren*, Sources, S. 221.

[42] Die speziell für die Verträge zwischen staatlichen und nichtstaatlichen Partnern vertretene Auffassung, die Grundlage der kollisionsrechtlichen Verweisung liege nicht im staatlichen Recht, ist in unserem Zusammenhang nicht von Interesse. Vgl. dazu *Zweigert*, Bericht der DGesVR, Heft 5, S. 209 f.; Ablehnend *Schlesinger-Gündisch*, RabelsZ 1964, 19. Vgl. auch gegen die Grundlage der kollisionsrechtlichen Verweisung im staatlichen Recht *Kipp*, Berichte der DGesVR, Heft 5, S. 146 ff.

[43] Bei einer Einschränkung der kollisionsrechtlichen Fragestellung auf die Kollision zwischen verschiedenen nationalen Ordnungen, die „nebeneinander und zur gleichen Zeit existieren", (*Zajtay*, S. 5; vgl. auch die Literatur Anm. 16) wäre unser Problem bereits im negativen Sinne entschieden, da das Völkerrecht nicht in den Kreis der möglicherweise kollidierenden Rechte aufgenommen ist.

[44] *Mann*, BYBIL 1959, 46.

b) Zwischen dem Rechtsverhältnis und dem innerstaatlichen Recht, das die Rechtswahl gestattet, besteht somit eine Beziehung. Über die Gestattung der Rechtswahl hinaus hat sie jedoch keine praktischen Konsequenzen, wenn eine andere Rechtsordnung zulässigerweise gewählt wurde. Diese Aussage erlaubt es aber , verschiedene Bedenken gegen die Anwendung der Völkerrechtsordnung kraft kollisionsrechtlicher Verweisung auszuräumen.

So wird vorgebracht, jeder Vertrag, der nicht zwischen Völkerrechtssubjekten abgeschlossen ist, müsse einem bestimmten innerstaatlichen Recht unterworfen sein. Der Grundsatz „pacta sunt servanda" gelte nur für Völkerrechtssubjekte und verleihe allein deren Verträgen verbindliche Wirkung[45]. Oder noch deutlicher, Einzelpersonen könnten keine Völkerrechtsnormen schöpfen[46]. Um die Schöpfung völkerrechtlicher Normen durch Einzelpersonen geht es nicht. Der Vertrag soll der bereits bestehenden Völkerrechtsordnung durch kollisionsrechtliche Verweisung unterworfen werden. Ist die Verweisung nach dem staatlichen Recht, in dem sie ihre Grundlage hat, zulässig, dann wird der Vertrag „referred by that law to public international law"[47].

c) Bei zulässiger Verweisung auf das Völkerrecht würde sich die grundsätzliche Beziehung zum innerstaatlichen Recht aber auf die Gestattung der kollisionsrechtlichen Verweisung beschränken. Das gesamte Rechtsverhältnis wäre der Völkerrechtsordnung unterworfen. Auch die Voraussetzungen seiner Entstehung wären nicht nach der die Rechtswahl gestattenden, sondern aus der wirksam verwiesenen Rechtsordnung zu beurteilen[48].

d) Damit sind die Normen festgestellt, aus denen sich der Maßstab für die Zulässigkeit der kollisionsrechtlichen Verweisung auf das Völkerrecht ergibt, ohne daß über deren Zulässigkeit selbst etwas ausgesagt ist[49]. Allgemeine Ausführungen über die Zulässigkeit sehen sich aber folglich dem Dilemma gegenüber, mehrere einzelstaatliche Rechte mit möglicherweise verschiedenen Grenzen der kollisionsrechtlichen Parteiautonomie berücksichtigen zu müssen. Das Argument von *Schlesinger-Gündisch*[50] gegen die Ausführungen von *Mann*, er lasse zu Unrecht die Bestimmung der die Verweisung gestattenden innerstaatlichen Rechtsordnung offen, hat insoweit seine Berechtigung. Es verliert aber an Be-

---

[45] Vgl. *Vedel*, Rev. Arb. 1961 (congrès de Paris), 128; IGH, Série A 20/21, S. 41.

[46] *Delson*, zitiert bei *Hyde*, Recueil 1962 (I), 293.

[47] *Mann*, BYBIL, 1959, 48.

[48] Vgl. zu diesem Problem *Vischer*, S. 35 ff. Eine solche Trennung nahm die Rechtsprechung des schweizerischen Bundesgerichts von 1906—1952 vor. Vgl. Zitate bei *Vischer*, S. 35 Anm. 4 und 5.

[49] Zu dieser Unterscheidung vgl. *Schnitzer*, Bd. 1, S. 172.

[50] *Schlesinger-Gündisch*, RabelsZ 1964, 22.

deutung, wenn sich eine für alle staatlichen Rechte in gleicher Weise erhebliche Verschiedenheit zwischen der Verweisung auf die Völkerrechtsordnung und der auf ein fremdes staatliches Recht feststellen läßt.

### 3. *Einzelpersonen als Völkerrechtssubjekte*

Als Hauptargument für die Zulässigkeit der kollisionsrechtlichen Verweisung auf das Völkerrecht dient *Fragistas* die Erweiterung des Kreises der Völkerrechtssubjekte. Zwar sei nach der klassischen Auffassung das Völkerrecht nur zur Regelung der Beziehungen zwischen Staaten bestimmt[51]. Man könne sich aber auf neuere Tendenzen berufen, die sogar die Einzelpersonen als Völkerrechtssubjekte betrachteten[52].

a) Auf welche Tendenzen der Völkerrechtslehre sich diese Aussage bezieht, läßt sich nur durch ihre Interpretation feststellen. *Fragistas* bezieht sich nach seiner Formulierung nicht auf diejenigen Lehren des Völkerrechts, die in Umkehrung der klassischen Völkerrechtslehre allein in den Einzelpersonen die Träger der Völkerrechtsordnung sehen[53]. Da sogar die Einzelpersonen Völkerrechtssubjekte sein sollen, geht es vielmehr um eine Ausdehnung der Völkerrechtsfähigkeit auf Einzelpersonen. Näheren Aufschluß gibt erst die verwiesene Literatur. Als Beleg werden der direkte Zugang von Einzelpersonen zu völkerrechtlichen Gerichten und die begrenzte völkerrechtliche Position der Internationalen Handelskammer[54] herangezogen[55].

Der Grund einer Bezeichnung von Einzelpersonen und privaten Institutionen als Völkerrechtssubjekte liegt insoweit darin, daß völkerrechtliche Normen ihnen in begrenztem Umfang völkerrechtliche Rechte oder völkerrechtliche Funktionen übertragen. Von einem Teil der Völkerrechtslehre werden Einzelpersonen auch für den begrenzten Bereich ihrer Rechte, Pflichten oder Funktionen als Völkerrechtssubjekte bezeichnet[56]. Allerdings ist die Berechtigung dieser Einordnung nicht un-

---

[51] Vgl. dazu die Analyse der in der Völkerrechtslehre verwendeten Definitionen des Völkerrechts bei *Kipp*, Berichte der DGesVR, Heft 5, S. 149 f. Allerdings war auch nach der klassischen Völkerrechtslehre „die Völkerrechtsfähigkeit ... nie auf souveräne Staaten beschränkt. Sie kam auch gewissen anderen Herrschaftsgebilden zu, die eine territoriale Basis hatten" (*Mosler*, ZaöVR 1962, 7).

[52] *Fragistas*, Rev. crit. 1960, 15. Es gebe Tendenzen „... à considérer même les individus comme sujets du droit international et de faire du droit international un nouveau jus gentium, un droit »transnational« ...".

[53] Vgl. *Scelle*, Recueil 1933 (IV), 342 ff.

[54] Vgl. dazu *Eisemann-Kreuz*, ZaöRV 1951/52, 463 ff. Zu den völkerrechtlichen Funktionen der IHK vgl. auch *Eisemann*, Ann. Fac. Liège 1964, 103 ff.

[55] *Fragistas*, Rev. crit. 1960, 15 mit Anm. 2.

[56] Vgl. *Mosler*, ZaöRV 1962, 31; *Verdross*, ZfRV 1965, 130; *Kipp*, Berichte der DGesVR, Heft 5, S. 150 f.

bestritten[57]. Auf jeden Fall ist zu beachten, daß die Eigenschaft einer Einzelperson als Völkerrechtssubjekt abgeleitet ist und nur beschränkt besteht[58]. Die Einzelpersonen haben keine den originären Völkerrechtssubjekten vergleichbare Stellung. Sie verdanken ihre Eigenschaft als Völkerrechtssubjekte allein der Tatsache, daß eine im Wege der Erzeugung des Völkerrechts, an der sie nicht teilnehmen, geschaffene Norm ihnen ihre Position einräumt, und sind deshalb vom Bestehen einer solchen Norm abhängig[59].

b) Daraus geht aber hervor, daß der Hinweis auf die neueren Tendenzen der Völkerrechtslehre, auch Einzelpersonen als Völkerrechtssubjekte zu betrachten, zum Beweis der Zulässigkeit der kollisionsrechtlichen Verweisung auf das Völkerrecht durch Einzelpersonen irrelevant ist. Das Problem der Rechtswahl des Völkerrechts stellt sich nur in den Fällen, in denen es an einer völkerrechtlichen Regelung der Rechtsbeziehungen von Privatpersonen unabhängig von der kollisionsrechtlichen Unterwerfung unter das Völkerrecht fehlt. Da die Rechtsposition der Einzelperson als Völkerrechtssubjekt aber von der völkerrechtlichen Regelung abhängt, ist gerade hier die Einzelperson kein Völkerrechtssubjekt. Aus der neueren Lehre ließe sich nur entnehmen, daß es nicht undenkbar ist, auch Einzelpersonen als Völkerrechtssubjekte zu betrachten. Mit anderen Worten, Einzelpersonen könnten unter Umständen Völkerrechtssubjekte sein, in den Fällen, in denen sie — wie hier — erst auf das Völkerrecht kollisionsrechtlich verweisen wollen, sind sie es nicht[60].

### *4. Die besondere Geltungsanordnung für Völkerrecht*

Die Fragestellung bedarf aber bereits in ihrem Ansatz einer Korrektur. Es geht nicht darum, ob Einzelpersonen Völkerrechtssubjekte sind, sondern ob sie auf die Völkerrechtsordnung kollisionsrechtlich verweisen können, obwohl sie keine Völkerrechtssubjekte sind[61].

---

[57] Vgl. dazu *v. d. Heydte*, Festschrift für *Spiropoulos*, S. 239 f.

[58] Vgl. zu Völkerrechtssubjekten, die zur Ausübung aller völkerrechtlichen Funktionen fähig sind, und solchen mit beschränkter Stellung *Mosler*, ZaöRV 1962, 10, 18 f., 24 f.

[59] Vgl. dazu *Mosler*, ZaöRV 1962, 31 „... kann dem Menschen durch völkerrechtliches Rechtserzeugungsverfahren — Vertrag oder Gewohnheitsrecht — eine Rechts- oder Pflichtposition zugewiesen werden; diese ist aber abgeleitet."

[60] Die Mindestposition des Menschen im Völkerrecht bleibt hier außer Betracht. Vgl. dazu *Mosler*, ZaöRV, 1962, 31.

[61] Der Hinweis auf die neueren Tendenzen des Völkerrechts erweist sich damit als nicht geeignet, die kollisionsrechtliche Verweisung auf das Völkerrecht zu begründen. Auf diese neueren Tendenzen verweist aber auch *Fouchard*, Arbitrage, S. 103.

a) Daß die Fragestellung so lauten muß, bringt auch das von *Mann* zur Begründung der Zulässigkeit der Rechtswahl des Völkerrechts in Verträgen zwischen Staaten und nicht-staatlichen Partnern[62] dargestellte Beispiel zum Ausdruck. Man könne gegen deren Zulässigkeit nicht einwenden, „that normally public international law regulates relations between international persons. Swiss law is an „inter-Swiss system" and envisages legal relations between Swiss citizens, „inter-Swiss relations"[63]. Dennoch stehe dieser Charakter des schweizerischen Rechts seiner Anwendung kraft Rechtswahl auf Beziehungen zwischen einem Engländer und einem Italiener nicht entgegen. Damit zieht *Mann* eine Parallele zur Verweisung auf eine fremde innerstaatliche Rechtsordnung, der keine der Parteien unterliegt. Mehr als die Richtigstellung der Problematik der Rechtswahl des Völkerrechts läßt sich aus diesem Beispiel aber nicht entnehmen[64].

b) Fremde staatliche Rechtsordnungen und Völkerrecht lassen sich als Objekt der kollisionsrechtlichen Verweisung durch Privatpersonen[65] nicht auf eine Stufe stellen. Daß der Staat die durch sein Kollisionsrecht gestattete Rechtswahl auch auf das Völkerrecht ausdehnen wollte, ist nicht anzunehmen. Dagegen spricht die Einstellung der Staaten zum Völkerrecht, für dessen Übernahme in den innerstaatlichen Bereich sie besondere Verfahren vorgesehen haben[66,67]. Die Existenz dieser Verfahren schließt die Annahme aus, daß die Staaten den Privatpersonen darüber hinaus in ihrem Kollisionsrecht allgemein gestatten wollten, die Geltung des Völkerrechts für ihre Rechtsbeziehungen zu vereinbaren.

---

[62] Für die Zulässigkeit der Rechtswahl bei diesen Verträgen auch *Hambro*, Recueil 1962 (I), 9, 46; *Jenks*, S. 151; *Lalive*, SchwJB 1962, 295 (auch Verweisung durch Private); zurückhaltender *ders.*, ICLQ 1964, 999. Während die Zulässigkeit der Rechtswahl bei *Mann* ausdrücklich auf diese besondere Kategorie von Verträgen eingeschränkt wird, will *Sandrock*, S. 71, völkerrechtliche Normen auch auf die Beziehungen zwischen Privatpersonen anwenden. Über den Schatten, daß nach der klassischen Lehre Völkerrecht nur die Beziehungen von Staaten regle (vgl. *McNair*, BYBIL 1957, 10: „inter State system — jus inter gentes"), müsse man springen. Vgl. dagegen *v. Hülsen*, JZ 1967, 632. Gegen die Rechtswahl des Völkerrechts durch Private auch *Simitis*, JuS 1966, 213.

[63] *Mann*, BYBIL 1959, 45.

[64] Selbst *Jenks*, S. 151, der sich der Ansicht von *Mann* im Ergebnis anschließt, erkennt „some weakness in both the argument and the analogy, notably the fact that no municipal legal system regards itself as limited in its application to nationals to the extent which the logic of this argument enquires in order to make it fully opposite".

[65] Insoweit wenden sich unsere Bedenken nicht gegen die Auffassung von *Mann*, der selbst in BYBIL 1959, 46 und in Liber Amicorum for *Domke*, S. 179 Anm. 15, klarstellt, daß er eine kollisionsrechtliche Verweisung auf das Völkerrecht durch Privatpersonen ablehnt.

[66] Wenn es nach dem Inhalt seiner Normen überhaupt auf Privatpersonen anwendbar ist. Vgl. *Partsch*, Berichte der DGesVR, Heft 6, S. 15.

[67] Beide Verfahren stellt auch *Kralik*, ZZP 74, 7, einander gegenüber.

Die Anhänger der Transformations- und der Vollzugslehre[68] werden jedoch im einzelnen verschieden argumentieren müssen.

c) Für die Transformationslehre kann die Lösung unseres Problems nicht zweifelhaft sein. Sie geht davon aus, „daß Völkerrechtsnormen als solche im innerstaatlichen Bereich nicht angewendet werden können, sondern daß sie zuvor der Umgießung in staatliches Recht bedürfen, wobei ihr Geltungsgrund abgeändert, sie auf neue Adressaten erstreckt und schließlich auch ihr Inhalt infolge der Einfügung in ein anderes Rechtssystem verändert werden“[69]. Dabei ist gerade „die Abänderung des Norminhaltes durch die Auswechslung der Adressaten“[70] von besonderer Bedeutung. Diese Problematik fehlt bei der Verweisung auf eine fremde staatliche Rechtsordnung. Für das ausländische Recht ist kein besonderes Transformantionsverfahren vorgesehen. Auch das staatliche Kollisionsrecht transformiert es nicht in innerstaatliches Recht[71].

Allein für die Anwendbarkeit völkerrechtlicher Normen durch die staatlichen Gerichte ist somit die Transformation in staatliches Recht erforderlich, die in einem besonderen Verfahren erfolgt. Wegen der Existenz dieses besonderen Verfahrens ist nicht anzunehmen, daß der Staat in seinem Kollisionsrecht allgemein die Verweisung auf das Völkerrecht durch Privatpersonen gestattet und so mittelbar die innerstaatliche Geltung von Normen erlaubt, für die er sonst die Transformation in innerstaatliches Recht voraussetzt.

d) Auch wenn man der Vollzugslehre folgt, kommt man zu dem Ergebnis der Unzulässigkeit der kollisionsrechtlichen Verweisung auf das Völkerrecht. Die Vollzugslehre geht davon aus, „daß es eines Staatsaktes bedarf, um eine Grundlage dafür zu schaffen, daß ein aus dem Völkerrecht stammendes Gebot im innerstaatlichen Bereich verbindlich wird“[72]. Der Rechtsanwendungsbefehl des Landesrechts tritt zu dem völkerrechtlichen Gebot ergänzend hinzu[73]. Wenn die Vollzugslehre auch nicht aus der Natur der völkerrechtlichen Normen ableitet, daß sie sich als solche nicht an Privatpersonen richten können, so ist doch für ihre

---

[68] Soweit einzelne Staaten (Niederlande, Schweiz, Vereinigte Staaten), allgemeine Regeln des Völkerrechts im innerstaatlichen Bereich anwenden, „ohne daß dies die Verfassung oder eine sonstige Norm ausdrücklich anordnet“ (*Partsch*, Berichte der DGesVR, Heft 6, S. 16), bedarf es bezüglich dieser Normen keiner kollisionsrechtlichen Verweisung.

[69] *Partsch*, Berichte der DGesVR, Heft 6, S. 18.

[70] *Partsch*, Berichte der DGesVR, Heft 6, S. 18.

[71] So die in Deutschland h. M. Vgl. *Dölle*, Festschrift für *Raape*, S. 151; *Beitzke*, Festgabe für *Smend*, S. 12 f. (mit Ablehnung der von italienischen Autoren vertretenen Auffassung); *Raape*, S. 120 ff. (insbesondere Anm. 121); *Bauer*, S. 55 ff.; *Neuhaus*, S. 222; *Triepel*, S. 157 f.

[72] *Partsch*, Berichte der DGesVR, Heft 6, S. 19.

[73] Vgl. *Partsch*, Berichte der DGesVR, Heft 6, S. 20.

Geltung gegenüber den dem staatlichen Recht unterworfenen Personen eine besondere Geltungsanordnung erforderlich, die entweder allgemein in der Verfassung enthalten sein kann oder speziell für bestimmte völkerrechtliche Normen erteilt wird.

Gerade dieser Vorbehalt der besonderen Geltungsanordnung für das Völkerrecht im innerstaatlichen Bereich spricht dagegen, den Parteien die wirksame kollisionsrechtliche Verweisung auf das Völkerrecht zu gestatten. Aus der Existenz dieses besonderen Verfahrens lassen sich Rückschlüsse auf den möglichen Umfang einer kollisionsrechtlichen Verweisung ziehen. Die Tatsache, daß der Staat sich für die Übernahme des Völkerrechts in den innerstaatlichen Bereich eine besondere Geltungsanordnung vorbehält, schließt die Annahme aus, daß er es daneben in seinem Kollisionsrecht den Privatpersonen allgemein gestatten wollte, die Geltung von Völkerrecht mit bindender Wirkung für die staatlichen Gerichte zu vereinbaren.

e) Für den Umfang der durch völkerrechtliche Konventionen gestatteten Parteiautonomie kann nichts anderes gelten. Sie heben zwar eine Reihe der in den staatlichen Rechten enthaltenen Schranken[74] auf (etwa das Verbot der Verweisung auf ein neutrales Recht). An der besonderen Problematik der Geltung völkerrechtlicher Normen im innerstaatlichen Bereich ändern sie nichts. Da die vertragsschließenden Staaten nur das staatliche Kollisionsrecht und nicht auch das besondere Verfahren, in dem Völkerrecht Geltung im innerstaatlichen Bereich beigelegt wird, konventionell modifiziert haben, ist nicht anzunehmen, daß sie die kollisionsrechtliche Parteifreiheit auch auf die Verweisung auf das Völkerrecht erstrecken wollten.

### III. Zusammenfassung

Dem Vorschlag von *Fragistas*, auch Privatpersonen zu gestatten, die Schiedsgerichtsbarkeit kraft kollisionsrechtlicher Verweisung der Völkerrechtsordnung zu unterwerfen, können wir uns nicht anschließen. Vom Standpunkt der Praktikabilität sprechen nicht nur das Fehlen einer den Problemen der privaten Schiedsgerichtsbarkeit angepaßten Normenordnung gegen diese Vorstellungen, sondern in noch größerem Maße das Fehlen völkerrechtlicher Hilfsorgane, die in der Lage wären, die Hilfsfunktionen staatlicher Gerichte während des Verfahrens zu ersetzen.

Während gegen die Geltung des Prinzips der Parteiautonomie im Rahmen der Schiedsgerichtsbarkeit selbst die prozessuale Theorie keine Bedenken haben sollte, erscheint es nicht gerechtfertigt, den Umfang

---

[74] Vgl. zu diesen Schranken *Kronstein*, Kartelle, S. 246.

der Rechtswahl auf die Völkerrechtsordnung auszudehnen. Das Argument, Einzelpersonen seien in beschränktem Umfang als Völkerrechtssubjekte zu betrachten, erweist sich für die Begründung der Zulässigkeit der Rechtswahl des Völkerrechts durch Einzelpersonen als irrelevant. Das in den staatlichen Rechten vorgesehene besondere Verfahren, in dem die Geltung völkerrechtlicher Normen für den innerstaatlichen Bereich angeordnet wird, spricht dagegen, eine solche Geltungsanordnung zusätzlich im Kollisionsrecht zu erblicken.

## § 14. Zusammenfassung

Den ihrem Inhalt nach unterschiedlichen Bemühungen, die internationale Schiedsgerichtsbarkeit vom staatlichen Recht zu lösen, ist das Ziel gemeinsam, die Bewertung der Schiedsgerichtsbarkeit an einem übergeordneten rechtlichen Maßstab so weit als möglich auszuschalten. Nach der Funktion, welche die einzelnen Vorschläge in der Diskussion um die Reform der rechtlichen Situation der internationalen Schiedsgerichtsbarkeit erfüllen, lassen sich Entwürfe für eine Änderung der rechtlichen Normierung Anregungen gegenüberstellen, die den Parteien bereits bestehende, aber nicht erkannte Möglichkeiten für die Lösung der Schiedsgerichtsbarkeit vom staatlichen Recht aufzeigen wollen. Als Bestandsaufnahme der verwirklichten Trennung vom Staat und Ausblick auf eine künftige tatsächliche Entwicklung wollen andere Bestrebungen verstanden werden.

Diese Vorschläge haben verschiedene Bedeutung, sofern sie sich auf die freie oder die normierte Schiedsgerichtsbarkeit beziehen. Für die freie Schiedsgerichtsbarkeit, die auf die Orientierung an Rechtsnormen verzichtet, weil sie der von der Beachtung gesetzlicher Vorschriften abhängigen staatlichen Hilfe nicht bedarf, sind die sich auf die Beseitigung einer rechtlichen Bewertung beziehenden Bestrebungen an sich gegenstandslos. Einer rechtlichen Kontrolle ist die freie Schiedsgerichtsbarkeit nicht ausgesetzt. Insoweit kann ihre Bedeutung nur darin bestehen, die Existenz einer Schiedsgerichtsbarkeit festzustellen, die sich nicht an staatlichen Normen orientiert, und den Umfang dieser Schiedsgerichtsbarkeit tatsächlich abzugrenzen. Versuche, die von der freien Schiedsgerichtsbarkeit tatsächlich angewendeten und mit außerstaatlichen Sanktionen durchgesetzten Regeln „rechtlich" einzuordnen, erscheinen wenig sinnvoll, da sie allenfalls geeignet sind, den eigentlichen Grund der Verwirklichung dieser Regeln — die Ausübung oder Androhung wirtschaftlichen Zwanges durch Verbände und Kartelle — zu verschleiern.

Für die normierte Schiedsgerichtsbarkeit hat die Idee der Lösung der Schiedsgerichtsbarkeit vom staatlichen Recht ihre eigentliche Bedeutung. Hier lautet die entscheidende Frage, ob die von dem mit einem Schiedsverfahren oder Schiedsspruch befaßten Richter anzuwendenden Rechtsnormen die Vernachlässigung auch zwingender staatlicher Normen durch Parteien oder Schiedsrichter gestatten, und ob gerade deswegen die Parteien trotz Mißachtung staatlicher Normen mit der Hilfe der staatlichen Gerichte rechnen können. Die internationalen Konventionen, die als Quelle von die Nichtbeachtung zwingender staatlicher Normen gestattenden Regeln in Betracht kommen, haben schrankenlose Parteivereinbarungen lediglich für den Bereich des Schiedsverfahrens anerkannt. Art. V Abs. 1 d UN-Übereinkommen entbindet den mit Anerkennung oder Vollstreckbarerklärung des Schiedsspruchs befaßten Richter von der rechtlichen Bewertung des Schiedsverfahrens an den zwingenden Normen eines staatlichen Rechts. Auch nach Art. IV Abs. 1 Europäisches Übereinkommen sind die Parteien zu schrankenlosen Parteivereinbarungen befugt.

Versuche, die schrankenlosen Parteivereinbarungen als eine aus sich selbst verbindliche Rechtsquelle, als eine auf überpositiver Grundlage oder als einem außerstaatlichen Recht unterworfene supranationale Ordnung zu interpretieren, müssen jedoch scheitern. An der Tatsache, daß das positive Recht — das verwiesene einzelstaatliche dispositive Recht und konventionelle Gestattungsnormen — den Grund für die rechtliche Anerkennung eines die Schranken des staatlichen Rechts vernachlässigenden Schiedsverfahrens bildet, kann man nicht vorbeigehen. Innere Widersprüche in der Berufung auf das Naturrecht oder auf ein außerstaatliches Recht lassen sich nicht übersehen. Gerade der Zusammenhang der den Vorrang der Parteivereinbarungen vor dem Gesetz anerkennenden Vorschriften der internationalen Konventionen mit den übrigen Vorschriften läßt eine Übertragung von aus der allgemeinen Rechtslehre entnommenen Lehren, die allgemein die überpositive Grundlage von Parteivereinbarungen begründen sollen, auf die internationalen Konventionen als nicht gerechtfertigt erscheinen. Vielmehr handelt es sich bei Art. V Abs. 1 d UN-Übereinkommen und Art. IV Europäisches Übereinkommen um eine bloße Erweiterung der Parteifreiheit auf positivrechtlicher Grundlage.

Das Völkerrecht kommt als positivrechtliche Grundlage der privaten Schiedsgerichtsbarkeit nicht in Betracht. Gegen die Zulässigkeit der kollisionsrechtlichen Verweisung auf das Völkerrecht durch Privatpersonen spricht die Existenz einer besonderen Geltungsanordnung für die Wirksamkeit völkerrechtlicher Normen im innerstaatlichen Bereich. Die Annahme erscheint nicht gerechtfertigt, das staatliche Recht habe daneben allgemein den Parteien in seinem Kollisionsrecht die Möglichkeit eröffnet, auf dem Umweg über eine kollisionsrechtliche Verweisung Völkerrecht im innerstaatlichen Bereich wirksam werden zu lassen.

# Literaturverzeichnis

*Arendt,* Ernest: Vers un exéquatur européen? Rev. Arb. 1966 (congrès de Rotterdam), 121.

*Arens,* Peter: Willensmängel bei Parteihandlungen im Zivilprozeß, Bad Homburg v. d. H.-Berlin-Zürich, 1968.

*Arnold,* Hans: Das europäische Übereinkommen vom 20. Januar 1966 zur Einführung eines einheitlichen Gesetzes über die Schiedsgerichtsbarkeit, NJW 1967, 142.

Atti del Convegno Internazionale per la Riforma dell' Arbitrato, Cadenabbia-Milano 1954, Mailand, 1955 (zitiert: Atti).

*Bagge,* Algot: La situation générale de l'arbitrage commercial international à la fin de la guerre, Nouv. rev. 1947, 620.

*Balladore-Pallieri,* Comte Giorgio: L'arbitrage privé dans les rapports internationaux, Recueil 1935 (I), 287.

*Bartin:* Principes de droit international privé, Bd. 1, Paris, 1920.

*Batiffol,* Henri: L'arbitrage et les conflits de lois, Rev. Arb. 1957, 110.

— Aspects philosophiques du droit international privé, Paris, 1956 (zitiert: Aspects philosophiques).

— Droit international privé, 4. Aufl., Paris, 1967.

*Bauer,* Johann Paul: Das Internationale Privatrecht im Rechtssystem, Dissertation Erlangen, 1967, Maschinenschrift.

*Baumbach,* Adolf, — *Schwab,* Karl Heinz: Schiedsgerichtsbarkeit, 2. Aufl., München-Berlin, 1960.

*Baumgärtel,* Gottfried: Wesen und Begriff der Prozeßhandlung einer Partei im Zivilprozeß, Berlin-Frankfurt, 1957.

*Baur,* Fritz: Betriebsjustiz, JZ 1965, 163.

*Beitzke,* Günther: Betrachtungen zur Methodik im Internationalprivatrecht, Festgabe für *Smend,* S. 1.

*Benjamin,* P.-J.: The European Convention on International Commercial Arbitration, BYBIL 1961, 478.

— The Developping Nations and Certain Legislative Obstacles in the Field of International Commercial Arbitration, Liber Amicorum for *Domke,* Den Haag, 1967, S. 1.

*Berber,* Friedrich: Lehrbuch des Völkerrechts, Bd. 1, München-Berlin, 1960.

*v. Beringe:* Die Nationalitätsbestimmung bei Schiedssprüchen, NJW 1959, 77.

*Bernhardt,* Rudolf: Die Auslegung völkerrechtlicher Verträge, Köln-Berlin, 1963 (zitiert: Auslegung).

— Der Abschluß völkerrechtlicher Verträge im Bundesstaat, Köln-Berlin, 1957 (zitiert: Abschluß).

*Bertheau,* Theodor Richard: Das New Yorker Abkommen vom 10. Juni 1958 über die Anerkennung und Vollstreckung ausländischer Schiedssprüche, Zürich, 1965.

*Biedenkopf*, Kurt: Vertragliche Wettbewerbsbeschränkung und Wirtschaftsverfassung, Heidelberg, 1958.

*Blomeyer*, Arwed: Zivilprozeßrecht, Berlin-Göttingen-Heidelberg, 1963.

*Blomeyer*, Karl: Betrachtungen über die Schiedsgerichtsbarkeit, Festgabe für *Rosenberg*, München—Berlin, 1949, S. 51.

*Boehmer*, Gerhard: Der völkerrechtliche Vertrag im deutschen Recht, Köln—Berlin, 1965.

*Bredin*, Jean-Denis: La Convention de New York du 10 juin 1958 pour la reconnaissance et l'exécution des sentences arbitrales étrangères, Clunet 1960, 1002.

*Broches*, A.: The Convention on the Settlement of Investment Disputes between States and Nationals of Other States: Applicable Law and Default Procedure, Liber Amicorum for *Domke*, Den Haag, 1967, S. 12.

*Bruns*, Rudolf: Zur Reform der Vollstreckung internationaler Schiedssprüche, ZZP 70, 7.

— Zivilprozeßrecht, Berlin-Frankfurt, 1968.

*Bruns*, Rudolf und *Motulsky*, Henri: Tendences et perspectives de l'arbitrage international, Rev. int. dr. comp. 1957, 717.

*Bülck*, Hartwig: Betrachtungen über ein Völkerhandelsrecht, ZHR 131, 190.

*Bülow*, Arthur: Zur Revision des Genfer Abkommens über die Vollstreckung ausländischer Schiedssprüche, RiW 1956, 37.

— Das UN-Übereinkommen über die Anerkennung und Vollstreckung ausländischer Schiedssprüche, KTS 1959, 1.

— Neues internationales Übereinkommen über die Anerkennung und Vollstreckung ausländischer Schiedssprüche, AWD 1958, 145.

— Gedanken zur Rechtsangleichung des Schiedsgerichtswesens im europäischen Raum, KTS 1959, 97.

— Die neuere Entwicklung der privaten internationalen Schiedsgerichtsbarkeit, Juristen-Jahrbuch 1961/62, S. 62.

— Zwischenstaatliche Fragen der Schiedsgerichtsbarkeit nach dem UN-Übereinkommen vom 10. Juni 1958, JBl. 1961, 305.

— Europäisches Übereinkommen über die internationale Handelsschiedsgerichtsbarkeit, AWD 1961, 144.

*Bülow*, Arthur und *Arnold*, Hans: Internationaler Rechtsverkehr in Zivil- und Handelssachen, Berlin-München, 1960.

*Carabiber*, Charles: L'évolution parallèle de l'arbitrage en matière de droit public et de droit privé et les efforts en vue de la création de juridictions internationales de droit privé, Nouv. rev. 1936, 461.

— Les juridictions internationales de droit privé, Neuchâtel, 1947 (zitiert: Juridictions).

— L'arbitrage international entre gouvernements et particuliers, Recueil 1950 (I), 217.

— Conditions of Development of International Commercial Arbitration, ITA, S. 149.

— L'évolution de l'arbitrage commercial international, Recueil 1960 (I), 119.

— L'arbitrage international de droit privé, Paris, 1960.

— L'évolution de la jurisprudence en matière d'exécution des jugements étrangers et des sentences arbitrales étrangères et internationales, Rev. Arb. 1961, 168.

— L'exécution en Suisse des sentences arbitrales internationales, Rev. Arb. 1963, 78.

— L'éxécution des sentences arbitrales internationales, Rev. Arb. 1964, 3.

— L'arbitrage international et le problème de l'immunité de juridiction des Etats et des collectivités publiques signataires d'une clause compromissoire insérée dans un contrat de droit privé, Rev. Arb. 1967, 49 (Vortragsbericht).

— L'immunité de juridiction et d'exécution des Etats, collectivités et établissements publics au regard de l'obligation assumée par une clause compromissoire insérée dans les contrats internationaux de droit privé, Liber Amicorum for *Domke*, Den Haag, 1967, S. 22.

*Cereti*, Carlo: Compromessi e lodi stranieri nelle recenti convenzioni internationali, Riv. dir. comm. 1931 (I), 336.

*Cohn*, E. J.: The Rules of Arbitration of the International Chamber of Commerce, ICLQ 1965, 132.

*Coing*, Helmut: Die obersten Grundsätze des Rechts, Heidelberg, 1947.

*Contini*, Paolo: International Commercial Arbitration. The United Nations Convention on the Recognition and Enforcement of Foreign Arbitral Awards, AJCL 1959, 283.

*Dahm*, Georg: Völkerrecht, Bd. 2 und 3, Stuttgart, 1961.

*David*, René: Arbitrage et droit comparé, Rev. int. dr. comp. 1959, 5.

— Arbitrage international ou arbitrage étranger, Festschrift für *Ficker*, Frankfurt—Berlin, 1967, S. 121.

— L'avenir de l'arbitrage, Liber Amicorum for *Domke*, Den Haag, 1967, S. 56.

*Delaume*, Georges R.: The Proper Law of Loans Concluded by International Persons: A Restatement and a Forecast, AJIL 1962, 63.

— La convention pour le règlement des différends relatifs aux investissements entre Etats et ressortissants d'autres Etats, Clunet 1966, 26.

*Dobratz*, Kurt: Schiedsklausel und Vollstreckung im Ausland, AWD 1962, 188.

*Dölle*, Hans: Betrachtungen zum ausländischen, internationalen und interzonalen Privatrecht im besetzten Deutschland, Festschrift für *Raape*, Hamburg, 1948, S. 149.

*Domke*, Martin: The United Nations Conference on International Commercial Arbitration, AJIL 1959, 414.

— Commercial Arbitration, Englewood Cliffs, 1965 (zitiert: Arbitration).

— The Law and Practice of Commercial Arbitration, Mundelein, 1968 (zitiert: Practice).

*Economopoulos*, Georges: L'augmentation du champ et de l'efficacité de l'arbitrage pour résoudre les litiges internationaux, Rev. Arb. 1963, 142.

*Eisemann*, Frédéric: Der Entwurf der Vereinten Nationen für ein internationales Abkommen über die Anerkennung und Vollstreckung ausländischer Schiedssprüche, RiW 1956, 3.

*Eisemann,* Frédéric und *Kreuz,* Theo: Die Internationale Handelskammer, ZaöRV 1951/52, 463.

— Die internationale Schiedsgerichtsbarkeit in Handelssachen, EMS, S. 7.

— L'arbitrage de la Chambre de Commerce Internationale, Ann. Fac. Liège 1964, 103.

— Arbitrations under the International Chamber of Commerce Rules, ICLQ 1966, 726.

— Die Incoterms im internationalen Warenkaufrecht, Stuttgart, 1967.

— Die Incoterms im Recht des internationalen Warenhandels. Außerstaatliche Rechtsbildung oder Vertragsrecht, Festschrift für *Fragistas,* Thessaloniki, 1967, S. 325.

*Engisch,* Karl: Einführung in das juristische Denken, 2. Aufl., Stuttgart, 1956.

*Enneccerus,* Ludwig, — *Nipperdey,* Hans Carl: Allgemeiner Teil des Bürgerlichen Rechts, 1. Halbbd., 15. Aufl., Tübingen, 1959 (zitiert: Allgemeiner Teil).

*Flume,* Werner: Allgemeiner Teil des Bürgerlichen Rechts, Bd. 2, Berlin—Heidelberg—New York, 1965.

*Fouchard,* Philippe: L'arbitrage commercial international, Paris, 1965 (zitiert: Arbitrage).

— L'autonomie de l'arbitrage commercial international, Rev. Arb. 1965, 100.

*Fragistas,* Charalambos: Arbitrage étranger et arbitrage international en droit privé, Rev. crit. 1960, 1.

*Francescakis,* Philippe: La théorie du renvoi, Paris, 1958 (zitiert: Théorie).

— Droit naturel et droit international privé, Mélanges *Maury,* Bd. 1, Paris, 1960, S. 113.

*Gentinetta,* Jörg: Was ist „lex fori" privater internationaler Schiedsgerichte? ZSR 1965, 139.

— Befreiung der internationalen Handelsschiedsgerichtsbarkeit von der „nationalen Umklammerung"? AWD 1969, 46.

*Giannini,* Amedeo: La convenzione di New York 1958 sul riconoscimento e l'esecuzione di sentenze arbitrali, Riv. dir. comm. 1958, 370.

*Glossner,* Ottoarndt: Harmonisation des règlements de procédure des centres d'arbitrage, Rev. Arb. 1961 (congrès de Paris), 75.

— Die internationale zivile Schiedsgerichtsbarkeit in internationalen Abmachungen, NJW 1966, 1593.

*Goldmann,* Berthold: Arbitrage international et droit commun des nations, Rev. Arb. 1956, 115.

— Les conflits de lois dans l'arbitrage international de droit privé, Recueil 1963 (II), 347.

— Le droit des sociétés internationales, Clunet 1963, 320.

*Goldschmitt,* James: Der Prozeß als Rechtslage, Berlin, 1925.

*Golsong,* Héribert: L'arrangement relatif à l'application de la convention européenne sur l'arbitrage commercial international, Ann. fr. dr. int. 1962, 741.

*Gormley,* Paul: The Procedural Status of the Individual before International and Supranational Tribunals, Den Haag, 1966.

*Greminger,* Hans Walther: Die Genfer Abkommen von 1923 und 1927 über die internationale private Schiedsgerichtsbarkeit, Winterthur, 1957.

*Guggenheim*, Paul: Lehrbuch des Völkerrechts, Bd. 1, Basel, 1948.

*Guldener*, Max: Das internationale und interkantonale Zivilprozeßrecht der Schweiz, Zürich, 1951.

*Guradze*, Heinz: Der Stand der Menschenrechte im Völkerrecht, Göttingen, 1956.

*Habscheid*, Walther: Die Rechtsnatur des Schiedsvertrages und ihre Auswirkungen, KTS 1955, 33.

— Nationale oder supranationale Schiedssprüche, ZZP 70, 25.

— Unification in the Enforcement of Foreign Awards, ITA, S. 199.

— Das Schiedsgutachten, Festschrift für *Lehmann*, Berlin—Tübingen—Frankfurt, 1956, Bd. 2, S. 789.

— Das Problem der Unabhängigkeit der Schiedsgerichte, NJW 1962, 5.

— Drei aktuelle Fragen der internationalen privaten Schiedsgerichtsbarkeit, KTS 1964, 146.

*Hallier*, Hans-Joachim: Völkerrechtliche Schiedsinstanzen für Einzelpersonen und ihr Verhältnis zur innerstaatlichen Gerichtsbarkeit, Köln—Berlin—Bonn—München, 1962.

*Hambro*, Edvard: The Relations between International Law and Conflict Law, Recueil 1962 (I), 1.

*Haudek*, Wilhelm: Die Bedeutung des Parteiwillens im Internationalen Privatrecht, Berlin, 1931.

*Heimann-Trosien*, Georg: Über die Auswahl und Bestellung von Schiedsrichtern, Ehrengabe für *Heusinger*, München, 1968, S. 271.

*Heise*, Detlef: Internationale Rechtspflege und nationale Staatsgewalt, Göttingen, 1964.

*Hellwig*, Hans-Jürgen: Zur Systematik des zivilprozeßrechtlichen Vertrages, Bonn, 1968.

*Herbert*, Sir Edwin: Exécution rapide des sentences arbitrales internationales, IHK-Broschüre, Nr. 160, S. 8.

*v. d. Heydte*, Friedrich August Freiherr: Rechtssubjekt und Rechtsperson im Völkerrecht, Festschrift für *Spiropoulos*, Bonn, 1957, S. 237.

*v. Heymann*, Ekkehardt: Der ordre public in der privaten Schiedsgerichtsbarkeit, Bielefeld, 1969.

*Homburger*, Arthur: Der private Schiedsspruch im internationalen Verkehr, ZSR 1932, 3.

*v. Hülsen*, Hans Viggo: Sinn und Methode der Rechtsvergleichung insbesondere bei der Ermittlung übernationalen Zivilrechts, JZ 1967, 629.

*Hyde*, James N.: Economic Development Agreements, Recueil 1962 (I), 271.

*Jenard*, P.: Projet de convention européenne portant loi uniforme en matière d'arbitrage, AIC, Bd. 3, S. 370.

*Jenks*, Wilfried: The Proper Law of International Organisations, London—New York, 1962.

*Jonas*, Martin: Anerkennung und Vollstreckung ausländischer Schiedssprüche, JW 1927, 1297.

*Kagel*, Sam: An International Registry for Arbitration Awards, ITA, S. 209.

*Kahn*, Philippe: La vente commerciale internationale, Paris, 1961 (zitiert: Vente).

— Problèmes juridiques de l'investissement dans les pays de l'ancienne Afrique française, Clunet 1965, 338.

*Kahn,* Rudolf: Sanktionsverfahren bei Nichterfüllung von Schiedssprüchen nach dem Rechte Englands, der Vereinigten Staaten und Deutschlands, Int. Jahrbuch, Bd. 3, S. 186.

*Kaiser,* Rudolf: Das Europäische Übereinkommen über die internationale Handelsschiedsgerichtsbarkeit vom 21. April 1961, Zürich, 1967.

*Kegel,* Gerhard: Internationales Privatrecht, 2. Aufl., München—Berlin, 1964.

— The Crisis of Conflict of Laws, Recueil 1964 (II), 92.

*Kerckhove,* Sartini van den: Une juridiction internationale de droit privé, Clunet 1935, 775.

*Kessler,* Joachim: Die Bindung des Schiedsgerichts an das materielle Recht, Köln—Berlin, 1964.

*Kipp,* Heinrich: Verträge zwischen staatlichen und nichtstaatlichen Partnern, Berichte der DGesVR, Heft 5, S. 133.

*Kisch,* Wilhelm: Einige Bemerkungen zum Wesen des Schiedsvertrages, ZZP 51, 321.

*Kitagawa,* Tokusuke: Contractual Autonomy in International Commercial Arbitration Including a Japanese Perspective, Liber Amicorum for *Domke,* Den Haag, 1967, S. 133.

*Klein,* Frédéric-Edouard: Considérations sur l'arbitrage en droit international privé, Basel, 1955 (zitiert: Considérations).

— Autonomie de la volonté et arbitrage, Rev. crit. 1958, 255.

— La convention de New York pour la reconnaissance et l'exécution des sentences arbitrales étrangères, SchwJZ 1961, 229 und 247.

— Du caractère autonome et procédural de la clause compromissoire. Dissociation de la nullité de cette clause et celle du contrat principal, Rev. Arb. 1961, 48.

— Das Europäische Übereinkommen über die internationale Handelsschiedsgerichtsbarkeit, ZZP 76, 342 (Übersetzung aus Rev. crit. 1962, 621).

— Zum Begriff des internationalen Schiedsverfahrens, Festgabe zum Schweizerischen Juristentag 1963, Basel, 1963, S. 145 (zitiert: Festgabe).

— L'arbitrage international de droit privé, SchwJB 1963, 41.

— Internationale Schiedsverfahren und nationale Rechtsordnungen, SchwJB 1967, 87.

*Köhn,* Wilhelm: Schiedsgerichtsbarkeit und ordre public im zwischenstaatlichen Handelsverkehr, KTS 1956, 129, 166 und 185.

*Kohler,* Josef: Gesammelte Beiträge zum Civilprozeßrecht, Berlin, 1894.

*Kohler,* Karl: Die moderne Praxis des Schiedsgerichtswesens in der Wirtschaft, Berlin, 1967.

*Kopelmanas,* Lazare: Quelques problèmes récents de l'arbitrage commercial international, Rev. trim. dr. comm. 1957, 879.

— La place de la convention européenne sur l'arbitrage commercial international dans l'évolution du droit international de l'arbitrage, Ann. fr. dr. int. 1961, 331.

*Kornblum,* Udo: Probleme der schiedsrichterlichen Unabhängigkeit, München, 1968 (zitiert: Unabhängigkeit).

— Grenzfragen des ordre public in der privaten Schiedsgerichtsbarkeit, KTS 1968, 143.

— Die Entscheidungskompetenz bei der Ablehnung privater Schiedsrichter, ZZP 80, 20.

*Kralik*, Winfried: Die internationale Zuständigkeit, ZZP 74, 2.

*Krause*, Hermann: Die ständigen Schiedsgerichte im Entwurf der neuen ZPO, in Rechtswissenschaftliche Beiträge zum 25-jährigen Bestehen der Handelshochschule Berlin, Berlin, 1931, S. 73.

— Entwicklungslinien des deutschen Schiedsgerichtswesens, Int. Jahrbuch, Bd. 3, S. 222.

*Kreuzer*, Georg: Zur Kompetenz-Kompetenz der Schiedsgerichte, NJW 1954, 543.

*Kronstein*, Heinrich: Arbitration is Power, N. Y. Univ. L. R. 1963, 661.

— Das Recht der internationalen Kartelle, Berlin, 1967 (zitiert: Kartelle).

*Lagergren*, Gunnar: The Limits of Party Autonomy, Sources, S. 201.

*Lalive*, Jean-Flavien: Contracts between a State or a State Agency and a Foreign Company, ICLQ 1964, 987.

— Un récent arbitrage suisse entre un organisme d'Etat et une société privée étrangère, SchwJB 1962, 273.

— Problèmes relatifs à l'arbitrage international commercial, Recueil 1967 (I), 569.

*Landolt*, Hansjörg: Rechtsanwendung oder Billigkeitsentscheidung durch den Schiedsrichter in der privaten internationalen Handelsschiedsgerichtsbarkeit, Bern, 1955.

*Langen*, Eugen: Studien zum internationalen Wirtschaftsrecht, München—Berlin, 1963.

— Vom Internationalen Privatrecht zum Transnationalen Handelsrecht, NJW 1969, 358.

*Larenz*, Karl: Allgemeiner Teil des bürgerlichen Rechts, München, 1967 (zitiert: Allgemeiner Teil).

— Lehrbuch des Schuldrechts, Bd. 1, 8. Aufl., München—Berlin, 1967 (zitiert: Schuldrecht).

*Leboulanger*, Max: Remarques sur la règle dite « ordre public » appliquée aux stipulations de garantie monétaire dans les contrats internationaux, Clunet 1963, 68.

*Lehmann*, Heinrich, — *Hübner*, Heinz: Allgemeiner Teil des Bürgerlichen Gesetzbuchs, 15. Aufl., Berlin, 1966 (zitiert: Allgemeiner Teil).

*Leist*, Alexander: Schiedssprüche gegen zwingendes Recht, Festgabe für *Dernburg*, Berlin, 1900, S. 49.

*Lent*, Friedrich, — *Jauernig*, Othmar: Zivilprozeßrecht, 14. Aufl., München—Berlin, 1969.

*Lerebours-Pigeonnière*, Paul: A propos du contrat international, Clunet 1951, 4.

*Lorenz*, Werner: Rechtsnatur von Schiedsvertrag und Schiedsspruch, AcP 157, 265.

— Formularpraxis und Rechtsvergleichung im internationalen Kaufrecht, ZHR 1964, 146.

*Maier*, Hans-Jakob: Europäisches Übereinkommen und UN-Übereinkommen über die Internationale Schiedsgerichtsbarkeit, Köln, 1966.

*Mann*, Frederick, A.: The Proper Law of Contracts Concluded by International Persons, BYBIL 1959, 34.

— Völkerrecht im Prozeß, SJZ 1950, 546.

— Lex facit arbitrum, Liber Amicorum for *Domke*, Den Haag, 1967, S. 157.

*Marmo*, Luigi: La convenzione di New York sul riconoscimento delle sentenze arbitrali, Riv. dir. int. 1959, 31.

*Marx*, Robert: Welthandel und Schiedsverfahren, RiW 1954/55, 73.

— Normalisation internationale des règlements arbitraux, IHK-Broschüre, Nr. 160, S. 11.

— Entwicklungen und Aufgaben der internationalen Schiedsgerichtsbarkeit seit dem Kriege, bei *Schönke*, Schiedsgerichtsbarkeit, Bd. 2, S. 1.

*Mateucci*, Mario: Utopia and Reality in the Realm of Arbitration, ITA, S. 189.

*Mezger*, Ernst: Das Schiedsgerichtswesen in Frankreich, bei *Schönke*, Schiedsgerichtsbarkeit, Bd. 3, S. 1.

— Die jüngsten Bemühungen um ein internationales Statut der Handelsschiedsgerichtsbarkeit und der Anerkennung ausländischer Schiedssprüche, EMS, S. 18.

— Zur Auslegung und Bewertung der Genfer Schiedsabkommen von 1923 und 1927, RabelsZ 1959, 222.

— The Arbitrator und Private International Law, ITA, S. 229.

— La jurisprudence française relative aux sentences arbitrales étrangères et la doctrine de l'autonomie de la volonté en matière d'arbitrage international de droit privé, Mélanges *Maury*, Bd. 1, Paris, 1960, S. 273.

— Die Anerkennung jugoslawischer und anderer osteuropäischer Schiedssprüche in der Bundesrepublik, NJW 1962, 278.

— Schiedsvereinbarungen in internationalen Verträgen, insbesondere in Konzessionsverträgen, AWD 1964, 201.

— Das Europäische Übereinkommen über die Handelsschiedsgerichtsbarkeit, RabelsZ 1965, 231.

*Minoli*, Eugenio: An Italian Approach to Uniform Arbitration Laws, ITA, S. 185.

— L'arbitrage, facteur d'unification du droit et de l'élimination des conflits de lois, Rev. Arb. 1966 (congrès de Rotterdam), 63.

— La nuova convenzione per il riconoscimento e l'esecuzione delle sentenze arbitrali straniere, Riv. trim. dir. proc. civ. 1958, 954.

*Moschel*, Werner: Irreguläres Schiedsgerichtsverfahren in Italien, KTS 1959, 161.

*Mosler*, Hermann: Die Erweiterung des Kreises der Völkerrechtssubjekte, ZaöRV 1962, 1.

— L'application du droit international public par les tribunaux nationaux, Recueil 1957 (I), 625.

— Das Völkerrecht in der Praxis der deutschen Gerichte, Schriftenreihe der Juristischen Studiengesellschaft Karlsruhe, Heft 32/33, 1957 (zitiert: Praxis).

*Motulsky*, Henri: L'évolution récente en matière d'arbitrage international, Rev. Arb. 1959, 3.

— L'internationalisation du droit français de l'arbitrage, Rev. Arb. 1963, 110.

— L'exécution des sentences arbitrales étrangères, Ann. Fac. Liège 1964, 141.

— L'exéquatur des sentences étrangères non motivées, Rev. Arb. 1967, 103.

*Nagel*, Heinrich: Die Begrenzung des internationalen Zivilprozeßrechts durch das Völkerrecht, ZZP 75, 408.

Lord *McNair:* The General Principles of Law Recognized by Civilized Nations, BYBIL 1957, 1.

*Nawiasky,* Hans: Allgemeine Rechtslehre, 2. Aufl., Einsiedeln—Zürich—Köln, 1948 (zitiert: Allgemeine Rechtslehre).

*Neuhaus,* Paul-Heinrich: Internationales Zivilprozeßrecht und Internationales Privatrecht, RabelsZ 1955, 201.

— Die Grundbegriffe des Internationalen Privatrechts, Berlin—Tübingen, 1962.

*Neuner,* Robert: Privatrecht und Prozeßrecht, Mannheim—Berlin—Leipzig, 1925.

*Niboyet,* J.-P.: Traité de droit international privé français, Paris, Bd. 1 (1947), Bd. 6 (1949).

*Nikisch,* Arthur: Zivilprozeßrecht, 2. Aufl., Tübingen, 1952.

*Nussbaum,* Arthur: Schiedsgerichte und Rechtsordnung, JW 1926, 13.

— Deutsches Internationales Privatrecht, Tübingen, 1932.

*van Ommeren,* P.-J.: Création d'un office ou bureau international, qui aurait compétence pour désigner les arbitres, déterminer la procédure arbitrale et enregister les sentences en vue d'en faciliter l'exécution, Rev. Arb. 1961 (congrès de Paris), 99.

*Panchaud,* André: Le siège de l'arbitrage international de droit privé, Rev. Arb. 1966, 2.

*Partsch,* Karl, Josef: Die Anwendung des Völkerrechts im innerstaatlichen Recht, Berichte der DGesVR, Bd. 6, Karlsruhe, 1964.

*Peyrefitte,* L.: Le problème du contrat dit « sans loi », D. 1965, Chr. 113.

*Philipps,* Günther: Erscheinungsformen und Methoden der Privatrechtsvereinheitlichung, Frankfurt/M.—Berlin, 1965.

*Pigorsch,* Wolfgang: Die Einordnung völkerrechtlicher Normen in das Recht der Bundesrepublik Deutschland, Hamburg, 1959.

*Pohle,* Rudolf: Schiedsvertrag, in *Schlegelberger's* Rechtsvergleichendem Handwörterbuch, Bd. 6, Berlin, 1938, S. 159 (zitiert: Handwörterbuch).

*Pointet,* Pierre Jean: La convention de Genève sur l'arbitrage commercial international, AIC, Bd. 3, S. 262.

— La convention de New York sur l'exécution des sentences arbitrales étrangères, Zürich, 1958 (zitiert: Convention 58).

*Quigley,* Leonard V.: Accession by the United States to the United Nations Convention on the Recognition and Enforcement of Foreign Arbitral Awards, Yale L. J. 70, 1049.

*Raape,* Leo: Internationales Privatrecht, 5. Aufl., Berlin—Frankfurt, 1961.

*Renggli,* Peter: Die Grenzen der Parteifreiheit im internationalen Schiedsverfahren, Bern, 1955.

*Riedberg,* Peter: Der amiable compositeur im internationalen privaten Schiedsverfahren, Frankfurt/Main—Berlin, 1962.

*Riezler,* Erwin: Der totgesagte Positivismus, Festschrift für *Schulz,* Bd. 2, Weimar, 1951, S. 330.

— Internationales Zivilprozeßrecht, Berlin—Tübingen, 1949.

*Robert,* Jean: Arbitrage civil et commercial. Droit interne et droit international privé, 4. Aufl., Paris 1967 (zitiert: Arbitrage).

— La convention de New York du 10 juin 1958 pour la reconnaissance et l'exécution des sentences arbitrales étrangères, D. 1958, Chr. 223.

— La convention européenne sur l'arbitrage commercial international signée à Genève le 21 avril 1961, D. 1961, Chr. 173.

— Exposé introductif et général sur l'arbitrage, Ann. Fac. Liège 1964, 29.

— De la place de la loi dans l'arbitrage, Liber Amicorum for *Domke*, Den Haag, 1967, S. 226.

— Arbitrage civil et commercial, Rev. Arb. 1967, 83.

*Rodley*, Nigel S.: Some Aspects of the World Bank Convention on the Settlement of Investment Disputes, CanYBIL 1966, 43.

*Rosenberg*, Leo: Lehrbuch des Deutschen Zivilprozeßrechts, 9. Aufl., München—Berlin, 1961.

*Roth*, Günther: Der Vorbehalt des Ordre Public gegenüber fremden gerichtlichen Entscheidungen, Bielefeld, 1967.

— Die Anerkennung von Schiedssprüchen in Europa, KTS 1967, 65.

*Roulet*, Jean-David: La convention du 18 mars 1965 pour le règlement des différends relatifs aux investissements entre Etats et ressortissants d'autres Etats, SchwJB 1965, 121.

*Rubellin-Devichi*, Jacqueline: L'arbitrage, Paris, 1965.

*Sanders*, Pieter: La convention de New York, AIC, Bd. 2, S. 292.

*Sandrock*, Otto: Über Sinn und Methode zivilistischer Rechtsvergleichung, Frankfurt—Berlin, 1966.

*Sausser-Hall*, G.: L'arbitrage en droit international privé, Annuaire 1952 (Session de Sienne), S. 469.

*Scelle*, Georges: Précis de droit des gens, Bd. 1, Paris, 1932.

— Règles générales du droit de la paix, Recueil 1933 (IV), 327.

— Le phénomène juridique du dédoublement fonctionnel, Festschrift für *Wehberg*, Frankfurt/Main, 1956, S. 324.

*Schiedermair*, Gerhard: Vereinbarungen im Zivilprozeß, Bonn, 1935.

*Schinnerer*, Erich: Um ein Recht des internationalen Handels, ZfRV 1968, 185.

*Schlesinger*, Rudolf, — *Gündisch*, Herbert-Jürgen: Allgemeine Rechtsgrundsätze als Sachnormen im Schiedsgerichtsverfahren, RabelsZ 1964, 4.

*Schmitthoff*, Clive: The Law of International Trade, its Growth, Formulation and Operation, Sources, S. 3.

— Das neue Recht des Welthandels, RabelsZ 1964, 47.

*Schnitzer*, Adolf: Handbuch des Internationalen Privatrechts, Bd. 1, Basel, 1957.

*Schottelius*, D.-J.: Die internationale Schiedsgerichtsbarkeit, RiW 1954/55, 74.

— Die internationale Schiedsgerichtsbarkeit, Köln—Berlin, 1957 (zitiert: Schiedsgerichtsbarkeit).

— Die Kompetenz-Kompetenz in der Schiedsgerichtsbarkeit, KTS 1959, 137.

— Die Notwendigkeit und Möglichkeit der Bildung eines internationalen privaten Schiedsgerichtssystems, EMS, S. 68.

*Schröder*, Horst: Die Genfer Abmachungen über die Schiedsgerichtsbarkeit, bei *Schönke*, Schiedsgerichtsbarkeit, Bd. 1, S. 15.

*Schwab*, Karl Heinz: Die Entscheidung des Schiedsgerichts über seine eigene Zuständigkeit. Eine Stellungnahme zum Verhältnis von Hauptvertrag und Schiedsvertrag und zur sog. Kompetenz-Kompetenz des Schiedsgerichts, KTS 1961, 17.

— The Legal Foudations and Limitations of Arbitration Procedure in the U. S. and Germany, International Arbitration, Liber Amicorum for *Domke*, Den Haag, 1967, S. 301.

*Schwarzenberger*, G.: The Arbitration Pattern and the Protection of Property Abroad, Liber Amicorum for *Domke*, Den Haag, 1967, S. 313.

*Seidl-Hohenveldern*, Ignaz: Arbitration by Organs of International Organizations, Liber Amicorum for *Domke*, Den Haag, 1967, S. 322.

— Transformation or Adoption of International Law into Municipal Law, ICLQ 1963, 88.

*Sereni*, Angelo Piero: International Economic Institutions and the Municipal Law of States, Recueil 1959 (I), 129.

*Sohn*, Louis B.: Proposals for the Establishment of a System of International Tribunals, ITA, S. 63.

*Solus*, Henry, — *Perrot*, Roger: Droit judiciaire privé, Bd. 1, Paris, 1961.

*Spofford*, Charles, M.: Third Party Judgment and International Economic Transaction, Recueil 1964 (III), 117.

*Steindorff*, Ernst: Das Offenlassen der Rechtswahl im IPR und die Nachprüfung ausländischen Rechts durch das Revisionsgericht, JZ 1963, 200.

— Sachnormen im internationalen Privatrecht, Frankfurt/Main, 1958.

*Steiner*, Ernst: Die Vollstreckung ausländischer Schiedssprüche, ZSR 1928 282.

*Sultan*, Allen: The United Nations Arbitration Convention and United States Policy, AJIL 1959, 807.

*Tallon*, Denis: The Law Applied by Arbitration Tribunals, Sources, S. 154.

*Triepel*, Heinrich: Völkerrecht und Landesrecht, Leipzig, 1899.

*Trops*, Fritz: Grenzen der Privatgerichtsbarkeit, ZZP 52, 273.

*Verdross*, Alfred: Gibt es Verträge, die weder dem innerstaatlichen Recht noch dem Völkerrecht unterliegen? ZfRV 1965, 129.

— Die Sicherung von ausländischen Privatrechten aus Abkommen zur wirtschaftlichen Entwicklung mit Schiedsklauseln, ZaöRV 1957/58, 635.

*Vischer*, Frank: Internationales Vertragsrecht, Basel, 1962.

*Vogel*, Klaus: Der räumliche Anwendungsbereich der Verwaltungsrechtsnorm, Frankfurt—Berlin, 1965.

*Vollenweider*, Ulrich: L'arbitrage volontaire en droit international privé, Liège, 1938.

*Walker*, H.-P.: Die freie Gestaltung des Verfahrens vor einem internationalen privaten Schiedsgericht durch die Parteien, Zürich, 1968.

*Weisbart*, Josef: Vergleichs- und Schiedsgerichtsordnung der Internationalen Handelskammer, in „Die Vollstreckung deutscher Schiedssprüche im Ausland", bearbeitet von *Pappenheim—Rheinstein—Weisbart*, Berlin, 1930, S. 81.

*Wemmer*, Wilhelm: Trägerschaft, Funktion und Organisation des Gerichtshofes einer zwischenstaatlichen Vereinigung im Vergleich zu einem internationalen Gerichtshof, Dissertation Münster, 1963, Maschinenschrift.

*Wenger*, Werner: Zum obligationenrechtlichen Schiedsverfahren im schweizerischen Recht, Basel, 1968.

*Wengler*, Wilhelm: Fragen der Faktizität und Legalität bei der Anwendung fremden Rechts, Festschrift für *Lewald*, Basel, 1953, S. 615.

*Wetzmüller*, Horst: Der „internationale" Schiedsspruch im UN-Übereinkommen über die Anerkennung und Vollstreckung ausländischer Schiedssprüche vom 10. 6. 1958 von New York, Dissertation Mainz, 1966, Maschinenschrift.

*Wiebringhaus*, Hans: Das Gesetz der funktionellen Verdoppelung, 2. Aufl., Saarbrücken, 1955.

*Wolff*, Ernst: Die internationalen Gerichte und die privaten Interessen, Deutsche Landesreferate zum III. Internationalen Kongreß für Rechtsvergleichung in London, 1950, Berlin—Tübingen, 1950, S. 974 (zitiert: Landesreferate).

*Zajtay*, Imre: Zur Stellung des ausländischen Rechts im französischen Internationalen Privatrecht, Berlin— Tübingen, 1963.

*Zippelius*, Reinhold: Das Wesen des Rechts, München, 1965.

*Zweigert*, Konrad: Verträge zwischen staatlichen und nicht-staatlichen Partnern, Berichte der DGesVR, Heft 5, S. 194.

Kolibri 360 GmbH
Ferdinand-Jühlke-Straße 7
99095 Erfurt, Deutschland
produktsicherheit@kolibri360.de

Druck:
CPI Druckdienstleistungen GmbH
im Auftrag der
Kolibri 360 GmbH
Ferdinand-Jühlke-Str. 7
99095 Erfurt